Fògradh, Fàisneachd, Filidheachd

An t-Urr. Donnchadh Blàrach (1815-1893)
ann am Mac-Talla

Parting, Prophecy, Poetry

Rev. Duncan B. Blair (1815-1893)
in Mac-Talla

Deasaichte le Seonaidh Ailig Mac a' Phearsain
agus Mìcheal Linkletter

Edited and Translated
by John A. Macpherson and Michael Linkletter

Cape Breton University Press
Sydney, Nova Scotia, Canada

Cape Breton University Press recognizes the support of the Province of Nova Scotia, through the Department of Communities, Culture and Heritage and the support received for its publishing program from the Canada Council for the Arts Block Grants Program. We are pleased to work in partnership with these bodies to develop and promote our cultural resources.

Canada Council for the Arts   Conseil des Arts du Canada

NOVA SCOTIA
Communities, Culture and Heritage

Cover design: Cathy MacLean Design, Chéticamp, NS
Cover Images: *Mac-Talla* scans courtesy the Beaton Institute, Cape Breton University; Photo of Gualachaolish, Isle of Mull, by Mike Hunter
Layout: Mike Hunter, Port Hawkesbury and Sydney, NS
First printed in Canada

Library and Archives Canada Cataloguing in Publication

Blair, Duncan B., 1815-1893
Fògradh, fàisneachd, filidheachd an t-urr. Donnchadh Blàrach (1815-1893) ann am Mac-Talla / deasaichte le Seonaidh Ailig Mac a' Phearsain agus Mìcheal Linkletter = Parting, prophecy, poetry, Rev. Duncan B. Blair (1815-1893) in Mac-Talla / edited and translated by John A. MacPherson and Michael Linkletter.

Includes bibliographical references.
Text in Scots Gaelic and English.

ISBN 978-1-927492-43-7 (pbk.)
ISBN 978-1-927492-44-4 (web pdf.)
ISBN 978-1-927492-45-1 (epub.)
ISBN 978-1-927492-46-8 (mobi.)

I. MacPherson, John A., 1937-, editor of compilation, translator
II. Linkletter, Michael, 1971- editor of compilation, translator
III. Title. IV. Title: Parting, prophecy, poetry, Rev. Duncan B. Blair (1815-1893) in Mac-Talla. V. Title: Mac-Talla (Sydney, Nova Scotia).
PS8453.L35F67 2013   C814'.4   C2013-903766-7
Cape Breton University Press
PO Box 5300, Sydney, Nova Scotia B1P 6L2 Canada

RECYCLED
Paper made from recycled material
FSC   FSC® C103567

CLÀR-INNSE/CONTENTS

FOREWORD

In June 1892, on the front page of the third issue of the newspaper *Mac-Talla*, Rev. Duncan Blair extended this welcome to the paper:

> I am delighted to see a new Gaelic newspaper called *Mac-Talla* (Echo). I hope it will be supported by the Gaels in this new country, so that it will respond to the Gaelic on the other side of the vast ocean that separates us from the land of the bens, where our ancestors lived of old and where some of us were also reared.
>
> I am sorry to see the foreign word "subscriber" at the front of the paper, as if the Gaelic was so poor and lacking in vocabulary that it needs to borrow words from the language of the Lowlanders. I would say *gabhaltaiche*, or *gabhaltaichean*, for the person or persons who buy the paper. The words mean those who rent a piece of land. Isn't it also appropriate for those who subscribe to *Mac-Talla*? Isn't the yearly rent requested for it half a dollar? It is not a big rent and it will not bankrupt any Gael who pays it, no matter how limited the purse is. I hope therefore that it will not be difficult to find five hundred subscribers to *Mac-Talla*."

For a whole year following this letter Blair enthusiastically supplied the publisher with prose and poetry. But at the beginning of June 1893 he wrote another letter to the editor saying: "I have been ill for a fortnight. I am weak, weak, and I cannot put writing or ideas together. Consequently I cannot write anything for *Mac-Talla* until I feel better. I am glad that it looks as if *Mac-Talla* will expand this year."

Before the letter reached its destination Blair was interred in his grave and in the next issue of the paper the editor, Jonathan MacKinnon, paid him this tribute:

> The Rev. D. B. Blair was born in the County of Argyll in 1815, on the first day of the last month of summer. He first went to school when he was eight years old and within a year he was able to read the Bible in both English and Gaelic. When he was still quite young, his father moved to Laggan in Badenoch, and when he was twenty years old he went to Edinburgh University.
>
> He was licensed to preach in 1844, and two years later he came to Nova Scotia. He preached at Barney's River for the first time

RO-RÀDH

Anns an Ògmhios 1892, air a' chiad duilleig den treas àireamh den phàipear-naidheachd *Mac-Talla*, chuir an t-Urr. Donnchadh Blàrach an fhàilte seo air a' phàipear:

> Is taitneach leam a bhi faicinn pàipeir ùr ann an Gàidhlig da
> 'n ainm *Mac-Talla*. Tha mi an dòchas gun cumar suas e leis
> na Gàidheil anns an dùthaich ùir so, a chum 's gum bi e da
> rìreadh 'na mhac-talla a' co-fhreagairt do'n Ghàidhlig a ta
> air taobh thall a' chuain mhòir a tha eadar sinn fhèin agus tìr
> nam beann, far an do ghabh ar sinnsear còmhnaidh bho shean,
> agus far an d' àraicheadh cuid dinn fèin mar an ceudna.
>
> Tha mi duilich a bhi faicinn an fhacail Ghallda "subscriber" ann
> an toiseach a' phàipeir mar gum biodh a' Ghàidhlig cho bochd,
> gann-bhriathrach agus gum feumadh i facail iasaid a ghabhail bho
> chainnt nan Gall. Theirinn-sa *gabhaltaiche*, no *gabhaltaichean*, ris an
> fhear, no ris an dream a tha a' *gabhail* a' phàipeir. Tha gabhaltaiche
> a' ciallachadh fear a ghabhas mìr fearainn air mhàl, agus nach 'eil an
> t-ainm freagarrach dhaibhsan a ghabhas am *Mac-Talla*? Nach e am
> màl bliadhnail a tha air iarraidh air a shon Leth-Dolair? Cha mhòr
> am màl e agus cha chreach e Gàidheal sam bith a phàigheadh, air
> cho gann 's gum bi a sporan. Tha mi an dòchas uime sin nach bi e na
> nì deacair còig ceud gabhaltaiche fhaotainn a ghabhas am *Mac-Talla*?"

Fad bliadhna an dèidh na litreach seo bha am Blàrach gu dealasach a' cur rosg is bàrdachd chun a' phàipeir. Ach aig toiseach an Ògmhios 1893 sgrìobh e litir eile chun an fhir-deasachaidh ag ràdh: "Tha mi gu tinn fad ceithir-là-deug. Tha mi lag, lag, agus chan urrainn mi sgrìobhadh no smuaintean a chur ri chèile. Uime sin cha'n urrainn mi nì a sgrìobhadh airson *Mac-Talla* gus am fàs mi nas feàrr. Tha mi toilichte gu bheil a choltas air *Mac-Talla* fàs nas motha air a' bhliadhna so."

Mus do ràinig an litir seo a ceann-uidhe bha am Blàrach air a chàradh anns an ùir agus anns an ath àireamh den phàipear thug am fear-deasachaidh, Eòin MacFhionghain, dhà an teisteanas seo:

> Rugadh an t-Urr. D. B. Blair ann an Siorramachd Earraghàidheal
> sa bhliadhna 1815, air a' cheud latha de mhìos deireannach

on September 22nd, 1846, and a month later he was installed
in that parish, where he stayed until the time of his death. He
preached more than 5,000 sermons, and his achievements
were deemed formidable. He was an excellent scholar with
expertise in Hebrew, Greek, Latin and English, but he was
particularly dedicated to writing in Gaelic. He left behind him
a large collection of writings, including a Gaelic Grammar and
the Psalms of David in Gaelic. We hope they will all be looked
after with care and that they will be published before long.

Mac-Talla had no friend who gave it a more hearty welcome,
or did more to keep it alive, than Dr. Blair. When we look
over the issues of the past year, we see that that there is hardly
any without a contribution from his pen. The "Highland
Clearances," "The Brahan Seer," and his other historical
accounts appealed greatly to those who read them.

Two weeks after Blair welcomed *Mac-Talla* he wrote a column
under the heading "Gaelic self-sustainability." Here is part of that
column:

Gaelic does not need borrowed words, as does English, which
is made up of words borrowed from every language on earth,
from Latin, Greek, Gaelic and many other languages. It is easy to
devise new Gaelic words from roots within the language itself. It
doesn't need to depend on seeking loans from any other language.

Except for Greek and German there is no other language to be
found in which it is easier to develop new words than Gaelic,
from its own internal roots. That can be seen if one observes the
words that were used by the ancient Greeks, when the gospel
first came to them, and when they had to create new vocabulary
to explain the gospel's mysteries; and particularly the mystery
of the Saviour's humanity. It is easy enough to put these words
into Gaelic that will be understandable to everyone who has
a proper knowledge of the language and knows its rules.

The Greeks used many words, which they considered appropriate,
to explain this great mystery that the son of God was made
man. The words that they used most frequently were *Sarcosis*
and *Ensarcosis*. In Gaelic that is *Feòil-ghabhail* or *Feòilneachadh*,
which is *Incarnation* in English, from the Latin *Incarnatio*.

an t-samhraidh. Chaidh e do'n sgoil an toiseach nuair a
bha e ochd bliadhna dh'aois agus an ceann bliadhna bha e
comasach air am Bìoball a leughadh araon am Beurla 's an
Gàidhlig. An uair a bha e fhathast glè òg, chaidh athair air
imrich do'n Lagan am Bàideanach, agus nuair a bha e fichead
bliadhna dh'aois chaidh e do dh'Oilthigh Dhùn Èideann.

Fhuair e cead searmonachaidh an 1844, agus an ceann dà
bhliadhna thàinig e gu Nobha Scotia. Shearmonaich e aig Abhainn
Bhàrnaidh a' chiad uair air an 20mh là de September, 1846, agus
mìos na dhèidh sin bha e air a shuidheachadh 'sa sgìreachd sin,
far an d'fhan e gu àm a bhàis. Shearmonaich e còrr us còig mìle
searmon, agus bha soirbheachadh mòr ri fhaicinn na lorg. Bha e na
shàr sgoilear aig an robh mion eòlas air Eabhra, Grèigis, Laidinn
us Beurla, ach bha meas sònraichte aige air a bhi sgrìobhadh na
Gàidhlig. Dh'fhàg e na dhèidh àireamh mhòr de sgrìobhaidhean
am measg an robh Gràmair Gàidhlig agus Sailm Dhaibhidh
an Gàidhlig. Tha sinn an dòchas gum bi cùram air a ghabhail
dhiubh uile agus gun tèid an cur an clò an ùine gun bhi fada.

Cha robh caraide aig a' *Mhac-Talla* a chuir fàilte na bu
chridheile air, no bu mhotha a rinn air son a chumail beò, na
Dr. Blair. Nuair a sheallas sinn thairis air àireamhan na bliadhna
dh'fhalbh, chì sinn nach mòr gu bheil aon dhiubh gun ni-
eigin ann a thàinig bho 'pheann. Bha "Fògradh nan Gàidheal,"
"Coinneach Odhar," agus na h-eachdraidhean eile 'sgrìobh
e glè thaitneach leis gach neach a bha 'gan leughadh."

Cola-deug an dèidh don Bhlàrach fàilte a chur air *Mac-Talla*
sgrìobh e colbh fon an tiotal "Fèin-chumailteachd na Gàidhlig." Seo
pàirt den a' cholbh sin:

Chan eil feum aig a' Ghàidhlig air facail iasaid mar a ta aig
a' Bheurla, a tha air a cur ri chèile le facail iasaid bho gach
cànain air thalamh, bho'n Laidinn, bho'n Ghrèigis, bho'n
Ghàidhlig agus bho iomadh cainnt eile. Is furasta facail
ùra Ghàidhlig a dheilbh bho fhriamhaichean an taobh a
stigh de'n chànain fhèin; cha leig i leas mar sin a bhith an
eiseamail dol a dh'iarraidh coinghill air cànain sam bith.

A mach bho'n Ghrèigis agus bho'n Ghearmailtis chan 'eil
cànain air bith eile ri fhaotainn, anns am fasa facail ùra a dheilbh

...We see from this how self-sustaining Gaelic is, how
extensive in vocabulary, adroit and versatile and how
easy it is to create new and pertinent expressions in
accordance with the sense and nature of the language.

When *Mac-Talla* first appeared in 1892 the four-page paper was
published every week. It eventually became an eight-page paper, but
in its final year it was published only every two weeks. The income
from advertising had decreased, as had readers and contributors, and
printing costs had escalated. It wasn't self-sustaining, as Blair would
say.

Jonathan MacKinnon (1869-1944) created *Mac-Talla* and nurtured
it as its editor for twelve years. He was born in Whycocomagh, Cape
Breton, and was of Skye descent. When he was young his health was
fragile and he was not able to attend school regularly. While confined
to the house he spent a lot of time seeking information about his
ancestors and this prompted him to take a special interest in their
language.

When his health improved he went to high-school in the town of
Sydney. That is where he got his first taste of publishing, as editor of the
school magazine. With that experience and his love for the language
of his people he was determined to create a Gaelic newspaper, and he
did so when he was 22 years of age.

While *Mac-Talla* lasted MacKinnon was tireless in seeking
readership. In 1898 he put this message in the paper:

On this side of the Atlantic there is only one Gaelic paper, *Mac-
Talla*. That is not all; it is the only weekly Gaelic paper in the
world. Therefore, shouldn't every person who reads Gaelic
subscribe to this paper? If you have respect for the language
of your ancestors, and if you want it to survive, you will
send for *Mac-Talla* with the first money you have to spare.

Mac-Talla is published every Saturday. Community news
and news of the world at large are told intelligently, in few
words, and as truthfully as you will find in any paper. Mac-
Talla takes no sides in "Politics." It doesn't wish to impose its
own opinions on anyone. It will not begin to criticize anybody.
It leaves wisdom and folly of that kind to other papers.

na a' Ghàidhlig, bho fhriamhaichean innte fhèin. Chithear sin
ma bheirear fainear na briathran a bha air an gnàthachadh leis
na seann Ghreugaich, nuair a thàinig an soisgeul air tùs d'an
ionnsaidh, agus nuair a b'èiginn daibh facail ùra dheilbh airson
diamhaireachdan an t-soisgeil a chur an cèill; agus gu h-àraid
an diamhaireachd mu dheidhinn daonnachd an t-slànaigheir.
Tha e furasta gu leòr na briathran sin a chur ann an Gàidhlig
a bhitheas so-thuigsinn do'n a h-uile neach aig am bheil
eòlas ceart air a' chànain, agus d'an aithne a riaghailtean.

Ghnàthaich na Greugaich iomadh briathar, a mheas iad
freagarrach, gu bhi a' ciallachadh na diamhaireachd mòire
so, gun d'rinneadh mac Dhè 'na dhuine. B'iad na briathran
a chleachd iad mar bu trice iad so, *Sarcosis, Ensarcosis,* 'se sin
ann an Gàidhlig, *Feòil-ghabhail* neo *Feòilneachadh,* ris an canar
Incarnation 's a' Bheurla. Bho'n Laidinn *Incarnatio*....

...Chì sinn mar so cho fèin-chumailteach 's a tha a'
Ghàidhlig, cho pailt-bhriathrach, luthainn, sùbailte 's a
tha i agus cho furasta 's a tha e briathran ùra freagarrach
a dheilbh innte do rèir ciall agus gnè na cànain.

Nuair a nochd *Mac-Talla* an toiseach ann an 1892 bha am pàipear
ceithir-dhuilleagach air a chlò-bhualadh gach seachdain. Ri ùine
dh'fhàs e gu ochd duilleagan, ach anns a' bhliadhna mu dheireadh cha
robh e tighinn am follais ach gach cola-deug. Bha an teachd-a-steach
bho shanasachd air seachdadh, na leughadairean agus na sgrìobhaichean
air crìonadh, agus cosgaisean clò-bhualaidh air meudachadh. Cha robh
e fèin-chumailteach, mar a chanadh am Blàrach.

B'e Eòin MacFhionghain (1869-1944) a chuir *Mac-Talla* air chois
agus a dh'altram e mar fhear-deasachaidh fad dhusan bliadhna. Rugadh
e ann a' Hogama an Ceap Breatann, de shliochd Sgitheanach. Nuair a
bha e òg bha a shlàinte breòite agus cha robh e air chomas dha a bhith
cunbhalach a' frithealadh sgoile. Fhad's a bha e air a chuingealachadh
aig an taigh chuir e seachad mòran tìde a' sireadh fiosrachaidh mu a
shinnsrean agus phiobraich seo e gu ùidh shònraichte a ghabhail dhan
cànan.

Nuair a thàinig piseach air a shlàinte chaidh e don àrd-sgoil ann
am baile Shidni. Sin far an d'fhuair e a' chiad bhlasad air clò-bhualadh,

We see from this message that skepticism of newspapers is not a new phenomenon. And we also see how Gaelic terminology and spelling have changed. Today we have GOC (Gaelic Orthographic Conventions). But we do not have a Gaelic newspaper.

Despite lobbying of readers and supporters MacKinnon was not able to keep the paper afloat. In the last issue, on June 24, 1904, he bade farewell to them and to *Mac-Talla*:

> To publish *Mac-Talla* every two weeks would require at least 2,000 subscribers. It could have that number even if its readership was limited to the number of Gaelic readers in the island of Cape Breton; but when one cannot find that number in the whole world, the only possible conclusion is that the Gaels do not want a Gaelic paper; and that they are satisfied to be identified as the only Christian race on earth that will not pay to maintain a paper in their own language."

In preparing this book we have been conscious of the changes in Gaelic speech and writing over the years, and of the difference between today's orthography and that of a century ago. We adhered as closely as possible to the terminology of Blair and the conventions of *Mac-Talla*, but since the sustainability and structure of Gaelic have changed, we have given much of the spelling a contemporary style in order to make the overall content more intelligible and appealing to today's readers.

We are indebted to all those who have supported us in preparing this book, especially Mike Hunter of Cape Breton University Press, the Beaton Institute, and Jane Arnold and Mary Campbell. We are also grateful to Sabhal Mòr Òstaig for putting *Mac-Talla* on a website which made it more accessible to us.

Note from the Editors: Readers should note that we have privileged the original Gaelic in a number of ways. First, we chose to place the Gaelic on the recto page, facing the reader with the turn of the page. Second, and especially important for Gaelic learners to note, as with all such projects, translation is not word-for-word, but an interpretation to afford the contemporary reader the spirit of the original.

mar dheasaiche air iris na sgoile. Leis an eòlas seo agus a mheas air cànan a dhaoine chuir e roimhe pàipear-naidheachd Gàidhlig a chruthachadh, agus rinn e sin nuair a bha e dà bhliadhna air fhichead de dh'aois.

Fhad's a mhair *Mac-Talla* bha MacFhionghain gu dealasach a' sireadh luchd-leughaidh. Ann an 1898 chuir e an teachdaireachd seo anns a' phàipeir:

Chan eil air an taobh-sa dhe'n Atlantic ach aon phaipear Gailig.
'Se 'n aon phaipear sin am *Mac-Talla*. Chan e sin a mhain,
ach chan eil paipear seachdaineach Gailig air an t-saoghal ach
e fhein. Nach coir, uime sin, do gach neach a leubhas Gailig
a bhi gabhail a phaipear so. Ma tha meas agad air cainnt do
shinnsir, 's ma tha thu deonach a cumail beo, cuiridh tu a
dh'iarraidh a *Mhac-Talla* leis a' cheud airgiod a gheibh thu.

Tha 'm *Mac-Talla* tigh'nn a mach a h-uile Di-sathairne. Tha
naigheachdan na ducha agus an t-saoghail gu leir air an innse ann
gu pongail, ann am beagan fhacal, agus cho firinneach 'sa gheibh
thu iad am paipear sam bith. Chan eil am *Mac-Talla* a gabhail
taobh seach taobh ann am "Politics." Chan eil e 'g iarraidh a bhi
sparradh a bharailean fein air duine sam bith. Chan eil e dol a
thoiseachadh air duine sam bith a chaineadh. Tha e fagail gach
gliocas us goraiche dhe'n t-seorsa sin aig na paipearan eile.

Chì sinn bhon an teachdaireachd seo nach b'ann an-diugh no 'n dè a bha daoine amharasach mu phàipearan-naidheachd. Agus chì sinn cuideachd an t-atharrachadh a tha air tighinn air briathrachas is litreachadh na Gàidhlig. Tha GOC againn an diugh. Ach chan eil pàipear-naidheachd Gàidhlig againn.

A dh'aindeoin coiteachaidh ri luchd-leughaidh is luchd-taice cha b'urrainn do MhacFhionghain am pàipear a chumail air bhog. Anns an fhear mu dheireadh, air 24 Ògmhios, 1904, dh'fhàg e slàn aca-san agus aig *Mac-Talla*:

Air son *Mac-Talla* a chur a mach uair 's an da sheachdain cha
b'fhuilear air a chuid bu lugha da mhile fear-gabhail a bhith
aige. Dh'fhaodadh sin a bhith aige ged nach biodh ann de luchd-
leughaidh Gailig ach na th' air eilein Cheap Breatuinn; ach nuair
nach faighear an aireamh sin air fad us leud an t-saoghail, chan

Finally, it is important to emphasize, as Mr. MacPherson explains in his preface, the choices made with respect to orthography. Mr. MacPherson and Prof. Linkletter's texts follow the contemporary Gaelic orthographic convention (GOC), whereas Rev. Blair's writings remain as close to the original as possible.

MAC-TALLA.

"An ni nach cluinn mi an diugh cha'n aithris mi maireach."

VOL. I.   SIDNI, C. B., DI-SATHAIRNE, OCTOBER 1, 1892.   Nò. 19.

SIOSAL & CROWE,
Fir - Tagraidh, Comharlichean Notairean, &c.
SIDNI, C. B.
CAILEAN SIOSAL.   W. CROWE.

ARCHIBALD & CO.,
CEANNICHEAN.
Seòlbhadairean Meinean Guail Ghowrie

Murray & Mac Coinnich,
Comharlaichean, Fir-tagraidh, &c.,
SIDNI TUATH, C. B.
J. MURRAY.   D. D. MAC COINNICH.

HEARN & HEARN,
Fir-Tagraidh, Notairean, &c., &c.,
SIDNI & ARICHAT.
M. HEARN.   D. A. HEARN.

D. A. Mac Fhionghain,
Fear-Tagraidh, Comhairliche, Notair, Etc.
Baile - Sheorais, Eillean Phrionns' Iomhair.

Mac Gillies & Mac Eachuin,
Comhairlichean agus Fir-Tagraidh aig Lagh,
Sidni & St. Peter's, C. B.
Joseph A. Mac Gillies.   A. J. G. Mac Eachuin.

NAIDHEACHDAN NA SEACHDAINN.

Tha Diar-daoine an deicheamh la de Nobhember air a chuir air leth air son Latha-Taingealachd ann an Canada.

Chuir Breatuinn long chogaidh gu Vladivostock ann an Siberia air son ceartas fhaicinn aig saithichean lasgich na dutheha so air an robh na Ruiseanich a cuir dragh air son a bhi marbhadh nan ron.

Tha 'n Urramach Muracha Mac-Coinnich a Inbhirnis, gu searmonachadh aig Grand River am maireach, (an darra latha do dh' October.) Shearmonich e ann an Gaillg do Chomunn Gaillg Toronto air an t-sabaid s'a chaidh.

Leughi ainn ann am paipear an là roimhe, gun fhear David Umbh aig Windsor Forks a chuir na do thri fichead mathan 'sa coig. Tha e air a radh gun do mharbh e tri dhe na beathichean so ann an aon latha.

Tha cuideachd rannsachidh ann an Karakoram an Asia an deigh beinn mhor fhaotinn air nach robh colas aig duine riabh roimhe. Tha i ochd mile fichead troidh air airde 'chan eil ach aon bheinn eile na's airde na l air an t-saoghal.

Chaidh duin og da'n ainm Louis Musgrave a ghoireasachadh ga chuir a Sidni a-Tuath, Di-ciadin. Bha e saoirsneachd air tigh na heard-sgoil, chaill e 'ghreim agus thuit e gu lar. Bhristeadh a dha chas, agus leonadh e air an taobh a stigh.

Tha 'n t-side glè fhuar o chionn latha no dha, 's ged a bha lathichean glè theth ann beagan roimhe so, cha ruig sinn a leas duil a bhi aguinn ri moran blaiths am bliadhna tuilleadh. Feumidh sinn ullachadh a dhianamh air son foachd na reotachd a gheamhridh.

Tha Feill an Edein ri bhi aig Mabou Di-mairt Di-ciadain, 's Diar-daoin s'a tighinn. Tha sinn an dochas gu'n tionndaidh muinntir Cheap Breatuinn a mach 'a gum dean iad an fheill so na croidean dan dutheich, 's tha bhios an t-side freagarrach, chan eil teagaish nach dean iad sin. Chan eil sinn a faicinn reusan air bith gum bitheadh Ceap Breatuinn air deireadh air aitean eile ann sa chuis so.

Tha lagh ur ann an New South Wales, an Australia, a ceadachadh do na mnaith bhotaidh aig taghadh bhall Parlamaid. Chan eil teagaish nach bi an cead air air a thoirt dhoibh 'san dutheich so cuideachd air an uair-eigin, ged nach eil moran air a radh mu dheidh'inn an drasda.

GLIOCAS TIMEIL. Tha gliocas timeil air a nochdadh le bhi cumail Dr. Fowler's Extract of Wild Strawberry faisg air laimh. Chan eil a leithid ann air son cholera, cholera morbus, sgairde, gearrach, greim mionich agus a h-uile easlaint dhe'n t-seorsa sin.

Tha'n cholera air a dhol bas ann am baile Niu York, 's tha e an aobhar dochis nach aig i bheo air chabhaig. Tha i deanamh sgrios mor fhathast ann an cearnan do'n Roinn-Eorpa gu h-araidh ann baile Hamburg na Ghearmailt. Diar-daoin s'a chaidh bhasich ceithir-thar-fhichead 'sa bhaile sin, agus bhuslieadh tri duine deug thar fhichead as ur leis a ghalair so.

Tha paipear-naigheachd ur agion a nis ann an Sidni s'an Sidni-a Tuath, 'Sa 'ainm dha A Ghrian Mhaidne (The Morning Sun), agus tha e ri bhi tighinn a mach a h-uile latha dhe'n t-sheachduin. Fhuair sinn a chend aireamh dhe an diugh agus s'o ar barail gu bheil e gu bhi na phaipear gasda. 'Se cuoud phaipear laitheal a chuireadh mach 'an Ceap Breatuinn riabh, 'a tha ainn an dochas gu'n soirbhich gu math leis.

TOIMHSEACHAIN.

RIO A. B. C.
1.—Chaidh Fionn do'n bheinn,
'S cha deachaidh idir,
Bhasaich beau Fhinn,
'S cha 'd bhasaich idir.

2.—'S airde e na tigh an righ,
'S minne na sioda.

3.—Cha'n iris tha e,
'S cha'n al tha a,
'S cha tig tha bco as aonais.

Freagairtean do na Toimhseachain ann an aireamh mu dheireadh:—1.—An deigh.
2.—A mhuic-mara a dh'ith Ionah.
3.—Litir.

Fàic MAC-TALLA na h-ath sheachdain airson Freagairtean nan Toimhseachain so.

urrainnear tighinn gu co-dhunadh sam bith eile ach nach eil paipeir Gailig a dhith air na Gaidheil, gu bheil iad riaraichte le bhith comharraichte mar an aon chinneach Criosdail a th' air thalamh nach cost ri paipeir a chumail suas 'n an cainnt fein."

Ag ullachadh an leabhair seo bha sinn mothachail air na h-atharraichean air labhairt agus gnàthasan-sgrìobhadh na Gàidhlig tro na linntean, agus air an eadar-dhealachadh a tha air tighinn air litreachadh na cànain. Lean sinn cho dlùth 's a b'urrainn dhuinn ri briathrachas a' Bhlàraich agus ri nòsan Mhic-Talla, ach on a tha caochladh air tighinn air "cumailteachd" agus cumadh na Gàidhlig chuir sinn dreach an là-an-diugh air mòran den an litreachadh son an sgrìobhadh a dhèanamh nas so-thuigsinn agus nas tarraingaiche do luchd-leughaidh na linne seo.

Tha sinn fada an comain gach neach a thug taice dhuinn ann a bhith deasachadh an leabhair, gu h-àraidh Mìcheal Mac an t-Sealgair aig Clò Oilthigh Cheap Breatainn, Ionad Pheutanach na h-Oilthigh, agus Sìne Arnold is Màiri Chaimbeul. Chuidich iad sinn ann an iomadh dòigh. Tha sinn cuideachd taingeil do Shabhal Mòr Òstaig son Mac-Talla a chur air an eadar-lìon, far am faodamaid sùil a thoirt air aig àm sam bith.

Sgrìobag bhon Luchd-deasachaidh: Bu toigh leinn a chur fa chomhair an luchd-leughaidh gun do rinn sinn oidhirp air urraim a thoirt do na sgrìobhaidhean tùsail Gàidhlig ann an caochladh dhòighean. Anns a' chiad àite, roghnaich sinn a' Ghàidhlig a chur air an duilleig air an làimh-dheis, mu choinneamh na leughadairean nuair a thionndaidheas iad an duilleag. Anns an dàra àite, agus gu h-àraidh cudromach do luchd-ionnsachaidh, mar gach iomairt den t-seòrsa, chan eil an t-eadar-theangachadh facal air an fhacal, ach mar mhìneachadh a ni briathrachas an là-an-dè nas brìoghmhoire do leughadair an là-an-diugh.

Tha e deatamach, mar a tha Mgr. Mac a' Phearsain a' mìneachadh anns an ro-ràdh, cudrom a chur air na roghainnean a thaobh litreachaidh. Tha na sgrìobhaidhean aig Mgr. Mac a' Phearsain agus an t-Ollamh Linkletter a' leantainn modhan litreachaidh GOC, ach tha na sgrìobhaidhean aig an Urr. Blàrach faisg air mar a bha iad bho thus.

Duncan Black Blair
by Michael Linkletter

*Maclean Sinclair, whose name frequently appears in this chapter, invariably used the surname Sinclair in Gaelic rather than Mac na Ceàrdaich for reasons he explains elsewhere.We have thus adopted his practice here. For a discussion on this, please see Michael Linkletter, "Gàidhlig aig Oilthigh Naoimh Fransaidh Xavier agus an t-Urramach Alasdair MacIllEathain Sinclair — Gaelic at St. Francis Xavier University and the Rev. Alexander Maclean Sinclair"*in Rannsachadh na Gàidhlig 5/Fifth Scottish Gaelic Research Conference, *ed. Kenneth E. Nilsen (Sydney: Cape Breton University Press, 2011), 134-48.*

The Reverend Doctor Duncan Black Blair was one of numerous individuals, mainly clergy, engaged in the production of Gaelic letters in the 19th century. This is perhaps not overly surprising in that they were the main educated class among the Gaels with the disruption in the clan system in the previous century and the concomitant loss of the native schools in which poetry, medicine, law and music were formally studied.This gap was filled to a certain extent by the native clergy, educated in the universities of urban Scotland, but many of whom returned to charges in the Highlands and Islands. The *ceilidh* house, where poetry, folktales and other aspects of oral tradition (and indeed written and printed matter in the 19th century) were communicated, was perhaps the most important feature in the continued transmission of traditional Gaelic culture with the suppression of the clan system after 1745. It was in this nurturing environment that many of the clergymen were raised and who would become important figures in the emergence of a new Gaelic *literati* of the 19th century. The Society in Scotland for Propagating Christian Knowledge (SSPCK) was also not an insignificant factor in the development of Gaelic literacy during this period. After its founding in 1709, the SSPCK had been decidedly anti-Gaelic in its early mission to bring religious education to the Highlands and other "uncivilized" parts of the country, but by the early 1800s had adopted

An t-Urr. Donnchadh Blàrach
le Mìcheal Linkletter

Bha MacIlleathain Sinclair, a tha air ainmeachadh tric anns a' chaibideil seo, daonnan a' cleachdadh an t-sloinnidh Sinclair ann an Gàidhlig seach Mac na Ceàrdaich, son adhbhair a tha e ag ainmeachadh an àiteachan eile. Tha sinne a' leantainn a' chleachdaidh seo. Son beachdachadh air a sin, faicibh Michael Linkletter, "Gàidhlig aig Oilthigh Naoimh Fransaidh Xavier agus an t-Urramach Alasdair MacIlleathain Sinclair — Gaelic at St. Francis Xavier University and the Rev. Alexander Maclean Sinclair" *ann an* Rannsachadh na Gàidhlig5/Fifth Scottish Gaelic Research Conference, *deasaichte le Kenneth E. Nilsen (Sydney: Cape Breton University Press, 2011), 134-48.*

Bha an t-Ollamh Urramach Donnchadh MacIlleDhuibh Blàrach air fear de iomadh neach, a' mhòr-chuid dhiubh pearsachan-eaglais, a bha an sàs ann an sgrìobhadh litreachas Gàidhlig anns an naoidheamh linn deug. Is dòcha nach eil seo 'na iongnadh mòr oir b'iad am prìomh bhuidheann foghlaimte am measg nan Gàidheal le briseadh siostam nam fineachan anns an linn a dh'fhalbh agus, mar thoradh air sin, call nan sgoiltean dùthchasach anns an robhar a' beachdachadh gu foirmeil air bàrdachd, eòlas-leighis, lagh agus ceòl. Chaidh am beàrn seo a lìonadh gu ìre le pearsachan-eaglais na dùthcha, a chaidh oideachadh ann an oilthighean bhailtean-mòra na h-Alba, ged a thill mòran dhiubh gu dreuchdan air Ghàidhealtachd agus anns na h-Eileanan. Is dòcha gur e an taigh-cèilidh, far an robh bàrdachd, sgeulachdan agus beul-aithris eile (agus gu dearbha stuth sgrìobhte agus clò-bhuailte anns an naoidheamh linn deug) air an liubhairt, an rud a bu chudromaiche ann a bhith cumail cultar dualchasach na Gàidhlig beò nuair a chaidh siostam nam fineachan a mhùchadh an dèidh 1745. B'ann anns an àrainneachd altramach seo a thogadh mòran de na pearsachan-eaglais aig an robh àite cudromach nuair a thàinig *literati* ùr Gàidhlig na naoidheamh linne deug gu bith. Bha àite cudromach cuideachd aig a' Chomunn Albannach son Sgaoileadh a' Chreidimh Chrìostaidh (an SSPCK) ann an leasachadh litreachas na Gàidhlig anns an naoidheamh linn deug. An dèidh a stèidheachadh ann an 1709, bha am buidheann

an approach of fostering reading in Gaelic to facilitate access to the Bible, with the ultimate goal of transitioning completely to English.

The industrial printing press in the larger urban centres greatly facilitated the rise of a new Gaelic prose tradition in the 19th century. Gaelic prose existed orally of course, but not since the Middle Ages in an earlier stage of the language was there anything like a narrative prose literary tradition. With the mass production of newspapers we see the Gaelic-speaking clergy rising to the challenges and opportunities that the new medium afforded for their language. Most prominent, and almost certainly most influential in this regard, was the work of "Caraid nan Gàidheal" (Friend of the Gaels), the Rev. Dr. Norman MacLeod. It was arguably MacLeod more than anyone else, who did the most for establishing a modern prose tradition for Gaelic. It was MacLeod's intention in his periodicals, *Teachdaire Gae'lach* (Gaelic Messenger, 1829-1831) and *Cuairtear nan Gleann* (Traveller of the Glens, 1840-1843), at least in part to develop a more formal register for secular Gaelic prose. Besides providing material of his own composition, he also wanted to make information in English-language texts available to Gaels in their own language. To this end he included translations on topics such as history, geography, current events, science and religion. The example established by MacLeod's publications acts as a strong influence in material subsequently published by clergymen, and perhaps goes a long way in explaining some of what we see in the sampling of Blair's writings from *Mac-Talla* in the present volume.

A native of Strachur, Cowal, born in 1815, and educated at the University of Edinburgh, Blair came to Nova Scotia in 1846. In 1847 he went for a year to Ontario, where he visited Niagara Falls, eventually returning to Nova Scotia in 1848. Niagara Falls made a great impression on the minister-poet, and though he composed a number of poems and wrote prolifically on many topics, his poem on seeing Niagara Falls, "Eas Niagara," is his best-known work. First published in the magazine *An Gàidheal* in 1871 and subsequently with emendations in Alexander Maclean Sinclair's *Clàrsach na Coille* a decade later, it has since been included in other significant compilations of Gaelic poetry, including the many editions of W. J. Watson's well-

seo gu cinnteach an aghaidh Gàidhlig oir b'e an amas air tùs foghlam cràbhach a thoirt chun na Gàidhealtachd agus ceàrnan neo-shìobhalta eile na dùthcha, ach aig toiseach na naoidheamh linne deug bha iad air toiseachadh a' brosnachadh leughadh Gàidhlig son am Bìoball a dhèanamh so-ruigsinn, ach b'e gluasad gu tur gu Beurla an ceann-uidhe.

Rinn na h-innealan clò-bhualaidh anns na bailtean mòra na b'fhasa gnàths ùr rosg Gàidhlig a thoirt air adhart. Bha rosg Gàidhlig ann am beul-aithris, ach bho ìre na bu tràithe den chànan anns na Meadhan-Aoisean cha robh dad ann coltach ri aithris litreachail ann an rosg. Le pàipearan-naidheachd a' fàs pailt chì sinn pearsachan-eaglais le Gàidhlig a' gabhail brath air na dùbhlain agus na cothroman a bha am meadhan ùr seo a' toirt dhan cànan. B'i an obair aig "Caraid nan Gàidheal," an t-Oll. Urr. Tormod MacLeòid a b'fhollaisiche agus a b'èifeachdaiche anns an t-seadh seo. Is e MacLeòid, is mathaid, is motha rinn na duine sam bith eile son gnàths nuadh de rosg Gàidhlig a chruthachadh. Anns an dà iris aige, *Teachdaire Gae'lach* (1829-31) agus *Cuairtear nan Gleann* (1840-43) bha e ag amas, co-dhiù ann am pàirt, air modh na b'fhoirmeile a chruthachadh son rosg saoghalta Gàidhlig. A-bharrachd air stuth a bha e fhèin a' sgrìobhadh a thoirt am follais, bha e cuideachd airson fiosrachadh a bha nochdadh ann am Beurla a thairgse dha na Gàidheil 'nan cànan fhèin. Gu seo a choileanadh bha e dèanamh eadar-theangachadh air cuspairean mar eachdraidh, cruinn-eòlas, tachartasan an ama, saidheans, agus creideamh. Thug an eiseamplair aig foillsichidhean MhicLeòid buaidh mhòr air stuth a bha pearsachan-eaglais a' foillseachadh an dèidh sin, agus faodaidh gu bheil sin gu mòr a' mìneachadh nan eiseamplairean de sgrìobhaidhean a' Bhlàraich ann am *Mac-Talla* a tha rim faicinn anns an leabhar seo.

Bhuineadh e do Srath-chura ann an Còmhal, far an do rugadh e ann an 1815. Fhuair e foghlam ann an Oilthigh Dhùn Eideann agus thàinig e gu ruige Albainn Nuadh ann an 1846. Ann an 1847 chuir e seachad bliadhna ann an Ontario, far an do thadhail e air Eas Niagara, agus thill e gu Albainn Nuadh ann an 1848. Thug Eas Niagara buaidh mhòr air mar mhinistear 's mar bhàrd, agus ged a rinn e caochladh dhàin agus pailteas de sgrìobhaidhean air iomadh cuspair, 's i a' bhàrdachd "Eas Niagara" air an fheàrr aithne. Chaidh

known *Bàrdachd Ghàidhlig* (published in 1918, 1932, 1959 and 1976) and most recently Donald Meek's anthology of 19th-century poetry, *Caran an t-Saoghail* (2003). It is toward a greater appreciation of the man and his works that the present volume owes its existence.

Short biographies have been written about Blair in anthologies of Gaelic poetry since Maclean Sinclair's *Clàrsach na Coille* of 1881, but little has been done in terms of looking at his writings in the context of the emerging Gaelic written tradition of the 19th century. Central to the picture that Blair paints of himself are his personal journals and his travelogues published in various contemporary newspapers, including the *Canada Scotsman* (edited by Angus Nicholson who went on to publish the monthly magazine *An Gàidheal* to which Blair also contributed numerous articles), the Gaelic column in the *Pictou News*, edited by Maclean Sinclair, and the all-Gaelic *Mac-Talla*, edited by Jonathan MacKinnon. From these various sources we know that Blair was born in the parish of Strachur on Lochfyne in Cowal on July 1, 1815. He was the son of Catherine MacGregor and Thomas Blair, who managed a large sheep operation for many years in Glendale, but eventually settled in Laggan with his family in 1825. He evidenced a strong aptitude for learning when he was young, and his father vowed to educate him to become a minister. The young Blair did not realize exactly what this meant, but felt motivated to see it through. He says:

> I began school on August 17th, 1823, and I stayed in school
> about three-quarters. I was able to read the English Bible
> before leaving that school and, as I had never read a word
> until then and moreover, as I surpassed those of my own age
> who were ahead of me when I started school, my father said
> to me that he would educate me to be a minister. That suited
> me well, although I knew not at the time what it meant to be
> a minister, except that I understood that a minister was an
> educated man. I ever kept before me, my duty, as the purpose
> of my education and I have not let it slip these sixteen years.[1]

Blair tells us that even though Gaelic was his first language, he was educated in English, and by placing the English Bible next to the Gaelic version, he was eventually able to read in his native tongue:

> About the beginning of the winter of 1824 I began to read the

a foillseachadh an toiseach anns an iris *An Gàidheal* ann an 1871 agus a-rithist le atharraichean anns an leabhar *Clàrsach na Coille* le Alasdair MacIlleathain Sinclair deich bliadhna an dèidh sin. Bhon uairsin tha i air a bhith ann an cruinnichidhean brìgheil eile de dhàin Ghàidhlig, leithid *Bàrdachd Ghàidhlig* le Uilleam MacBhàtair (1918, 1932, 1959 agus 1976) agus *Caran an t-Saoghail* (2003), cruinneachadh de bhàrdachd na naoidheamh linne deug le Dòmhnall Meek. Is e amas an leabhair seo a tha sibh a' leughadh an-dràsta tuilleadh cliu a thoirt don an duine agus a chuid obrach.

Chaidh iomraidhean goirid air beatha a' Bhlàraich a sgrìobhadh ann an cruinnichidhean de bhàrdachd Ghàidhlig on a dheasaich MacIlleathain Sinclair *Clàrsach na Coille* ann an 1881, ach 's e beagan a rinneadh gu sùil a thoirt air a chuid obrach ann an co-theacs gnàths sgrìobhaidh na Gàidhlig a bha nochdadh anns an naoidheamh linn deug. Deatamach don dealbh a tha am Blàrach a' toirt air fhèin tha na naidheachdan pearsanta agus na cunntasan-siubhail a chaidh am foillseachadh ann am pàipearan-naidheachd an ama, mar an *Canada Scotsman* (deasaichte le Aonghas MacNeacail a chaidh air adhart gu bhith clò-bhualadh na h-iris mhìosail *An Gàidheal* dhan do sgrìobh am Blàrach iomadh colbh), an colbh Gàidhlig ann am *Pictou News*, deasaichte le MacIlleathain Sinclair, agus am pàipear Gàidhlig *Mac-Talla*, deasaichte le Eòin MacFhionghain. Bho na caochladh sgrìobhaidhean sin tha sinn a' tuigsinn gun do rugadh am Blàrach ann an sgìre Shrath-chura air bruaich Loch Fìne ann an Còmhal air 1 Iuchar 1815. Bu mhac e do Chaitriona NicGriogair agus Tòmas Blàrach, aig an robh tuathanachas mhòr chaorach fad iomadh bliadhna ann an Gleanndail, ach a thuinich le a theaghlach ann an Lagan ann an 1825. Dh'fhoillsich e alt làidir son ionnsachadh 'na òige agus bhòidich 'athair gun toireadh e dhà foghlam gu bhith 'na mhinistear. Cha do thuig am Blàrach òg dè dha-rìribh a bha seo a' ciallachadh, ach phiobraich e e gu thoirt gu ìre, agus tha e ag ràdh:

> Chaidh mi dhan sgoil air 17 Lùnastal 1823, agus dh'fhan mi innte mu thrì ràithean. B'urrainn dhomh am Bìoball Beurla a leughadh mus do dh'fhàg mi an sgoil sin agus, o nach robh mi air facal a leughadh thuige sin agus a-bharrachd, on a thug mi bàrr air mo cho-aoisean a bha romham nuair a chaidh mi dhan sgoil. Thuirt

Gaelic Bible from the very beginning. I placed the English and Gaelic side by side and thus I came to read the Gaelic as well as the English; although I had no teacher, except that my father taught me to read the first chapter of Genesis in Gaelic.[2]

As he progressed in his younger years, he continued to read the Bible. At the age of ten the precocious Blair says he started to "write a book and to put it together" and he constructed a "house" where he preached to other children and conducted a communion service complete with bread and wine which he made himself from black currants. It is evident that the goal of becoming a minister was on his mind. He explains that:

in March 1828 a schoolmaster from the Assembly of the Church of Scotland came to the neighbourhood about three miles from father's house. His name was John Finlayson from the Isle of Skye. I heard that he was a Baptist. As I had in mind to be a minister of the Church of Scotland, I had no particular love for the Baptists. Not that I did not think there were good men among them, but I believed the teaching of the Church of Scotland to be preferable.[3]

Blair attended school under John Finlayson for a time from 1828-1832, under whom he learned Latin and Greek and came to be impressed with the deep and sincere spirituality of the man. With the goal of supplementing the promised assistance from his father toward his education at Edinburgh University, he worked as an assistant teacher under John Finlayson in 1833. He began studies at Edinburgh University in 1834. In 1836 he joined the Ossianic Society at the university which Blair says was for "lads from the Highlands where they might speak Gaelic and write it. I joined that Society as I was anxious to keep up my native tongue."[4]

He became sick that year while tutoring in the Isle of Skye in 1838. His illness was so severe it delayed his return to studies at Edinburgh for two years. Blair's eldest sister Anna helped care for him, but she eventually came down with the fever herself and died on September 20, 1838:

My father and mother were happy that I returned home alive and well, but it was not long till their joy turned to sorrow at the death of my sister. We were all very sad. When it seemed as if she were

m'athair rium gun oidicheadh e mi gu bhith 'na mo mhinistear. Bha seo a' freagairt math orm, ged nach robh fios agam aig an àm dè bha e ciallachadh a bhith 'na do mhinistear, ach gu robh mi tuigsinn gur e duine foghlaimte bh'ann am ministear. Chùm mi romham, mo dhleastanas, mar rùn mo chuid foghlaim agus cha do leig mi leis sleamhnachadh fad nan sia bliadhna deug sin.[1]

Tha am Blàrach ag innse dhuinn eadhoin ged a b'i Gàidhlig a chiad chànan, gun deach fhoghlaim ann am Beurla, agus le bhith cur a' Bhìobaill Bheurla ri taobh an fhir Ghàidhlig, gum b'urrainn dha mu dheireadh thall leughadh ann an cànan a dhùthchais: "mu mheadhan a' gheamhraidh ann an 1824 thòisich mi air am Bìoball Gàidhlig a leughadh on toiseach. Chuir mi a' Ghàidhlig agus a' Bheurla taobh ri taobh agus mar sin chaidh agam air Gàidhlig a leughadh a-bharrachd air Beurla; ged nach robh neach-teagaisg agam, ach a-mhàin gun do dh'ionnsaich m'athair dhomh a' chiad chaibideil de Genesis a leughadh ann an Gàidhlig."[2]

Fhad's a chaidh e tro bhliadhnaichean na h-òige lean e air a' leughadh a' Bhìobaill. Aig aois dheich bliadhna tha am balach comasach ag ràdh gun do thòisich e "a' sgrìobhadh leabhair agus 'ga chur ri chèile" agus rinn e "taigh" far an robh e searmonachadh do chloinn eile agus a' cumail seirbheis comanachaidh le aran agus fìon a rinn e fhèin le dearcagan dubha. Tha e follaiseach gu robh dreuchd na ministrealachd 'san amharc aige. Tha e ag ràdh:

Anns a' Mhàrt 1828 thàinig maighstir-sgoile o Ard-Sheanadh Eaglais na h-Alba don choimhearsnachd mu thrì mìle bho thaigh m'athar. B'e Iain MacFhionnlaigh a b'ainm dha agus bha e às an Eilean Sgitheanach. Chuala mi gur e Baisteach a bh'ann. On a bha e romham-sa a bhith 'nam mhinistear an Eaglais na h-Alba, cha robh gràdh àraid agam do na Baistich. Chan e nach robh mi smaoineachadh gu robh daoine matha 'nam measg, ach bha mi creidsinn gu robh teagasg Eaglais na h-Alba na b'fheàrr.[3]

Chaidh am Blàrach don sgoil aig Iain MacFhionnlaigh son greis eadar 1828 agus 1832. Is ann bhuaithe a dh'ionnsaich e Laideann agus Greugais agus thug spioradalachd dhomhainn is dhùrachdach an duine seo buaidh air. Le amas air cur ris an taice bha athair a' toirt dha fhoghlaim an Oilthigh Dhùn Eideann, bha e a' teagasg mar

about to die, I went to a place of solitude … to pray for her. I was in agony of soul as she was going to eternity and I was afraid she was not prepared for death. She was in deep sleep with a potion the doctor gave her, something which I believe hastened her death and to eternity, I prayed to the Almighty that His will be done, that He would restore her to health, if it be His will, but above all that she be prepared for Death with the Truth of Christ. I then returned and as I came near the house she gave up the Spirit. I shall go where she is, but she will not return to us…. She was my favorite sister. She was nearest me in age. She was quiet, humble and obedient to her parents, loving her brothers and sisters and kind to all.[5]

By 1840, Blair was well enough to return to university. He entered the Divinity Hall in Edinburgh and was ultimately licensed to preach on May 1, 1844.[6] He then preached for the Free Church Congregations of Badenoch for six months, and spent much of 1845 in Mull. In a letter to the Colonial Committee of the Free Church during this time, he indicated his desire to "go to the Colonies to preach the Gospel." He was asked to travel to Edinburgh to be examined by the Committee before being "authorized to go to America" on a three-year mission.[7] After bidding farewell to his family, friends and home district, he journeyed to Glasgow where he set sail for Pictou, Nova Scotia, on April 2, 1846. The description of his journey across the Atlantic—and subsequent travels in Prince Edward Island, mainland Nova Scotia and Cape Breton, and up the St. Lawrence River through Québec to Ontario in 1847—make for interesting reading and are included in the present volume. His vessel was grounded in the night on his way up the St. Lawrence where the crew received help from French-speaking residents on the adjacent mainland. Blair was very concerned that his chests of books be recovered. They eventually were and were sent on to him at his destination in Bytown (Ottawa). From there he journeyed to Beckwith where he served a congregation of Gaels originally from Perthshire. He also served for a while in the townships of Aldborough and Dunwich; it was during this time that he visited Niagara Falls. In September 1848, he returned to Pictou, Nova Scotia, by way of New York and Halifax on the steamship

fhear-cuideachaidh do Iain MacFhionnlaigh ann an 1833. Thòisich e
mar oileanach an Oilthigh Dhùn Eideann ann an 1834. Ann an 1836
chaidh e don Chomunn Oiseanach anns an oilthigh, comunn a-rèir a'
Bhlàraich a bha airson "balaich às a' Ghàidhealtachd far am faodadh
iad Gàidhlig a labhairt agus a sgrìobhadh. Chaidh mi don Chomunn
a chionn 's gu robh mi fo iomagain a-thaobh cànan mo dhualchais a
bhrosnachadh."[4]

Dh'fhàs e tinn nuair a bha e ag obair mar oide anns an Eilean
Sgitheanach ann an 1838. Bha a thinneas cho dona 's gun do chuir e
dàil dà bhliadhna air an oileanachadh aige an Dùn Eideann. Bha Anna,
a phiuthar a bu shine, a' cuideachadh a' toirt cùram dha, ach an ceann
ùine ghabh i fhèin am fiabhras agus chaochail i air 14 Sultain 1838:

> Bha m'athair 's mo mhàthair toilichte gun do thill mi dhachaidh
> beò agus slàn, ach cha b'fhada gus an do thionndaidh an gàirdeachas
> gu bròn nuair a bhàsaich mo phiuthar. Bha sinn uile glè thùrsach.
> Nuair a bha e coltach gu robh i faisg air crìoch a beatha, chaidh
> mi gu àite uaigneach [...] a dh'ùrnaigh air a sgàth. Bha m'anam fo
> dhòrainn gu robh i dol don t-sìorraidheachd agus bha eagal orm
> nach robh i ullaichte son a' bhàis. Bha i 'na suain chadail le cungaidh
> a thug an dotair dhi, rud a tha mi smaoineachadh a chuir cabhag
> air a bàs agus a dh'ionnsaidh na sìorraidheachd. Rinn mi ùrnaigh
> ris an Uile-chumhachdach gum biodh a thoil air a dhèanamh agus
> gun aisigeadh E i air ais gu slàinte, nam b'e sin a thoil, ach os
> cionn gach nì gum biodh i ullaichte son a' Bhàis le Fìrinn Chrìosta.
> An uairsin thill mi agus nuair a bha mi dlùth air an taigh thug i
> suas an deò. Thèid mise far a bheil ise, ach cha till ise thugainne
> [...]. 'S i a' phiuthar a b'fheàrr leam. 'S i a b'fhaisge orm ann
> an aois. Bha i sàmhach, iriosal agus umhail dha pàrantan, le gaol
> air a bràithrean 's a peathraichean agus coibhneil ri na h-uile.[5]

Ann an 1840 bha am Blàrach fallain gu leòr gu tilleadh don oilthigh
agus chaidh e do Thalla na Diadhachd an Dùn Eideann, agus fhuair e
cead searmonachaidh air 1 Cèitean 1844.[6] An uairsin bha e teagasg do
choitheanalan na h-Eaglais Shaoire ann am Bàideanach son sia mìosan,
agus chuir e seachad a' mhòr-chuid de 1845 ann am Muile. Ann an
litir gu Comataidh nan Coloinidhean aig an Eaglais Shaor thubhairt e
gum bu mhiann leis a dhol do na coloinidhean a theagasg an t-Soisgeil.

Europa.[8] Blair completed his missionary contract and he decided to remain in Nova Scotia:

> The terms of my three years' appointment as a missionary
> by the Colonial Committee having been accomplished at
> the beginning of May, 1848, I had now remained a year and
> a half longer, preaching most of the time in Blue Mountain
> and Barney's River and the upper regions of the East River.
> I became more attached to the people and liked the country
> better the longer I stayed in it. With these considerations I came
> to the conclusion to remain and cast my lot with the people
> of Barney's River and Blue Mountain as a permanent field of
> labor and my home, subject to the Will of Providence.[9]

Before permanently settling, however, Blair wanted to return once more to Scotland to visit his family after receiving word that his mother was ill. He journeyed back to Scotland in 1850 and remained until September 1851. In the short time he was back in Scotland, he met Mary Sibella MacLean and whom he married in August 1851. He composed a poem for her, "Màiri Lurach" (Lovely Mary), also included in the present volume. Blair returned to Nova Scotia with his new bride in September 1851 where they settled in the Barney's River, Blue Mountain and Garden of Eden district of Pictou County in northeastern, mainland Nova Scotia.

Donald MacLean Sinclair provides an interesting anecdote on how Blair received an honourary Doctor of Divinity degree from the Presbyterian College of Montreal. Blair was nominated for the degree at a meeting of the General Assembly:

> Robert Murray, editor of the *Presbyterian Witness*, and my
> father, Rev. A. MacLean Sinclair, were sitting together, whilst
> before them several D.D.s could be seen and frequently
> heard. My father said to Murray "We must get a D.D. for
> Blair." "Certainly," he replied, "write out an application and I
> will sign it." The application was written out then and there,
> and Robert Murray and Judge Forbes signed it. My father
> handed it to Principal MacVicar, a Gaelic-speaking Highlander,
> and the result was that Mr. Blair became Dr. Blair.[10]

Chaidh iarraidh air a dhol a Dhùn Eideann gu bhith air a cheasnachadh
leis a' Chomataidh mas d'fhuair e "ùghdarras a dhol a dh'Aimeireaga"
son trì bliadhna.[7] An dèidh slàn fhàgail aig a theaghlach, a chàirdean
agus a choimhearsnachd, thog e air gu Glaschu far an deach e air bòrd
bàta gu Pictou an Albainn Nuadh air 2 Giblean 1846. Tha iomradh
air a thuras thairis a' Chuain Shiar, agus air cuairtean an dèidh sin
an Eilean Prionnsa Eideard, mòr-thìr Albainn Nuaidh agus Ceap
Breatainn, agus suas Abhainn an Naoimh Labhrainn tro Quebec gu
Ontario ann an 1847 inntinneach an leughadh agus tha iad anns an
leabhar seo. Chaidh am bàta air na sgeirean feadh na h-oidhche air
an t-slighe suas Abhainn Labhrainn agus fhuair an sgioba cobhair o
luchd-còmhnaidh a bhruidhneadh Fraingis air an fhearann air bruaich
na h-aibhne. Bha imcheist mhòr air a' Bhlàrach nach fhaigheadh e air
ais na cisteachan leabhraichean aige. Fhuaireas iad agus chaidh an cur
thuige gu a cheann-uidhe ann am Bytown (Ottawa). As a sin chùm
e air gu Beckwith far an do fhritheil e do choitheanal Ghàidheil a
bhuineadh air tùs do Shiorrachd Pheairt. Bha e cuideachd greis ann
am bailtean Aldborough agus Dunwich; b'ann aig an àm sin a thadhail
e air Eas Niagara. Anns an t-Sultain 1848 thill e gu Pictou an Albainn
Nuadh tro New York agus Halifax air a' bhàta-smùide *Europa*.[8]
Chrìochnaich am Blàrach a chùmhnant mar mhiseanaraidh agus chuir
e roimhe fuireach an Albainn Nuadh:

> An dèidh do mo chùmhnantan-dreuchd mar mhiseanaraidh aig
> Comataidh nan Coloinidhean tighinn gu crìch anns a' Chèitean
> 1848, bha mi nise air fuireach bliadhna gu leth na b'fhaide,
> a' teagasg a' chuid mhòr den ùine anns a' Bheinn Ghorm,
> Abhainn Bhàrnaidh agus fearann uachdrach na h-Aibhne an
> Ear. Dh'fhàs mi na bu cheangailte ri na daoine agus bha an
> dùthaich a' còrdadh rium na b'fheàrr mar a b'fhaide bha mi a'
> tàmh innte. Le na fairichidhean sin cho-dhùin mi fuireach agus
> mo chrann a thilgeil còmhla ri muinntir Abhainn Bhàrnaidh
> agus na Beinne Guirme mar achadh buan mo shaothrach
> agus mo dhachaidh, fo smachd Rùn an Fhreastail.[9]

Mus do rinn e tuineachadh maireannach, ge-tà, bha am Blàrach
ag iarraidh tilleadh uair eile a dh'Alba a dh'fhaicinn a theaghlaich
an dèidh fios fhaighinn gu robh a mhàthair tinn. Chaidh e air ais a

In 1893 Blair died at the age of seventy-eight. His wife had died in 1882, and they are buried together in Laggan cemetery a few miles away from Blair Church in the Garden of Eden.

One of Blair's most important legacies was the great influence he had on Alexander Maclean Sinclair. Maclean Sinclair himself was the grandson of well-known poet John Maclean, who left Tiree for Nova Scotia in 1819. Reared in his grandfather's household, Maclean Sinclair was only eight years old when his grandfather died in 1848. Blair, only newly arrived, would become friend and mentor to the young Maclean Sinclair. It was Blair's example that represented the ultimate path his own life would take as minister and Gaelic scholar. Blair was thus a significant influence in Maclean Sinclair's life, not only as a representative of the church, but also as an educated Gael who was actively involved in the literature of his native language.

Maclean Sinclair's relationship with Blair continued even after leaving his home community of Glen Bard to further his education. When it was time for him to get his licence as a minister, Maclean Sinclair returned to his home district in order to be examined. Prospective ministers were licensed and ordained by established ministers in the church court of the Presbytery. Part of this process involved a lengthy oral examination, which, in Maclean Sinclair's case, involved presenting a homily in Gaelic and being tested on theology, church history, Hebrew and Greek.[11] One of Maclean Sinclair's examiners was Blair, and, as Moderator of the Presbytery, it was Blair who ultimately licensed Maclean Sinclair to preach in the Free Church of Nova Scotia on May 2, 1866. Blair presided over Maclean Sinclair's wedding to Mary Ann Campbell in 1882, and Blair composed an òran pòsaidh (wedding song) for the occasion. This song was published in Mac-Talla in 1903 and is included in the present volume. In 1887, when Maclean Sinclair's mother passed away at the age of seventy-seven, it was Blair who conducted her funeral service.

Blair contributed much to Maclean Sinclair's publications, and when Blair died in 1893, Maclean Sinclair inherited Blair's manuscripts. Maclean Sinclair described Blair as:

a man of deep and thorough piety, but somewhat quick-tempered. He was an accomplished scholar. It is no exaggeration to say

dh'Alba ann an 1850 agus dh'fhan e gu Sultain 1851. Anns an ùine ghoirid a bha e air ais thachair e ri Màiri Siobala NicIlleathain agus phòs iad anns an Lùnastal 1851. Rinn e òran dhi, "Màiri Lurach," a gheibhear anns an leabhar seo. Thill am Blàrach agus a bhean-phòsta ùr do Albainn Nuadh anns an t-Sultain 1851 agus rinn iad an dachaidh ann an Abhainn Bhàrnaidh, a' Bheinn Ghorm agus sgìreachd Gàrradh Eden ann an Siorramachd Phictou ann an ear-thuath mòr-thìr Albainn Nuaidh.

Tha Dòmhnall MacIlleathain Sinclair a' toirt iomradh inntinneach air mar a fhuair am Blàrach an ceum urramach Dotair Diadhachd o Cholaiste Dhiadhachd Mhontreal. Chaidh ainm a chur air adhart son na h-inbhe seo aig coinneimh den Ard Sheanadh:

Bha Raibeart Moireach, fear-deasachaidh *Fianais nan Clèireach*, agus m'athair, an t-Urr. A. MacIlleathain Sinclair, 'nan suidhe còmhla, agus air am beulaibh bha corra D.D. rim faicinn 's rin cluinntinn. Thubhairt m'athair ris a' Mhoireach "Feumaidh sinn D.D. fhaighinn dhan a' Bhlàrach." "Gun teagamh," fhreagair e, "sgrìobh tagradh agus cuiridh mise m'ainm ris." Chaidh an tagradh a sgrìobhadh an làrach nam bonn, agus chuir Raibeart Moireach agus am Britheamh Foirbeis an ainmean ris. Shìn m'athair e chun a' Phrionnsapal Mac a' Phiocair, Gàidheal le Gàidhlig, agus b'e buil an tàgraidh gu robh Mr. Blair 'na Dr. Blair.[10]

Ann an 1893 dh'eug am Blàrach aig aois 78. Bha a bhean air bàsachadh na bu tràithe ann an 1882, agus tha iad le chèile air an adhlacadh ann an cladh Lagain beagan mhìltean o Eaglais a' Bhlàraich ann an Gàrradh Eden.

B'e aon de dhìleaban cudromach a' Bhlàraich a' bhuaidh a bh'aige air Alasdair MacIlleathain Sinclair. B'esan ogha a' bhàird iomraitich Iain MacIlleathain (Bàrd Thighearna Chola), a rinn imrich à Tiridhe gu Albainn Nuadh ann an 1819. Thogadh MacIlleathain Sinclair an taigh a sheanar agus cha robh e ach ochd bliadhna dh'aois nuair a chaochail a sheanair ann an 1848. Bha am Blàrach air ùr thighinn dhan dùthaich agus gu bhith 'na charaid 's 'na fhear-iùil don bhalach òg. Bha eiseamplair a' Bhlàraich a' samhlachadh a bheatha fhèin mar mhinistear agus sgoilear Gàidhlig. Mar sin bha buaidh shònraichte aig a' Bhlàrach air beatha MhicIlleathain Sinclair, chan ann a-mhàin mar

that he could read Hebrew just as easily as I can read English and Gaelic. He intended at one time to become a missionary among the Jews, and this led him to take an interest in Hebrew. He knew Latin and Greek at least as well as the ordinary run of educated men do. I called to see him one day and asked what he was at. His reply was "I have been reading the Odyssey in Greek for the last six weeks, and I have got through it. I read the Iliad when I was going to college, but I never read the Odyssey until now." He had a smattering of French and German. He knew Gaelic thoroughly. He could read Irish Gaelic and Welsh. He had an extraordinary memory for words. Of philology, or the science of language, he knew nothing. The fact is that until Max Muller published his lectures, philology was a subject in which very little interest was taken among Britons. When Dr. Blair was dying he ordered his son to give me all his Gaelic manuscripts.[12]

Blair's manuscripts are today housed, along with Maclean Sinclair's own papers, in the Public Archives of Nova Scotia and the Father Charles Brewer Celtic Collection at St. Francis Xavier University. Aside from Gaelic translations of the Psalms and a Gaelic Grammar that he had been working on, Blair's manuscripts include personal and religious poems, historical sketches, notes in Gaelic on grammar with an English translation, a Greek-Gaelic glossary, transcriptions of Gaelic poetry (e.g., by Duncan Bàn, William Ross and Alexander MacDonald) and a Gaelic translation of Homer.

Though Blair published a few monographs in English and Gaelic, most of his publishing activity was in periodicals. The *Canada Scotsman* of Montréal, edited by Angus Nicholson, contained a regular Gaelic column which became one of Blair's earliest venues for his prose writing in Gaelic. Angus Nicholson went on to publish a Gaelic magazine in Toronto called *An Gàidheal*, beginning in 1871 to which Blair continued to contribute. Nicholson took *An Gàidheal* with him to Glasgow when he returned to Scotland a few years later. Once Blair's protegé Maclean Sinclair began publishing his own Gaelic column in the local *Pictou News* in Nova Scotia in 1883, Blair aided him by contributing numerous items. Maclean Sinclair's column, "Cùil na Gàidhlig" (The Gaelic Corner), ran for just over five years,

phcarsa eaglais ach cuideachd mar Ghàidheal foghlaimte a bha an sàs gu dèanadach ann an litreachas a chànain dhùthchasaich.

Lean an càirdeas aig MacIlleathain Sinclair ris a' Bhlàrach, fiù 's an dèidh dha a dhachaidh ann an coimhearsnachd Gleann a' Bhàird fhàgail son tuilleadh foghlaim fhaighinn. Nuair a thàinig an t-àm gu cead na ministrealachd fhaotainn, thill e dhachaidh gu a choimhearsnachd fhèin son a dhol fo sgrùdadh. Bha feadhainn aig an robh obair na ministrealachd 'san amharc a' faighinn cead-teagaisg agus air an suidheachadh ann an dreuchd le ministearan stèidhichte ann an seisean na Clèire. Mar phàirt den dùbhlan bha deuchainn-labhairt fhada anns an do lìbhrig MacIlleathain Sinclair òraid ann an Gàidhlig agus freagairtean air ceistean mu dhiadhachd, eachdraidh eaglaiseil, Eabhra, agus Greugais.11 B'e am Blàrach fear den luchd-deuchainn agus, mar Mhodaràtor na Clèire, b'esan aig a cheann thall a thug cead searmonachaidh do MhacIlleathain Sinclair ann an Eaglais Shaor Albainn Nuaidh air 2 Cèitean 1866. B'e am Blàrach cuideachd a rinn seirbheis-pòsaidh MhicIlleathain Sinclair agus Màiri Anna Chaimbeul ann an 1882, agus rinn e Oran Pòsaidh dhaibh. Bha an t-òran ann am *Mac-Talla* ann an 1903, agus tha e anns an leabhar seo. Ann an 1887, nuair a chaochail màthair MhicIlleathain Sinclair aig aois 77, b'e am Blàrach a liubhair seirbheis an tòrraidh aice.

Chuir am Blàrach mòran ris an stuth a bha MacIlleathain Sinclair a' foillseachadh, agus nuair a chaochail am Blàrach ann an 1893 fhuair MacIlleathain Sinclair seilbh air na làmh-sgriobhainn aige. Seo an teisteanas a thug e dhan a' Bhlàrach:

Duine le cràbhadh domhainn agus mionaideach, ach caran frionasach. Bha e 'na sgoilear barraichte. Chan eil e àibheiseach a ràdh gu leughadh e Eabhra cho furasta 's a leughas mise Beurla agus Gàidhlig. Chuir e roimhe aig aon àm a dhol mar mhiseanaraidh am measg nan Iùdhach, agus thug sin air ùidh a ghabhail ann an Eabhra. Bha e cho fiosrach air Laideann is Greugais ri fear san t-sreath de dhaoine foghlaimte. Thadhail mi air aon latha 's dh'fhaighneachd mi dha dè bha e dèanamh. Fhreagair e "Tha mi air a bhith leughadh an Odyssey ann an Greugais o chionn sia seachdainean, agus tha mi air faighinn troimhe. Leugh mi an Iliad nuair a bha mi anns a' cholaiste, ach cha do leugh mi an Odyssey

from December 1883 to at least January 1888 (the month of the latest surviving issue of the *Pictou News* containing "Cùil na Gàidhlig"). Blair contributed much to it, including a series "About the Old Highlanders" ("Mu na Sean Gaidhil [*sic*]") and "The History of the Highlanders" ("Eachdraidh nan Gaidheal"). An introduction to Blair's series described the new feature:

> The "Cùil na Gàidhlig," dear to so many Highland hearts,
> will be continued, and a very interesting feature will be the
> regular publication of a "History of the Highlanders," by
> the Rev. D. B. Blair, one of the most distinguished Gaelic
> Scholars of the day, who has very materially aided the Rev.
> Mr. Sinclair in furnishing matter for the Gaelic column.[13]

To a lesser extent, Blair also contributed to Scottish-based papers such as the *Oban Times* and the Inverness *Highlander*, as well as several items to the Halifax *PresbyterianWitness*; however, the best known of all periodicals to which he contributed is the famous *Mac-Talla* (Echo). *Mac-Talla* was published between 1892 and 1904 in Sydney, Nova Scotia. Its editor, Jonathan MacKinnon, began the paper when he was twenty-two years old with the dream of publishing a newspaper completely in Gaelic. He succeeded for many years in bringing out a weekly edition, but by its tenth volume in 1901, economic exigencies, which included difficulties with subscriptions, something about which MacKinnon often lamented in the paper, forced him to move to releasing an edition every other week. MacKinnon had a subscription base all over the world, yet he continually struggled to increase his numbers and after only three more years he had to cease publication. *Mac-Talla*'s final issue appeared on June 24, 1904.

Much of what Blair submitted to *Mac-Talla* included material he had already published in earlier papers. His *Mac-Talla* contributions are thus representative of much of his ongoing intelectual interests. Some of the currents and themes that we see running through his work reflect an interest in the early history of the Gaels, for which he relies heavily on the work of George Buchanan, and a preoccupation with the injustices perpetrated against the Gaels in the Highland Clearances. As a minister it is not surprising that Blair had an abiding interest in the history of Christianity, particularly in regard to his

gu ruige seo." Bha beagan Fraingis agus Gearmailtis aige. Bha eòlas domhainn aige air Gàidhlig. Leughadh e Gàidhlig na h-Eireann agus Cuimris. Bha cuimhne iongantach aige air faclan. Cha robh eòlas sam bith aige air saidheans cànain. Gus an do dh'fhoillsich Max Muller a chuid òraidean, 's e an fhìrinn gur e fìor bheagan suim a bha aig Breatannaich do shaidheans cànain mar chuspair. Nuair a bha an t-Oll. Blàrach air leabaidh a' bhàis thug e òrdan dha mhac na làmh-sgrìobhainn aige gu lèir a thoirt dhòmh-sa."[17]

Tha làmh-sgrìobhainn a' Bhlàraich an-diugh, maille ri pàipearan MhicIlleathain Sinclair fhèin, ann an Tasglann Poblach Albainn Nuaidh agus ann an Cruinneachadh Ceilteach an Athar Teàrlach Brewer ann an Oilthigh Fransaidh Xavier. A thuilleadh air eadar-theangachadh Gàidhlig nan Salm agus Gràmair Gàidhlig air an robh e 'g obair gheibhear ann an làmh-sgrìobhainn a' Bhlàraich dàin phearsanta agus chràbhach, iomraidhean eachdraidheil, pìosan mu ghràmair ann an Gàidhlig le eadar-theangachadh Beurla, riochdan de bhàrdachd Ghàidhlig (le, mar eiseamplair, Donnchadh Bàn, Uilleam Ros agus Alasdair mac Mhaighstir Alasdair), agus eadar-theangachadh Gàidhlig de Homer.

Ged a dh'fhoillsich am Blàrach beagan sgrìobhaidhean air cuspairean àraidh ann am Beurla agus Gàidhlig b'ann an irisean a bu trice a nochd an stuth a bha e sgrìobhadh. Anns an iris *Canada Scotsman* ann am Montreal, deasaichte le Aonghas MacNeacail, bha colbh cunbhalach ann an Gàidhlig agus seo far an do nochd cuid den rosg aig a' Bhlàrach an toiseach. Chaidh Aonghas MacNeacail air adhart gu iris Gàidhlig, *An Gàidheal*, a chlò-bhualadh ann an Toronto ann an 1871 agus bha am Blàrach air fear de na sgrìobhaichean aige. Thug MacNeacail *An Gàidheal* leis a Ghlaschu nuair a thill e a dh'Alba beagan bhliadhnaichean an dèidh sin. Nuair a thòisich MacIlleathain Sinclair, aig an robh am Blàrach mar oide, air colbh Gàidhlig fhoillseachadh anns an iris sgìreil *Pictou News* ann an Albainn Nuadh ann an 1883, thug am Blàrach taice dha le iomadh tabhartas. Lean "Cùil na Gàidhlig," an colbh aig MacIlleathain Sinclair, beagan a bharrachd air còig bliadhna, bhon Dùbhlachd 1883 gu co-dhiù Faoilleach 1888 (a' mhìos anns an do nochd am *Pictou News* mu dheireadh air a bheil lorg le "Cùil na Gàidhlig" ann). Chuir am Blàrach mòran ris, mar na sreathan "Mu

native Scotland (hence the inclusion of his article on this topic in the present volume), and his prose is accordingly peppered with Biblical references throughout. Blair's interest in the Clearances is reflected in his interest in the Brahan Seer, and he clearly sees the events of the Clearances predicted in Coinneach Odhar's prophecies. He finds some solace, however, in also seeing the eventual return of the Gaels to their homeland in the Highlands and Islands. Much of Blair's poetry represented here is also in this vein and reminiscent of the type seen in Donald Meek's *Tuath agus Tighearna*.

Though the source for his writings on the Clearances is not clear, Blair obviously knew the history and genealogies of many of the Gaels who emigrated to the Maritime region, and incorporates this information throughout. Blair's stance is clearly evident, and he essentially demonizes the people whom he sees as responsible (i.e., the sheep owners, landlords and their factors who were accountable for the forcible removal of the Gaels from land on which they had traditionally lived for centuries). Blair's inclusion of anecdotal information from personal informants adds a colourful accent to the genealogical and historical material. For instance, Blair describes two old women from Barney's River who would take delight in singing satire against Patrick Sellar, the factor who forced their grandfather out of his home in Sutherland:

> There are old women at Barney's River who can dance with ardour and mirth, and who sing a humorous, satirical and vituperative ditty composed about Sellar in Sutherland. You would think their heads would hit the rafters or the ceilings as they leap and spring from the floor while singing like thrushes in the bushes on a May morning.[14]

Among Blair's contributions to *Mac-Talla* is a piece on the "Poems of Ossian," referring of course to the work of James Macpherson and the Ossianic controversy of the 18th and 19th century. The publication of Macpherson's *Fragments of Ancient Poetry Collected in the Highlands of Scotland, and Translated from the Gaelic or Erse Language* (1760), *Fingal* (1762), *Temora* (1763) and the *Poems of Ossian* (1765), which was a compilation of the three previous publications in two volumes, was a literary phenomenon that did much to raise the profile of the Gaelic language. Translated from English into most of the major European

na Sean Gaidhil [sic]" agus "Eachdraidh nan Gàidheal," a chaidh a mhìneachadh ann an ro-ràdh mar seo: "Bidh 'Cùil na Gàidhlig,' air a bheil gràdh aig iomadh cridhe Gàidhealach, a' leantainn, agus bidh e glè inntinneach a bhith cunbhalach a' faicinn 'Eachdraidh nan Gàidheal,' leis an Urr. D. Blàrach, fear de na sgoilearan Gàidhlig is cliùitiche 'nar latha, a thug cuideachadh anabarrach dhan Urr. Mr. Sinclair le bhith lìbhrigeadh stuth son colbh na Gàidhlig."[13]

Gu ìre na bu lugha bha am Blàrach a' cur sgrìobhaidhean gu pàipearan Albannach mar an *Oban Times* agus *Highlander* à Inbhirnis, agus caochladh rudan gu *PresbyterianWitness* ann a' Halifax; ach b'e am pàipear iomraiteach *Mac-Talla* air am b'fheàrr aithne de na h-irisean dhan robh e a' sgrìobhadh. Bha *Mac-Talla* air a chlò-bhualadh ann an Sidni, Albainn Nuadh, eadar 1892 agus 1904. Chruthaich an deasaiche am pàipear nuair a bha e dà bhliadhna thar fhichead de dh'aois, le bruadar gu foillsicheadh e pàipear-naidheachd a bhiodh gu tur ann an Gàidhlig. Shoirbhich leis son grunnan bhliadhnaichean a' toirt a-mach pàipear gach seachdain, ach nuair a ràinig e an deicheamh pasgan ann an 1901 thug trioblaidean eaconamach, 'na measg duiligheadasan a' faighinn feadhainn a cheannaicheadh am pàipear, rud a bhiodh e caoidh tric ann am *Mac-Talla*, air MacFhionghain gluasad gu pàipear gach dàrna seachdain. Bha daoine a' pàigheadh airson a' phàipeir air feadh an t-saoghail, ach bha MacFhionghain daonnan a' strì gus an àireamh a mheudachadh, agus an ceann trì bliadhna eile b'fheudar dha am pàipear a leigeil às. Nochd am *Mac-Talla* mu dheireadh air 24 Ogmhìos 1904.

Ann am mòran de na chuir am Blàrach gu *Mac-Talla* bha stuth a bha air a bhith aige na bu tràithe ann am pàipearan eile. Mar sin bha a thabhartasan do *Mhac-Talla* a' riochdachadh mòran de na nithean anns an robh ùidh inntinneil aige. Tha cuid de na ceistean agus na cuspairean ris a bheil e dèiligeadh a' sealltainn gu bheil tlachd aige do sheann eachdraidh nan Gàidheal, far a bheil e gu mòr an crochadh air an obair aig Seòras Bochanan, agus gu bheil e air a bheò-ghlacadh leis an ana-ceartas a rinneadh air na Gàidheil le na Fuadaichean. Mar mhinistear chan eil e mar iongnadh gu robh ùidh leantainneach aige ann an eachdraidh na Crìostachd, gu h-àraidh ann an tìr a dhùthchais, Alba (tha cunntas a sgrìobh e air a' chuspair sin anns an leabhar seo),

languages, Macpherson's *Ossian* enjoyed immense popularity in Europe and sparked a surge in interest in "things Celtic." Macpherson deliberately misled the public in his Ossianic publications. He made the extraordinary claim that his works were translations of poetry originating in the 3rd century by Ossian, the legendary poet/hero of Gaelic mythology. His work came to be discredited as a forgery even in his own lifetime.

Ministers of the Presbyterian Church were strong supporters of the authenticity of Macpherson's *Ossian*, and in this regard Blair was no exception. Blair had obviously been reading his Scottish Enlightenment authors and uses the four stages theory of history based on ideas popular among writers in Scotland (such as Adam Smith) during the mid- to late 18th century, in his analysis of *Ossian*. Blair writes as though it were a given fact that Ossian had been a real figure, and shows this by attempting to prove that the historical Ossian had to have lived during the first stage of society, that of hunting, in the 5th century, a date which is only slightly more conservative than Macpherson's own assertion that Ossian had lived in the 3rd century. Blair does not perfectly agree with Macpherson, but nor does he refute him.

Macpherson's purported Gaelic "originals" were not published until 1807, and were really a translation of Macpherson's English-language edition. However, they had a lasting influence on much Gaelic verse throughout the century, including Blair's own poem on Niagara Falls. During his passage to North America, Blair describes Ailsa Craig, that famous landmark in the Firth of Clyde witnessed by many an emigrant as they departed Scotland. He compares Ailsa Craig with the icebergs he later sees on his voyage as the ship approaches Newfoundland. The accounts of his travels seem to lead unerringly in a great crescendo to the Niagara Falls, and though he stops short of describing the Falls in his prose accounts, this is made up for in his poetic tour de force, his poem on Niagara in which he uses similar language in describing the superlativeness of the Falls as he did in his earlier prose accounts of his ocean crossing. His use of language in both prose and poetry demonstrates his familiarity with Gaelic tradition. Alasdair Mac Mhaightir Alasdair's words from

agus tha an rosg aige gu lèir làn de fhiosrachadh às a' Bhìoball. Tha mothachadh a' Bhlàraich mu na Fuadaichean ri fhaicinn 'na ùidh ann am Fiosaiche Bhrathainn, agus tha e faicinn gu soilleir tachartasan nam Fuadaichean mar a rinn Coinneach Odhar fàisneachd orra. Tha e faighinn beagan furtachd, ge-tà, ann a bhith cuideachd a' faicinn nan Gàidheal a' tilleadh uaireigin fhathast gu an dachaidh air a' Ghàidhealtachd agus anns na h-Eileanan. Tha mòran de bhàrdachd a' Bhlàraich anns an leabhar air an aon dreach agus coltach ris an t-seòrsa bàrdachd ann an *Tuath agus Tighearna*, deasaichte le Dòmhnall Meek.

Ged nach eil e soilleir càite an d'fhuair e fiosrachadh son na sgrìobh e mu na Fuadaichean, tha e follaiseach gu robh e eòlach air eachdraidh agus sloinneadh iomadh Gàidheal a rinn imrich, agus tha e cur an fhiosrachaidh sin air feadh a sheanchais. Tha a bheachd fhèin so-thuigsinn, agus tha e deamhnachadh nan daoine tha e faighinn coireach, sin luchd-seilbhe nan caorach, uachdarain agus bàillidhean a bha cunntachail son na Gàidheil a chur dhan ain-deòin a-mach à fearann far an robh iad a' tàmh tro na linntean. Tha am fiosrachadh a fhuair e bho dhaoine gu pearsanta a' cur tuar dathach air eòlas bho shloinneadh is eachdraidh. Mar eiseamplair, tha e dèanamh luaidh air dà sheann bhoireannach à Abhainn Bhàrnaidh a bha faighinn toileachais a' seinn aoir mu Phàdraig Sellar, am bàillidh a dh'fhuadaich an seanair às a dhachaidh ann an Cataibh:

> Tha seann bhoireannaich aig Abhainn Bhàrnaidh, a nì danns
> le mire-chatha agus le cridhealas, a' seinn luinneig-aigheir,
> aoiridh, no òrain-càinidh a rinneadh air Sellar ann an Cataibh.
> Shaoileadh tu gum buaileadh na cinn aca na sparran, no cliath-
> mhullaich an taighe, leis an leumartaich agus na sùrdagan
> a bhios iad a' gearradh air an ùrlar; agus iad a' seinn mar
> smeòraichean feadh nam preas air madainn Chèitein."[14]

Am measg sgrìobhaidhean a' Bhlàraich ann am *Mac-Talla* tha pìos mu "Dàin Oisein," a' toirt tarrainn air an obair aig Seumas Mac a' Phearsain agus a' chonnspaid mu *Ossian* anns an ochdamh agus an naoidheamh linn deug. Bha foillseachadh leabhraichean Mhic a' Phearsain – *Fragments of Ancient Poetry Collected in the Highlands of Scotland, and Translated from the Gaelic or Erse Language* (1760), *Fingal* (1762), *Temora* (1763), agus *Poems of Ossian* (1765) anns an robh na trì

"Birlinn Chlann Raghnaill" (Clan Ranald's Galley) are irresistible in describing how his own vessel was tossed about by the waves as he crossed the Atlantic: *"bha an fhairge 'ga sloistreadh 's 'ga maistreadh troimhe cheile"* (the sea was churning and dashing together), and much of this type of imagery also turns up in his later poem on Niagara Falls for which Blair even chooses the same metre, *Snéadhbhairdne* (2 (8^2 + 4^2)), used in "Birlinn Chlann Raghnaill." In addition to demonstrating his rootedness in Gaelic tradition, Blair's poetry also shows influences from contemporary streams evident in English literature. The sentiments and descriptions that Blair employs might be described in the vein of the literary Sublime, and arguably influenced by the Ossianic aesthetic which permeated the writings of many of his fellow minister-poets. Additional influences from texts such as Milton's *Paradise Lost*, which Blair translated into Gaelic, the work of Romantic poets such as Wordsworth and Coleridge, contemporary Gaelic writers, Classical writing (Blair also translated Homer), and the Bible, all blend together to leave their mark on Blair's work.

Notes

1. Duncan B. Blair, "Autobiography – Duncan B. Blair, The History of His Life Written By His Own Name, September 1839 – Lublin, Badenoch." [Transcribed by Rev. Dr. Glen Matheson, 2004, based on a hand-written copy.], 2.

2. Ibid., 2-3.

3. Ibid., 4.

4. Ibid., 9.

5. Ibid., 11.

6. A. Maclean Sinclair, *Clàrsach na Coille* (Glasgow, 1881), 325.

7. Blair, "Autobiography," 12, 17.

8. D. M. Sinclair, "Rev. Duncan Black Blair, D.D. (1815-1893): Pioneer preacher in Pictou County, Gaelic scholar and poet," *Collections of the Nova Scotia Historical Society* 39 (1977): 160.

9. Blair, "Autobiography," 17.

10. D. M. Sinclair, "Rev. Duncan Black Blair," 165.

11. A. Maclean Sinclair, "Fifty Years Ago," *Eastern Chronicle*, January 9, 1917, 5.

leabhraichean a bu tràithe air an cur còmhla ann an dà leabhar – 'na chùis-iongantais a rinn mòran gu inbhe na Gàidhlig àrdachadh. Air eadar-theangachadh o Bheurla gu mòr-chuid de chànain na h-Eòrpa, bha fèill mhòr air *Ossian* Mhic a' Phearsain anns an Roinn Eòrpa agus dhùisg e onfhadh de ùidh ann an "nithean Ceilteach." Mheall Mac a' Phearsain am poball a dh'aon ghnothaich anns na leabhraichean Oiseanach aige. Rinn e tagradh iongantach gur e eadar-theangachadh a bh'annta de bhàrdachd a rinneadh anns an treas linn le Oisean, bàrd is gaisgeach iomraiteach ann an uirsgeulachd na Gàidhlig. Fhuair an obair aig Mac a' Phearsain mì-chliù mar fhoill fiù's nuair a bha e fhèin beò.

Bha ministearan na h-Eaglais Chlèirich a' creidsinn gu làidir gu robh *Ossian* Mhic a' Phearsain fìor, agus bha am Blàrach ag aontachadh riutha. A-rèir choltais bha e air a bhith leughadh ùghdair Soillearachadh Alba agus nuair a bha e dèanamh sgrùdadh air *Ossian* bha e cleachdadh nan ceithir ìrean eachdraidh stèidhichte air beachdan air an robh sgrìobhaichean Alba (leithid Adhamh Mac a' Ghobhainn) measail o mheadhan gu deireadh na h-ochdamh linne deug. Tha am Blàrach a' sgrìobhadh mar gur e an fhìrinn a bh'ann gu robh a leithid de dhuine ri Oisean ann, agus tha e sealltainn seo le bhith feuchainn ri dhearbhadh gu robh e coltach gu robh Oisean eachdraidheil beò anns a' chiad ìre de shòisealtas, an t-sealg, anns a' chòigeamh lìnn, àm a tha beagan nas fhaiceallaiche na beachd Mhic a' Phearsain gu robh Oisean beò anns an treas linn. Chan eil am Blàrach ag aontachadh gu h-iomlan ri Mac a' Phearsain, ach chan eil e 'ga bhreugnachadh.

Cha deach na dàin Ghàidhlig "thùsail," a bha Mac a' Phearsain a' leigeil air, fhoillseachadh gu 1807, agus cha robh annta ach eadar-theangachadh air an leabhar Bheurla aige. Gidheadh, bha buaidh mhaireannach aca air mòran de bhàrdachd Ghàidhlig fad na linne, agus air an dàn a rinn am Blàrach fhèin mu Eas Niagara. Air a thuras-cuain gu Aimeireaga a Tuath tha am Blàrach ag innse mu chreag Ealasaid, "Ealasaid a' Chuain," a' chomharra-fearainn ainmeil ann an Linne Chluaidh a chunnaic iomadh eilthireach nuair a chuir iad an cùl ri Alba. Tha e dèanamh coimeas eadar Ealasaid a' Chuain agus na cnocan-deighe a tha e faicinn nas fhaide air adhart air an t-slighe nuair

12. Alexander Maclean Sinclair, qtd. in D. M. Sinclair, "Rev. Duncan Black Blair," 165.

13. *Pictou News*, Maclean, Sinclair Family Fonds (Scrapbooks), MG9/542/234, Nova Scotia Archives and Records Management. D. B. Blair's "Eachdraidh nan Gàidheal" (History of the Highlanders) began 30 Oct. 1885 and appeared in "Cùil na Gàidhlig" until 10 Dec. 1886.

14. Faicibh t.d. 101 agus 103 anns leabhar seo. See page 100.

Further Reading:

Bell, Bill, ed. 2007. *Ambition and Industry 1800-1880*. Vol. 3 of *The Edinburgh History of the Book in Scotland*. Edinburgh: Edinburgh University Press. See sections by Donald Meek and Robert Dunbar in particular.

Kidd, Sheila M. 2000. "Social Control and Social Criticism: the nineteenth-century *còmhradh*." *Scottish Gaelic Studies* 20:67-87.

———. 2002. "Caraid nan Gaidheal and 'Friend of Emigration': Gaelic emigration literature of the 1840s." *Scottish Historical Review* 81 (1): 52-69.

Meek, Donald E. 2002. "The pulpit and the pen: clergy, orality and print in the Scottish Gaelic world." In *The Spoken Word: Oral Culture in Britain, 1500-1850*, 84-118. Ed. Adam Fox and Daniel Woolf. Manchester: Manchester University Press.

———. 2007. "Gaelic Literature in the Nineteenth Century." In *Enlightenment, Britain and Empire (1707-1918)*, 28-266. Vol. 2 of *The Edinburgh History of the Scottish Literature*. Ed. Edinburgh: Edinburgh University Press.

Nilsen, Kenneth E. 2002. "Some Notes on pre-*Mac-Talla* Gaelic Publishing in Nova Scotia (with references to early Gaelic publishing in Prince Edward Island, Quebec and Ontario)." In *Rannsachadh na Gàidhlig 2000*, 127-40. Ed. C. Ó Baoill and N. R. McGuire. Obar Dheathain: An Clò Gaidhealach.

———. 2010. "A' Ghàidhlig an Canada: Scottish Gaelic in Canada." In *The Edinburgh Companion to the Gaelic Language*, 90-107. Ed. Moray Watson and Michelle Macleod. Edinburgh: Edinburgh University Press.

a tha an long a' tighinn faisg air Tìr-nomha, an t-ainm a chuireas e air "Newfoundland." Tha na cunntasan aige air a shiubhal siubhlach cuideachd, chun na h-ìre is àirde aig Eas Niagara. Ged nach eil e dèanamh dealbh air an Eas ann an rosg, tha an call sin air a cheartachadh anns a' bhàrdachd chumhachdach, an dàn mu Niagara anns a bheil e ag innse mu ghnè shònraichte na h-Eas mar a rinn e na bu tràithe ann an rosg mu a thuras tarsainn a' chuain. Tha an dòigh anns a bheil e a' cleachdadh cànain ann an rosg agus bàrdachd a' sealltainn cho eòlach 's a bha e air dualchas na Gàidhlig. Cha b'urrainn dha na briathran aig Alasdair mac Mhaighstir Alasdair a sheachnadh nuair a bha e dèanamh luaidh air mar a bha am bàta anns an robh e air a luasgadh le na tuinn nuair a thàinig e tarsainn a' Chuain Shiar, "[b]ha an fhairge 'ga sloistreadh 's 'ga maistreadh troimhe cheile," agus tha mòran den t-seòrsa ìomhaigheachd seo ri fhaicinn a-rithist 'na bhàrdachd mu Eas Niagara, anns an do chleachd e an aon rannaigheachd, Sneadhbhàirdne (2 (8² + 4²)), ri "Birlinn Chlann Raghnaill." A bharrachd air a bhith sealltainn a fhreumhachais ann an dualchas Gàidhlig, tha bàrdachd a' Bhlàraich cuideachd a' sealltainn na buaidh aig litreachas Beurla an ama. Faodar na fairichidhean 's na tuairisgeil a tha am Blàrach a' cur gu feum a mhìneachadh mar litreachas Oirdheirc, agus is mathaid fo bhuaidh an tàlaidh Oiseanaich a bha ruith tro sgrìobhaidhean mòran de na bha, coltach ris fhèin, 'nam ministearan agus 'nam bàird. Tha corra bhuaidh eile à teacsaichean mar *Paradise Lost* aig Milton, a dh'eadar-theangaich am Blàrach gu Gàidhlig, obair nam bàrd Romansach leithid Wordsworth agus Coleridge, sgrìobhaidhean Gàidhlig an ama, sgrìobhadh Clasaigeach (dh'eadar-theangaich am Blàrach Homer cuideachd), agus am Bìoball, uile air an colmadh còmhla agus a' fàgail an comharra air obair a' Bhlàraich.

PARTING: EXPULSION OF THE GAELS

(24 September 1892)

Atholl

It is said that the Duke of Atholl was the first landlord to start this abhorrent work that created misery for many Highland families, but the other oppressors followed his wretched example.

More than a hundred years ago, in the year 1784, the Duke banished the people from Glen Tilt where their ancestors had lived for many generations. Each family had small but separate patches of arable land, and the community at large had moorland common grazing for animals, both black cattle and sheep or goats.

The people had full rights and permission to catch salmon and other species in the River Tilt, which was full of fish, and they were also free to hunt and kill deer. The Duke of Atholl was an avaricious glutton, very fond of venison. There was a large moorland glen at the head of Glen Tilt where people used to go to a sheiling in the summer with their cattle to make butter and cheese. The pompous Duke wished to have it as a deer-forest, just as Ahab of old coveted Naboth's vineyard. This glen was called Glen Tarff, and the Duke built a dyke or turf-wall at the head of Glen Tilt as a boundary between Glen Tilt and Glen Tarff, to keep the deer above and the people's cattle below. When the deer increased they paid no attention to the Duke's boundary; they would jump over the fence on their way to the people's corn, which they destroyed and ate. The people complained to the Duke, but the hard-hearted and cruel Duke laughed mockingly at them and, instead of paying for the damage or harm done by the deer, took a large piece of land from the tenants to add to the Glen Tarff deer-forest, so that the deer could have more grazing.

At this time the Highland clan chiefs had raised regiments to fight in King George's army, and the Duke of Atholl started to do the same. He offered the people of Glen Tilt permanent tenure of their

FÒGRADH NAN GÀIDHEAL

(24 Lùnastal 1892)

Athall

Tha e air aithris gum b'e Diùc Athaill a' cheud fhear-fearainn a
thòisich air obair dhèisnich so na truaighe do iomadh teaghlach
a measg nan Gàidheal; ach is math a lean na h-aintighearnan eile an
eiseamplair dhòrainneach a chuir e romhpa.

Mu thimcheall còrr agus ceud bliadhna air ais, air a' bhliadhna
1784, dh'fhuadaich an Diùc an sluagh à Gleann-Teilt far an robh an
sinnsear a' còmhnaidh fad iomadh linn. Bha geadag fearainn aig gach
teaghlach air leth, agus bha feurach a' mhonaidh aig an t-sluagh mar
ionaltradh coitcheann air son na sprèidh, araon crodh dubh agus
meanbh-chrodh.

Bha làn chòir agus cead aig an t-sluagh a bhi ag iasgach a' bhradain,
agus gach iasg eile, ann an abhainn Teilt a bha làn èisg, agus bha saorsa
aca mar an ceudna bhi a' sealg agus a' marbhadh nam fiadh. Ach bha
Diùc Athaill na gheòcaire gionach, ro dhèidheil air sitheann no feòil
nam fiadh. Bha gleann àrd monaidh aig ceann Ghlinn-Teilt far am
b'àbhaist do'n t-sluagh a bhi dol air àirigh san t-samhradh le 'n cuid
cruidh a dhèanamh ime agus càise. Shanntaich an Diùc uaibhreach e
air son frith fhèidh, mar a shanntaich Ahab bho shean am fìon-lios aig
Nabot. B'e Gleann-Tairbh ainm a' ghlinne so, agus thog an Diùc dìg
no garadh-droma aig bràighe Ghlinn-Teilt mar chrìch eadar Gleann-
Teilt agus Gleann-Tairbh, gus na fèidh a chumail gu h-àrd agus crodh
na tuatha a chumail gu h-ìosal. Ach nuair a dh'fhàs na fèidh lìonmhor
cha tug iad feairt air garadh-crìche an Diùc; leumadh iad thar mullach
na callaid a staigh gu arbhar na tuatha a bha iad a' milleadh agus ag
itheadh. Rinn an tuath gearan ris an Diùc, ach is ann a rinn an Diùc
cruaidh-chridheach an-iochdmhor gàire fanaid riutha, agus an àite
pàigheadh airson calldaich no dochair nam fiadh 's ann a thug e mìr-
mòr, anns an robh mìltean acraichean de dh'fhearann, bho 'n tuath

holdings at the rent that they were now paying, if they would join the military to go to America to fight in the cause of the King. A few agreed to the offer but the majority rejected it. The Duke was angry and sent a press gang through the glen to seize strong young men in order to make soldiers of them against their will.

When the American War was over, instead of giving the young men back to their friends, the Duke tried to sell them to the big agents in London to be soldiers in the army of the East India Merchants. But the bold and brave boys refused to be sold at the whim of the Duke. The outcome was that the nasty Duke expelled everybody in Glen Tilt from their land. There were many families in this glen; it could accommodate 180 to 200 families and feed about a thousand persons, young and old. It is now a deserted glen without anyone living in it. The deer themselves hardly visit it, for they prefer to be in Glen Tarff at the top of the moor. But do you think that the God who cast judgement on Ahab for Naboth will free the Duke of Atholl from judgement in the end?

gus a chur ri frìth Ghlinn-Tairbh, a chum tuilleadh ionaltraidh a bhi aig na fèidh.

Aig an àm so thòisich na Cinn-fheadhna Ghàidhealach air rèisimeidean a thogail gu cogadh an armailt Rìgh Deòrsa, agus theann Diùc Athaill ris an obair chiadna. Thairg e do mhuinntir Ghlinn-Teilt aonta ghnàth-bhuan air na gabhalaichean a bhi aca air a' mhàl a bha iad a' pàigheadh an tràth sin, nan gabhadh iad san t-saighdearachd gu dol gu Aimeireaga a chogadh an adhbhar an Rìgh. Dh'aontaich beagan ris an tairgse, ach dhiùlt a' mhòr-chuid diubh e. Ghabh an Diùc fearg agus chuir e pannal èigneachaidh no buidheann-ghlacaidh (press gang) air feadh a' ghlinne gus grèim a dhèanamh air gillean òga foghainteach a chum an cur a dh'aindeoin gu bhi nan saighdearaibh.

Nuair a sguir Cogadh Aimeireaga, an àite na h-òganaich aiseag d'an càirdibh 's ann a thug an Diùc oidhirp air an reic ris na Ceannaichean mòra ann an Lunnainn gu bhi nan saighdearan ann an arm nam Marsantan 's na h-Innseachan an Ear. Ach dhiùlt na gillean gaisgeil treun a bhi air an reic air àilgheas an Diùc. Agus b'e deireadh na cùise gun d'fhògair an trusdar Diùc a h-uile mac màthar a bha ann an Gleann-Teilt a mach às an fhearann. Bha mòran theaghlaichean anns a' ghleann so; ghabhadh e mu ochd fichead no dà cheud teaghlach, agus bheathaicheadh e mu mhìle pearsa eadar òg is shean. Ach tha e nise 'na ghleann fàsaich gun duine còmhnaidh ann. Is gann a thadhaileas na fèidh fhèin ann, oir is annsa leotha bhi ann an Gleann-Tairbh ann am mullach a' mhonaidh. Ach an saoil sibh, an Tì a rinn breitheanas air Ahab airson Nabot, an leig e às Diùc Athaill bho bhreitheanas mu dheireadh?

(1 October 1892)

Strathglass and Glenurquhart

About the beginning of this century, which is now nearing its end, three men came over from Glenurquhart, at the north end of Loch Ness, and took up residence in Pictou County. They were Robert MacIntosh, John Grant and William Ross.

Robert MacIntosh and John Grant settled in Sunny Brae in the upper part of Big River Glen, or the East River in Pictou, and William Ross made his home on a certain hill which he called the Blue Mountain. Robert MacIntosh had two sisters, the older one called Christina or Catherine, and the younger one named Margaret. Christina was married in Glenurquhart to a man called Peter Grant, who didn't come to this country, and Margaret was married to the John Grant already mentioned. Peter Grant and Christina MacIntosh had a daughter named Christine. She was married to the aforementioned William Ross and came with him to this country, where she lived on the Blue Mountain for sixty years. She was 103 years of age when she died, having lived for ten years after William Ross's death.

This William Ross and Christina Grant had four sons: Donald, Alasdair, William and Patrick. William Ross was an elder in the church on Blue Mountain, and three of his sons, Donald, Alasdair and Patrick, were his fellow elders at the same time and in the same kirk session at Blue Mountain. William Ross died on December 8, 1868, and his oldest son Donald died on May 20, 1878, but his two other sons who are elders, Alasdair and Patrick, are still living. William, the third son, died many years ago.

John Grant and Margaret MacIntosh had six sons: Robert, Finlay, Patrick, William, Alasdair and John. Robert and Finlay lived at Sunny Brae, where their father was. Peter lived at Barney's River all his life and John lived at Little Harbour where he was an elder in the church. Finlay Grant was an elder in the church at Sunny Brae. He had three sons: Alasdair, John and William. Alasdair is a merchant in the town of New Glasgow and John is in his father's place as a farmer and an

(1 Dàmhair 1892)

Srath-ghlais agus Gleann Urchadain

Mu thoiseach a' chiad-bhliadhna so, a tha nise faisg air an crìch, thàinig triùir dhaoine a nall à Gleann Urchadain, aig taobh-tuath Loch Nis, agus ghabh iad còmhnaidh ann an Siorramachd Phictou. B'iad na daoine sin Rob Mac an Tòisich, Iain Grannd agus Uilleam Ros.

Ghabh Rob Mac an Tòisich agus Iain Grannd tàmh aig "Leitir-Ghrèine", am Bràighe Glinne na h-Aibhne Mòire, no Abhainn-an-Ear Phictou, agus ghabh Uilleam Ros tuineachas air beinn àraid air an d'thug e mar ainm a' Bheinn Ghorm. Bha dà phiuthar aig Rob Mac an Tòisich, an tè bu shine dhiubh d'am b'ainm Cairistiona, no Caitriona, agus an tè a b'òige Mairearad. Bha Cairistiona pòsta ri fear d'am b'ainm Pàdraig Grannd ann an Gleann Urchadain, nach d'thàinig idir do'n dùthaich so; agus bha Mairearad pòsta ri Iain Grannd a dh'ainmicheadh cheana. Bha nighean aig Pàdraig Grannd agus aig Cairistiona Nic an Tòisich d'am b'ainm Ciorsdan. Bha i so pòsta ri Uilleam Ros a dh'ainmicheadh mar thà, agus thàinig i do'n dùthaich so maille ris, far an do ghabh i còmhnaidh air a' Bheinn Ghuirm trì fichead bliadhna; agus bha i ceud bliadhna 's a trì a dh'aois nuair fhuair i am bàs, air dhi a bhi beò deich bliadhna an dèidh bàis Uilleam Rois.

Bha ceathrar mhac aig Uilleam Ros so agus aig Cairistiona Ghrannd; b'iad sin Dòmhnall, Alasdair, Uilleam agus Pàdraig. Bha Uilleam Ros 'na èildear anns an Eaglais air a' Bheinn Ghuirm, agus bha a thriùir mhac, Dòmhnall, Alasdair agus Pàdraig 'nan èildearan còmhla ris anns an aon seisean chiadna air a' Bheinn Ghuirm, aig an aon àm. Fhuair Uilleam Ros am bàs air 8mh là Dec 1868, agus chaochail Dòmhnall a mhac bu shine air an 20mh là de 'n Mhàigh 1878, ach tha a dhithis mhac eile a ta 'nan èildearaibh beò fhathast; 'se sin Alasdair agus Pàdraig, gidheadh chan eil Uilleam an treas mac beò bho chionn iomadh bliadhna.

Aig Iain Grannd agus Mairead Nic an Tòisich bha sianar mhac: Rob, Fionnlagh, Pàdraig, Uilleam, Alasdair agus Iain. Bha Rob agus

elder. William Grant, the youngest son, is a minister in the church of Cow Bay, Cape Breton Island.

Robert MacIntosh had three sons: John, William and Finlay. John resided in a place called Garden of Eden, where he reared a large family of sons and daughters, many of whom are there to this day. William and Finlay lived between the Blue Mountain and Sunny Brae, where their descendants are still to be found.

The offspring of these three men, Robert MacIntosh, John Grant and William Ross, are numerous and respected in the country and are devout people who are of great service to the Church. The promise is fulfilled for them: "The mercy of God will last for those who revere him, and his righteousness toward their children's children."

James Chisholm also came and lived close to John Grant and Robert MacIntosh in Sunny Brae. This James Chisholm was a blacksmith and he had a large family. One of his sons, called Ewen, stayed on in his father's home and raised a large family of boys and girls. All of these people came over from Glenurquhart in 1807, except William Ross who didn't come until 1818. Ewen Chisholm had a son James, who now lives in the home of his father and his grandfather the blacksmith. Another son of Ewen Chisholm lives near his brother James on land that his father had near the Sunny Brae Church.

These people came over because they had to leave their native land when greedy, oppressive, cruel landlords began to depopulate the country by banishing the people and replacing them with sheep for their own worldly advantage and to earn money for themselves. They didn't care what happened to the poor people, even if they sank in the ocean.

The wretched work begun by the Duke of Atholl, and the example that he set, was repeated by the other landlords. In Strathglass the laird William Chisholm married Skinny Lizzie, the daughter of MacDonnell of Glengarry and Muzzy Marjory, in 1785, nearly a hundred years ago. Chisholm was a decrepit, frail and sickly individual, and he allowed Skinny Lizzie to run the estate as she wished. She chose to banish the people from the country.

Fionnlagh a' còmhnaidh ann an Leitir-Ghrèine, far an robh an athair. Bha Pàdraig a' còmhnaidh aig Abhainn Bhàrnaidh cho fhad 's bu bheò e, agus bha Iain a' tàmh aig a' Chala Bheag far an robh e 'na èildear anns an Eaglais. Bha Fionnlagh Grannd 'na èildear anns an Eaglais aig Leitir-Ghrèine. Bha triùir mhac aige: Alasdair, Iain agus Uilleam. Tha Alasdair 'na mharsanta ann am baile Ghlascho Nomha, agus tha Iain an àite athar 'na thuathanach agus 'na èildear. Tha Uilleam Grannd, am mac a's òige, 'na mhinistear anns an Eaglais aig *Cow Bay*, no Caladh nam Mart, ann an Eilean Cheap Breatainn.

Aig Rob Mac an Tòisich bha triùir mhac: Iain, Uilleam agus Fionnlagh. Ghabh Iain còmhnaidh ann an àite ris an abrar Gàradh Edein, far an do thog e teaghlach mòr mhac agus nighean agus tha mòran diubh an sin gus an là an diugh. Bha Uilleam agus Fionnlagh a' còmhnaidh eadar a' Bheinn Ghorm agus Leitir-Ghrèine, far am bheil an sliochd ri fhaotainn fhathast.

Tha iarmad nan trì daoine so, Rob Mac an Tòisich, Iain Grannd agus Uilleam Ros, lìonmhor, measail anns an dùthaich agus nan daoine cràbhach feumail anns an Eaglais. Tha an gealladh air a choilionadh dhaibh: "Mairidh tròcair Dhè do'n dream d'an eagal e, agus fhìreantachd do chloinne an cloinne-san."

Thàinig mar an ceudna Seumas Siosal agus ghabh e còmhnaidh làimh ri Iain Grannd agus Rob Mac an Tòisich ann an Leitir-Ghrèine. Bha Seumas Siosal so na ghobhainn agus bha teaghlach mòr aige. Bha aon d' a mhic d'am b'ainm Eòghann, a dh'fhuirich ann an àite athar agus a thog teaghlach lìonmhor mhac agus nighean. Thàinig na daoine so uile a nall à Gleann Urchadain air a' bhliadhna 1807, ach a mhàin Uilleam Ros nach d'thàinig gus a' bhliadhna 1818. Bha mac aig Eòghann Siosal d'am b'ainm Seumas; agus tha am fear so a' fuireach a nis ann an àite athar, agus a shean-athar an gobhainn. Tha fear eile mhic Eòghainn Shiosail a' tuineachadh làimh ri Seumas air earrainn de'n fhearann a bha aig athair làimh ris an Eaglais aig Leitir-Ghrèine.

Thàinig na daoine so nall a chionn gum b' èiginn daibh tìr an dùthchais fhàgail, nuair a thòisich uachdarain shanntach, ainiochdmhor, chruaidh-chridheach, ri an dùthaich a dhì-làrachadh le bhi fògradh an t-sluaigh air falbh, agus a' cur chaorach 'nan àite airson

In the year 1801 many people embarked on a ship at Fort William, about 799 people from Strathglass, Aird of Lovat and Glenurquhart, to go to Pictou in Nova Scotia. It was at this time that the people mentioned earlier – John Grant, Robert MacIntosh, and James Chisholm the Blacksmith – came. In 1802 about 473 people were cleared from the same place and boarded a ship at Inverlochy that was on its way to Upper Canada, now called Ontario. That same year 128 people came to Pictou from Strathglass. In 1803 four groups, with 120 people in each, were cleared from Strathglass. They sailed in four separate ships to Pictou in Nova Scotia.

Many of the immigrants from Strathglass settled in Antigonish County where their descendants still live. In the years 1801-1803 about 5,390 people were moved from Strathglass, Aird and Glenurquhart, and a large portion of them were exiled by the ruthless Elizabeth, daughter of Muzzy Marjory. On the voyage to Pictou more than fifty people died of infectious disease. When the rest reached Pictou they were kept in quarantine on a narrow promontory, where they suffered much distress, for they were not allowed to join their friends in case the disease spread throughout the land.

It was for the love of money, the root of all evil, that the people were banished and replaced by sheep. Before Skinny Lizzie stopped the sad depopulation of Strathglass only two of the old native ethnic population remained, holding a tiny portion of land on Chisholm's estate. When the heirs ran out, and a new heir went over from Canada, he found only these two of his clan on the estate. He brought back a few Chisholms who had found shelter in Locheil's land in Aird. Among them was a man whose great-grandfather had been killed at the Battle of Culloden when he was carrying young Chisholm, his clan chief, who had been mortally wounded in the battle. For that his son and grandson had been given a place to live on the estate, but when hard-hearted Elizabeth came to be in charge she ousted the great-grandson. Yes, the great-grandson of the man who had lost his life trying to save that of his clan chief. But the new heir from Canada brought the man back again to the estate.

The large Wheel of Providence has gone full circle. There is no descendant of Skinny Lizzie left in the world. Nor is there a descendant

buannachd shaoghalta agus airgead a chosnadh dhaibh fèin, agus iad coma cia dhiù ciod a thachradh do na daoinibh bochda, ged a rachadh iad fodha anns a' chuan.

Obair na truaighe, air an do thòisich Diùc Athaill, lean na h-uachdarain eile 'eiseimpleir ann a bhi 'ga cur air a h-adhart. Ann an Srath-ghlais phòs Uilleam Siosal an t-uachdaran Ealasaid Chaol nighean Mhic Mhic Alasdair agus Mairsili Bhinneach, air a' bhliadhna 1795, dlùth air ciad bliadhna roimhe so. Bha an Siosalach na eirbleach breòite, euslan, agus leig e le Ealasaid Chaoil a bhi a' riaghladh na h-oighreachd mar a thogradh i. B'e an nì a thogair ise an sluagh fhògradh às an dùthaich.

Air a' bhliadhna 1801 chaidh mòran dhaoine air bòrd luinge aig Gearasdan Inbhir-Lòchaidh an Lochabar, mu thimchioll 799 pearsa à Srath-ghlais, Àird Mhic Shimidh agus Gleann Urchadain, gu dol a dh'ionnsaidh Phictou ann an Albainn Nomha. B'ann aig an àm so a thàinig na daoine a dh'ainmicheadh roimhe, Iain Grannd, Rob Mac an Tòisich, agus Seumas Siosal an Gobhainn. Anns a' bhliadhna 1802 chuireadh air falbh às an àite chiadna mu thimcheall 473 pearsa a chaidh air luing aig Inbhir-Lòchaidh a bha dol gu Canada Uachdarach, ris an abrar a-nis Ontario; agus thàinig 128 gu Pictou air a' bhliadhna so à Srath-ghlais. Air a' bhliadhna 1803 chuireadh air falbh à Srath-ghlais ceithir buidhnichean, sia fichead pearsa anns gach aon de na buidhnibh, agus chaidh iad air ceithir longaibh, buidheann air gach luing, a dh'ionnsaidh Phictou an Albainn Nomha.

Shuidhich mòran de mhuinntir Srath-ghlais ann an Siorramachd Antigonish far am bheil an sliochd a' còmhnaidh gus an latha 'n diugh. Anns na trì bliadhna 1801-2-3 chuireadh air falbh à Srath-ghlais, An Àird agus Gleann-Urchadain mu thuaiream 5390 pearsa, agus bha àireamh mhòr dhiubh so air am fògradh le Ealasaid chruaidh nighean Mairsili Bhinnich. Bhàsaich air a' mhuir a' dol gu Pictou còrr agus leth-cheud pearsa le tinneas gabhaltach, agus nuair a ràinig càch Pictou bha iad air an cumail aig Long Cheathramhas (quarantine) air rudha caol fearainn, far an d'fhuiling iad mòran sàrachaidh, oir chan fhaodadh iad co-chomunn a bhi aca fèin agus an càirdean air eagal gun sgaoileadh an tinneas air feadh na dùthcha.

of the Lowland shepherds left in Strathglass, though it was for their
sake that the people were banished from the country, so that the land
would be available for the big sheep to provide pleasure and wealth for
the Lowlanders. But they disappeared like the morning mist. There
is indeed a God who pronounces righteous judgement on the earth.

(Detail) James Kirkwood. 1804. By permission. National Library of Scotland [NLS
shelfmark: EMS.s.74].

Is ann air son gaol an airgid, nì is e friamh gach uilc, a bha an sluagh air am fògradh agus na caoirich air an cur 'nan àite. Mun do sguir Ealasaid Chaol de dh'obair an dì-làrachaidh bhrònaich ann an Srath-ghlais, cha d'fhàgadh ach dithis dhaoine de 'n t-seann stoc dhùthchasach, nàistinnich an àite, an seilbh air òirleach fearainn air oighreachd an t-Siosalaich. Nuair a ruith na h-oighreachan a-mach, agus a chaidh oighre ùr a nunn à Canada, cha d'fhuair e ach an dithis

so de'n chinneadh aige fhèin air an oighreachd. Thug e air ais mar an ciadna beagan Shiosalach a fhuair fasgadh air fearann Mhic Shimidh san Àird. Nam measg so bha fear aig an deachaidh a shinn-seanair a mharbhadh ann am Blàr Chùil Lodair, nuair a bha e a' giùlan an t-Siosalaich òig, a Cheann-Cinnidh, a chaidh a leòn gu bàs anns a' bhlàr. Air son an nì so fhuair a mhac agus ogha àite-còmhnaidh air an oighreachd an dèidh sin, ach nuair a thàinig Ealasaid chruaidh gu bhi riaghladh chuir i air falbh an t-iar-ogha, seadh iar-ogha an duine a chaill a bheatha ann an teàrnadh beatha a Chinn-Cinnidh. Ach thug an t-oighre ùr à Canada air ais an duine a rìs chun na h-oighreachd.

Tha Cuibhle mhòr an Fhreasdail air car a chur dhith mun cuairt. Chan eil duine de shliochd Ealasaid Chaoil a nis beò air uachdar an t-saoghail. Cha mhò na sin a tha duine de shliochd nan Ciobairean Gallda ri fhaotainn ann an Srath-ghlais, ged is ann air an son-san a chaidh an sluagh fhògradh às an dùthaich, gus am biodh am fearann rèidh air son nan caorach mòra chum àilgheis agus saoibhreis nan Gall. Ach dh'fhalbh iad so às an t-sealladh mar cheò na maidne. Gu cinnteach tha Dia ann a tha toirt breith air an talamh le ceartas.

(8 October 1892)

Glengarry

At one time Glengarry was full of people. Six hundred soldiers from this glen followed their chief to the Battle of Culloden. In 1777 a Highland regiment was raised which had 1,086 soldiers, and 750 of them came from the Glengarry estate. The wretched work, however, started in this glen also.

In 1788 the MacDonnell chief of that era died. He was married to Marjory Grant, daughter of Louis or Ludovic Grant of Dalbeith. She was known by the nickname Muzzy Marjory. This woman, like Jezebel, Ahab's wife, expelled everyone from Glenquaich, which had a population of 500, so that the sheep would have a cleared space. She rented the glen to a big sluggish Lowlander from the south who filled the area with the big sheep in order to provide the greedy and merciless woman called Muzzy Marjory with plenty of meat, money and luxury. She earned a reputation and renown that will not be forgotten – not for virtue or generosity, but for arrogance, wilfulness and callousness, like Agrippina the mother of Nero, Emperor of Rome, or Athaliah the daughter of Jezebel, who killed the entire royal tribe in the city of Jerusalem when she saw that her own son Ahaziah had been killed by Jehu.

At the time of Culloden, Glengarry had a large population of about five or six thousand people. Many of the tenants were well off. They had cattle and sheep and plenty of food and drink, but today the land is a desert inhabited by sheep and deer. Many of the people went to Canada, where they settled in a place that they called Glengarry, above the confluence of the large St. Lawrence River and the Ottawa River.

But the big wheel turned around. Today no one of MacDonnell's family owns a foot of the Glengarry estate. It was sold to strangers, and Lowlanders from the south bought the land, which is an empty wilderness, unless you see a shepherd with a dog dragging its tail at his heels; or a deer-forest keeper walking with his gun and looking for red grouse, moor-hens, grey-cocks and ptarmigans, as well as a

(8 Dàmhair 1892)

Gleanna-Garraidh

Bha Gleanna-Garraidh aon uair làn sluaigh. Lean sia ciad saighdear às a' ghleann so an ceann-feadhna gu blàr Chùil-lodair. Air a' bhliadhna 1777 chaidh rèiseamaid Ghàidhealach a thogail anns an robh 1,086 saighdear, agus bha 750 dhiubh bho oighreachd Ghlinne-Garraidh. Ach thòisich obair na truaighe anns a' ghleann so mar an ceudna.

Air a' bhliadhna 1788 fhuair Mac Mhic Alasdair an latha sin am bàs. Bha e pòsta ri Marsaili Ghrannd, nighean Luthais no Mhaoldòmhnaich Ghrannd ann an Dail-Beithe, ris an canadh iad Marsaili Bhinneach mar fhar-ainm. Chuir am boireannach so, cosmhail ri Iesebel bean Ahaib, air falbh a h-uile duine a bha an Gleann-Cuaich far an robh còig ciad pearsa a' còmhnaidh, chum gum biodh àite rèidh aig na caoirich. Thug i an gleann air mhàl do chìobair mòr slaodach Gallda bho 'n taobh deas, a lìon an t-àite leis na caoirich mhòra gu feòil agus òr agus ròic a chumail ann am pailteas ris a' bhoireannach ghionach ain-iochdmhor sin d'am b'ainm Marsaili Bhinneach. Choisinn ise ainm agus alladh dhi fhèin nach leigear air diochuimhne, chan ann air son subhailc agus caoimhneis, ach air son àrdain, fèin-thoil agus ain-iochd, cosmhail ri Agrippina, màthair Nero, Impire na Ròimhe, no ri Ataliah nighean Iesebel, a mharbh an sliochd rìoghail uile ann am baile Ierusalem, nuair a chunnaic i gun robh Ahasiah a mac fhèin air a mharbhadh le Iehu.

Ri linn bliadhna Theàrlaich bha sluagh lìonmhor ann an Gleanna-Garraidh, mu thimcheall còig no sia mìle pearsa. Bha mòran de 'n tuath gu math air an cothrom. Bha crodh us caoirich aca agus pailteas biadh us dibhe, ach an diugh tha an dùthaich 'na fàsaich fo chaoirich agus fo fhèidh. Chaidh mòran de 'n t-sluagh gu Canada far an do ghabh iad tuineachas ann an àite air an tug iad Gleanna-Garraidh mar ainm, eadar an abhainn mhòr St. Lawrence agus an abhainn Ottawa, os cionn comar nan aibhnichean sin.

Ach thàinig car mun cuairt 's a' chuibhle mhòir. Chan eil duine de theaghlach Mhic Mhic Alasdair an diugh ann an seilbh air troigh

partridge or hare, and a flock of deer at the top of the hills. It can be compared with Jeremiah's lamentation that the big roads of Zion are in mourning because no one is travelling on them.

(Detail) James Kirkwood. 1804. By permission. National Library of Scotland [NLS shelfmark: EMS.s.74].

de oighreachd Ghlinne-Garraidh. Tha an oighreachd air a reic ri coigrich, agus cheannaich Goill bho 'n taobh deas am fearann, a tha 'na fhàsaich gun duine còmhnaidh ann, mur faicear ciobair chaorach a' falbh le cù an cùl a chas us earball a' slaodadh ris; no forsair nam fiadh a' falbh le ghunna a' toirt an aire air coilich ruadha, cearcan fraoich, liath-chearcan agus tàrmachain, maille ri beagan phiartaig no chearcan tomain agus mhaigheach, agus greigh fhiadh air fireach nam beann. Faodar a ràdh mar a rinn Ieremiah tuireadh gum bheil rathaidean mòra Shion ri bròn, a chionn nach eil duine a' siubhal orra.

(15 October 1892)

Knoydart

The estate of Glengarry was sold, and in 1853 MacDonnell did not have a foot of land left except Knoydart; and now Knoydart itself has been sold and belongs to a rich Lowlander called Baird.

In 1853 the MacDonnell heir was a youngster under legal age and his mother was a trustee of the Knoydart estate. But if she was, she did not have much wisdom or compassion or pity for the poor tenants. She and her factor decided to move every crofter from Knoydart to make room for the big sheep. That spring they all got notice to leave their homes and they were also told that Sir John MacNeil had agreed to transport them by sea to Australia. They were not asked if they wished to go, or if they preferred to go to Australia or to America, where their friends and compatriots were. There was no more regard for them than there was for the black people of Africa who were sold as slaves to the southern states of America. But they had to go willy-nilly, and when it was discovered that it was not convenient to send them to Australia they were sent away to Canada without an option to stay. Lady MacDonnell, like a female devil, came up from Edinburgh with her factor to make sure that the people were banished.

The weeping of women and the crying of little children could be heard a long distance away when they were being pulled out of the houses and dragged by Lady MacDonnell's satanic bailiffs to embark on a ship in the Isle Skye about to sail to North America. The houses were all knocked to the ground and put on fire, both the houses of those who stayed and the houses of those who departed, for no one could remain in Knoydart to scare the sheep. No mercy was shown to those who refused to go to America. Everything that belonged to them was moved out of doors – beds, chairs, tables, pots, wooden and clay vessels, blankets, clothes and everything else. These things could be seen rolling down the slopes of hills when they were thrown outside.

A poor widow called Elizabeth Gillies, about sixty years of age, was there. This poor woman received notice to go, first to Australia

(15 Dàmhair 1892)

Cnòideart

Reiceadh oighreachd Ghlinne-Garraidh, agus air a' bhliadhna 1853 cha robh troigh de 'n oighreachd air a fàgail aig Mac Mhic Alasdair ach Cnòideart; agus a nis reiceadh Cnòideart fèin agus buinidh i do Ghall saoibhir d' an ainm "Baird".

Anns a' bhliadhna 1853 bha oighre Mhic Mhic Alasdair 'na ògan fo aois an lagha agus bha a mhàthair 'na Bana-chileadair air an oighreachd ann an Cnòideart. Ach ma bhà, cha robh mòran gliocais no iochd, no tròcair innte ris an tuath bhochd; oir rùnaich i fhèin agus an Gille-gnothaich (Factor) aice a h-uile croitear a chur air falbh à Cnòideart gu rùm a dhèanamh do na caoirich mhòra. Air an Earrach sin fhuair gach aon diubh bàirlinn gus an àitean còmhnaidh fhàgail agus dh'innseadh dhaibh cuideachd gun d'aontaich Sir Iain MacNèill ri an giùlan air fairge gu Astràilia. Cha d'fheòraicheadh dhaibh an robh iad toileach falbh, no am b'fheàrr leotha dol gu Astràilia na gu Aimeireaga, far an robh an càirdean agus an luchd-dùthcha. Cha robh suim diubh nas mò na bha dha na daoinibh dubha an Afraga a bha air an reic nan tràillibh anns na Stàtachaibh mu Dheas an Aimeireaga. Ach b'fheudar dhaibh falbh a dheòin no dh'aindeoin, agus mu dheireadh fhuaras a mach nach robh e goireasach an cur gu Astràilia; mar sin dh'imireadh iad air falbh gu Canada gun dòigh air fuireach aca. Agus thàinig Baintighearna Mhic Mhic Alasdair cosmhail ri ban-deamhan a nuas à Dùn Eideann, i fhèin 's a Gille-gnothaich, gus a dhèanamh cinnteach gum biodh an sluagh air am fògradh.

Chluinnteadh gaoir nam ban agus caoineadh na cloinne bige fad air astar, nuair a bha iad air an spìonadh a mach às na taighibh, agus air an slaodadh leis na deamhain mhaor aig Nic Mhic Alasdair gus an cur air bòrd luinge aig an Eilean Sgitheanach, a bha ri seòladh gu Ceann Tuath Aimeireaga. Bha na taighean uile air an leagail ri talamh agus air an cur ri theine; seadh taighean na muinntir a dh'fhuirich cho math ri taighean na muinntir a dh'fhalbh, oir chan fhaodadh duine fuireach an Cnòideart gu eagal a chur air na caoirich. Cha robh tròcair sam bith air a nochdadh dhaibhsan a dhiùlt falbh gu Aimeireaga. Chuireadh

and then to Canada, but she refused to leave. A young daughter who lived with her had died and the widow was now left alone. The factor and the bailiffs came to the house of the widow, who was sitting inside. They ordered her to go out and take everything that she owned with her, for they were going to knock the house down. She asked where she could go, but got no response. She refused to go out. Then two men grabbed her to pull her out regardless, but she sat beside the hearthstone and wouldn't move an inch.

Another man put a pail of water on the fire to extinguish it and then went to help the two who were attempting to pull the widow outside. She held in death-grip every stone and piece of wood that she could reach; but the bailiffs were too numerous and too brutal for her. They hit her on the fingers with which she was grasping things until she let go, and then they threw her out. It was a shameful sight to see three beastly men like horses wrestling with one poor, woman sixty-year-old. Then they put out every item in the house, throwing them into the gutter. They broke the planks, took down the pot-hanger, destroyed the hen-roost, and drove the hens themselves out through the chimney-vent. Then they knocked down the walls of the house, and the roof and rafters fell inside. The poor widow had nowhere to shelter her head, although many of her ancestors had died fighting for the cause of their clan chief.

a mach air an doras a h-uile nì a bhuineadh dhaibh – leapaichean, cathraichean, bùird, poitean, soithichean fiodha no creadha, plaideachan, aodaichean, agus gach nì eile. Chìteadh na nithean sin a' ruith sìos am bruthach leis na cnuic nuair a thilgeadh a mach iad.

Bha bantrach bhochd an sin d'am b'ainm Ealasaid Nic Gill Iosa, mu thrì fichead bliadhna dh'aois. Fhuair a' bhean bhochd so bàirlinn gu falbh an toiseach gu Astràilia agus a rìs gu Canada, ach dhiùlt i falbh. Fhuair nighean leatha am bàs, caileag òg a bha fuireach còmhla rithe, agus dh'fhàgadh a' bhantrach a nise na h-aonar. Thàinig am "Factor" agus na maoir a dh'ionnsaidh taigh na bantraich, a bha na suidhe a staigh. Dh'òrdaich iad di dol a mach agus gach nì a bhuineadh dhi a thoirt leatha oir bha iad a' dol a leagail an taighe. Dh'fheòraich i dhiubh càit' an rachadh i, ach cha d'fhuair i freagairt sam bith. Dhiùlt i dol a mach, agus an sin rug dithis dhaoine oirre gus a slaodadh a mach a dh'aindeoin, ach shuidh i sìos aig taobh lic-an-teintein agus cha ghluaiseadh i òirleach.

Chuir fear eile cuinneag uisge air an teine gus a bhàthadh agus an sin thàinig e a chuideachadh na dithis fhear a bha an sàs 's a' bhantraich gu a slaodadh a mach. Rinn ise grèim bàis air gach clach us maide air an ruigeadh i; ach bha na maoir tuilleadh us lìonmhor agus tuilleadh us brùideil air a son. Bhuail iad i air na meòir leis an robh i a' greimeachadh, gus an do leig i às a grèim, agus an sin thilg iad a mach i, agus cha b'iongnadh, oir bu mhaslach an sealladh a bhi faicinn triùir dhaoine brùideil mar eachaibh a' gleachd ri aon bhoireannach bochd trì fichead bliadhna dh'aois. Chuir iad a mach an sin gach nì a bha staigh, 'gan tilgeil anns a' ghuiteir. Bhris iad na clàraidhean, leag iad an t-slabhraidh, mhill iad faradh nan cearc, agus dh'fhuadaich iad na cearcan fhèin a mach air an luidheir. Leag iad an sin ballachan an taighe agus thuit am mullach agus na cabair a staigh. Cha robh àit' aig a' bhantraich bhochd anns an cuireadh i a ceann fo dhìon, ged a fhuair mòran de a sinnsir am bàs a' cogadh ann an adhbhar an Cinn-Cinnidh.

(22 October 1892)

Isle of Rum

At the beginning of this century the Isle of Rum, one of the "small isles," was full of people. There was a population of about 400 people on the island, but in the year 1826 every occupant was forced to leave and board a ship bound for America. Some went to the Strait of Canso and River Inhabitants in Cape Breton where their descendants are to be found to this day.

Only one family of the old native people stayed in the Isle of Rum. The rest departed, big and small, old and young, weak and strong, male and female, in one large emigration to a land of strangers on the other side of the ocean. There the old people found graves among the trees, and the young people encountered hardship, danger and hard labour before they cut down the forests, cleared the land, and built steadings that were suitable, well-situated and convenient dwelling houses. In 1828 the people were cleared from the Isle of Muck, another of the small isles, close to the islands of Rum and Eigg. Some descendants of the people of the Isle of Muck are at Lake Ainslie, north of Whycocomagh in Cape Breton.

It was to provide living space for sheep that the people were expelled from Rum. In 1828 there was nobody in Rum but a big Lowland sheep farmer and a few shepherds to take care of the flock. Before long it became apparent that it was not of benefit or profit to the big Lowland sheep farmer and that the island would be a wide wilderness, without a soul living there, for he couldn't find workers at sheep-shearing time, or when it was time to smear the sheep with tar and butter or whale oil. Therefore he took ten or twelve cottars from the Isle of Skye and gave them a housing site and grazing for a cow or two on a moor beside Loch Scresort, but the heart of the land, where people lived from past ages, was an uninhabited wasteland. The remains of the ridges and furrows where they ploughed could be seen, but they are becoming covered with growth and close to being buried in heather.

Eilean Rùim

Bho thoiseach a' chiadbhliadhain so bha Eilean Rùim, fear de na h-eileanan caola, làn sluaigh. Bha mu thimcheall ceithir chiad pearsa air an eilean, ach air a' bhliadhna 1826 chuireadh air falbh a h uile aitreabhach a bha air an eilean, agus b'èiginn daibh dol an luing gu Aimeireaga, cuid dhiubh gu Caolas Chanso agus Abhainn nan Aitreabhach an Ceap Breatann far am bheil an sliochd ri fhaotainn gus an latha an diugh.

Cha d'fhuirich ann an Eilean Rùim ach aon teaghlach de na seann nàistinnich. Dh'fhalbh a' chuid eile dhiubh, eadar mhòr us bheag, sean us òg, lag us làidir, fìreann us boireann, ann an aon imrich mhòir gu tìr choigrich taobh thall a' chuain, far an d'fhuair an seann sluagh uaighean am measg nan craobh, agus an do choinnich an òigridh ri cruadal, cunnart agus cruaidh shaothair, mun do gheàrr iad sìos a' choillteach, mun do rèitich iad am fearann, agus mun do thog iad treabhair iomchaidh, ghoireasach, freagarrach gu còmhnaidh a ghabhail annta. Air a' bhliadhna 1828 chuireadh air falbh an sluagh à Eilean nam Muc, fear eile de na h-eileanan caola, làimh ri Eilean Rùim agus Eige. Tha cuid de shliochd muinntir Eilean nam Muc aig Loch Ainslie gu tuath air Uaimh Chogomath, ann an Ceap Breatann.

B'ann airson àite fuirich a dhèanamh do na caoirich mhòra a chuireadh an sluagh air falbh à Rùm. Air a' bhliadhna 1828 cha robh duine ann an Rùm ach aon chiobair mòr Gallda, agus beagan bhuachaillean gu aire a thabhairt air a chuid chaorach, ach an ceann beagan ùine fhuaras a mach nach robh e feumail, no a chum buannachd do'n chìobair mhòr Ghallda, gum biodh an t-eilean 'na dhìthreabh farsainn gun duine a' còmhnaidh ann, oir chan fhaigheadh e luchd-oibre no luchd-lomairt an àm a bhi rùsgadh nan caorach, agus mar an ciadna an àm a bhi 'gan smeuradh le teàrr us ìm, no ola na muice-mara. Uime sin thug e deich no dusan coiteir às an Eilean Sgitheanach agus thug e dhaibh làrach taighe agus feurach mairt no dhà, air mòintich, no blàr mòine, ri taobh Loch Sgriseard, ach bha cridhe na dùthcha, far am b'àbhaist d'an t-sluagh a bhi bho shean,

The wheel of Providence went round. The big Lowland sheep farmer suffered loss, went bankrupt, and had to leave the island. The proprietor was no more fortunate than the farmer. He had to sell the island to a rich Englishman who bought the place in order to turn it into a deer-forest, for hunting and stalking for his own pleasure. None of those who sent the people away is to be found on the island now, and information about their descendants has been lost. The descendants of the old inhabitants who chased the deer 500 years ago in the Isle of Rum are now on the other side of the ocean. Some are well-off and well-respected there, but no one knows where the descendants of the sheep farmer and the old proprietor are, if indeed there are any of them alive on the face of the earth.

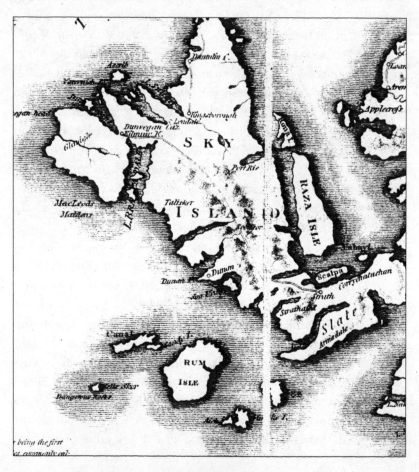

na fhàsach gun duine a' còmhnaidh ann. Gidheadh chìteadh lorg nan iomairean agus nan claisean far an robh iad a' treabhadh ach a tha nise fàs suas, agus an impis a bhi air an còmhdachadh le fraoch.

Ach thionndaidh cuibhle an Fhreasdail. Bhris an ciobair mòr Gallda oir thàinig calldach air, agus b'èiginn da an t-eilean fhàgail; agus cha robh an t-uachdaran na b'fhortanaiche na an tuathanach; oir thàinig esan gu bochdainn cuideachd, agus b'fheudar dha an t-eilean a chreic ri Sasannach beartach, a cheannaich an t-àite gus a thionndadh gu Frìth Fhiadh, airson seilg agus fiadhachd gu àilgheas fhèin. Chan eil fear de na daoinibh a chuir an sluagh air falbh an diugh ri fhaotainn air an eilean; chailleadh mar an ciadna iomradh air an sliochd. Tha an seann luchd-àiteachaidh, sliochd nan daoine a b'àbhaist a bhi ruith nam fiadh, bho chionn còig ciad bliadhna an Eilean Rùim, an diugh air taobh thall a' chuain, agus cuid dhiubh gu math air an cothrom agus ann am mòr mheas agus urram; ach chan 'eil fhios càit' am bheil sliochd a' chiobair agus an t-seann uachdarain, ma tha gin idir dhiubh beò air aghaidh na talmhainn.

(Detail) James Kirkwood. 1804. By permission.
National Library of Scotland [NLS shelfmark:
EMS.s.74].

(29 October 1892)

South Uist and Barra

In 1851 abhorrent work was done in South Uist and the Isle of Barra according to what Alexander MacKenzie relates in the book that he published in Inverness about the depopulation of the Highlands.

The servants of Colonel Gordon, the landlord who had bought these islands, were deceiving the people with lies, telling them that Sir John.MacNeil was going across to Canada in order to be there ahead of them, to prepare and make available every convenience that would be useful to them. However, many of the people understood the chicanery and refused to go. They would not go aboard a ship. Then the vicious work began when the ships came in to Lochboisdale to transport the people to America. A proclamation went out to gather the people to Lochboisdale where the vessels were anchored, and an order was given that a fine of two English pounds, or ten dollars, would be imposed on each person who would not assemble at the location.

When the people gathered at Lochboisdale they were ordered to go aboard, and those who refused were caught by bailiffs and put aboard against their will. One strong man called Angus Johnston was resisting the bailiffs with all his might, and he had to be put in handcuffs before they could restrain him. A priest from Uist intervened and the handcuffs were removed. He was then carried aboard by the four bailiffs who were manhandling him.

A young girl was caught but she escaped during the night. Next morning people were wakened by the screeching and shrieking of the girl when she was found in a house nearby. The poor lass was held between two bailiffs, pulling her along like two demons, with her hair hanging loose on her shoulders and her face swollen from weeping. The landlord's ground officer was with the other two, driving the girl after them. Two other girls, daughters of a man called John MacDougall, also escaped. He was put aboard the ship but his two daughters were left roaming the hills. One was fourteen years of age and the other twelve.

(29 Dàmhair 1892)

Uibhist a Deas agus Barraidh

Air a' bhliadhna 1851 bha obair dhèistinneach air a dèanamh an Uibhist a Deas agus an Eilean Bharraidh a rèir mar a tha Alasdair MacCoinnich ag innseadh anns an leabhar a chuir e mach an Inbhir-Nis mu thimcheall Dì-làrachadh na Gàidhealtachd.

Bha seirbhisich Chòirneil Gòrdan, an t-uachdaran a cheannaich na h-eileanan so, a' mealladh an t-sluaigh, le breugaibh, ag ràdh riutha gu robh Sir Iain MacNèill a' dol a null do Chanada gu bhi rompa an sin, a chum gach goireas a bhiodh feumail dhaibh ullachadh air an son agus fhaicinn air a bhuileachadh orra. Ach thuig mòran de'n t-sluagh an t-innleachd-meallaidh agus dhiùlt iad falbh, agus cha rachadh neach dhiubh air bòrd luinge. An sin thòisich obair an lèirsgrios an uair a thàinig na longan a staigh do Loch Baghasdail gus an sluagh a ghiùlan gu Aimeireaga. Chaidh gairm a mach an sluagh a chruinneachadh gu Loch Baghasdail far an robh an luingeas air acair, agus chuireadh òrdugh a mach gum biodh ùbhladh dà phunnd Sasannach, no deich dolair, air gach fear nach tionaileadh a dh'ionnsaidh an àite.

Nuair a chruinnich an sluagh gu Loch Baghasdail, dh'àithneadh dhaibh dol air bòrd, agus iadsan a dhiùlt chaidh an glacadh le maoir agus an cur air bòrd a dh'aindeoin. Bha fear làidir d'am b'ainm Aonghas Mac Iain a' cur an aghaidh nam maor le uile neart, agus b'èiginn glas-làmh a chur air mu'm b'urrainn iad a cheannsachadh. Ach thàinig sagart Uibhist agus le eadraiginn-san thugadh dheth a' ghlas-làmh agus ghiùlaineadh a staigh air bòrd e eadar ceithir maoir a bha m'a thimcheall.

Chaidh nighean òg a ghlacadh, ach theich i air feadh na h-oidhche, agus air madainn an ath latha dhùisgeadh an sluagh le sgriachail agus sgread na h-ighinn a chaidh a ghlacadh ann an taigh a bha dlùth air làimh. Bha a' chaileag bhochd an sàs eadar dithis mhaor, cosmhail ri dà dheamhan 'ga slaodadh leotha, a falt sìos m' a cluasaibh sgaoilte, agus a h-aodann air at agus air bòchdadh le caoineadh. Bha maor-fuinn an uachdarain còmhla ris an dithis eile ag iomain na caileig às an dèidh. Theich mar an ciadna dithis chaileag eile le fear d' am b'ainm

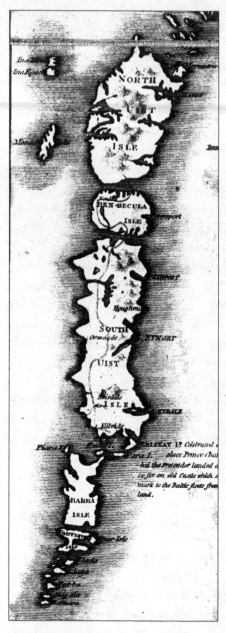

(Detail) James Kirkwood. 1804. By permission. National Library of Scotland [NLS shelfmark: EMS.s.74].

When these poor creatures reached Québec they didn't have one red cent to take them farther on their journey, though they had been told that the government was going to pay for them until they reached their destination in the upper part of Ontario. Kind and charitable people in Québec had to extend their hands and collect some money to help them on their way to the end of their journey. Many of these immigrants did not have a word of English. The only language they could understand was Gaelic and it was very difficult for them to continue their journey since they could not understand the language of the country. During the following winter they suffered much from cold and hunger.

About 2,000 people were ousted like this by Colonel Gordon. If this had been done in Turkey or Russia the whole of Christendom would have been stricken with horror and dismay, but when done to poor Gaels by hard-hearted merciless landlords, there isn't a word about it.

Iain Dùghallach. Chaidh e fhèin a chur air bòrd luinge ach dh'fhàgadh a dhithis nighean às a dhèidh air feadh nam beann. Bha tè dhiubh 14 bliadhna agus an tè eile 12 bliadhna dh'aois.

An uair a ràinig na creutairean bochd so Quebec cha robh sgillinn ruadh aca bheireadh na b'fhaide iad air an turas, ged a dh'innseadh gu robh an luchd-riaghlaidh a' dol a chosg orra gus an ruigeadh iad bràighe Ontario far an robh iad a' dol. B'èiginn do shluagh caranta caoimhneil ann an Quebec an làmhan a shìneadh agus beagan airgid a chruinneachadh gus an cuideachadh air an aghaidh gu ceann an turais. Bha mòran de 'n luchd-imrich so aig nach robh facal Beurla. Cha tuigeadh iad cànan sam bith ach Gàidhlig agus mar sin bha e glè dhuilich dhaibh siubhal air an turas a chionn nach tuigeadh iad cainnt na dùthcha. Agus rè a' gheamhraidh a lean dh'fhuiling iad mòran sàrachaidh le fuachd agus acras.

Chaidh mu thuaiream dà mhìle sluaigh a chur air falbh mar so le Còirneal Gòrdan, agus nam b'ann san Tuirc no ann an Ruisia a bhiodh an obair so air a dèanamh bhitheadh air luchd-àitich na crìosdachd gairisinn agus uamhas, ach nuair a rinneadh e air Gàidheil bhochda le uachdaran cruaidh-chridheach gun iochda, chan eil guth mu dheidhinn.

(5 November 1892)

North Uist

In the year 1849 Lord MacDonald cleared 600 or 700 people from Sollas, a district in North Uist. The people pleaded for a short delay until they could sell their cattle and other possessions without suffering a loss, when the summer sales came round. But they didn't get a hearing or a response to their request. They were moved out of their homes. Everything they had was confiscated, between cattle, crops and peats, and their furniture was thrown outside. There was a certain man there who was a weaver and who had a wife and nine children. This man's furniture was thrown out and the tweed was torn out of the loom. His wife ran to the door with her baby in her arms, shouting at the top of her voice: "My children have been murdered." Then the bailiffs knocked the house down to the ground.

In other houses the bailiffs had to grab the women and use the strength of their arms to put them outside. One woman threw herself on the floor, went into a swoon, and began to scream and screech and yelp like a dog for ten minutes. A second woman came and pleaded with the Sheriff to leave the roof on the house, or at least the part of it over the loom, until she could finish the tweed that she was weaving at that time. Another woman came and attempted to hit one of the bailiffs with a stick, but she missed. Then she jumped on him and pulled the hat from his head. She was so furious and strong that it was with difficulty that two bailiffs managed to pull her outside. The horrible conduct was so abominable that the Laird of Sleat's factor had to back off and agree to allow the people to stay in their houses until the end of spring if they would consent to leave then of their own free will. Some accepted this offer and the majority rejected it. Nevertheless the cattle were expropriated and taken away to pay the rent that was owed.

Lord MacDonald was now in deep debt, as much as 200,000 pounds sterling. Therefore the estate was put under trustees by the creditors, for they couldn't sell it, but they took the rent and the

(5 Samhain 1892)

Uibhist a Tuath

Air a' bhliadhna 1849 dh'fhuadaich Morair Chlainn Dòmhnaill 600 no 700 pearsa à Sollas, àite ann an Uibhist mu thuath. Dh'aslaich an sluagh air son beagan dàlach gus am faigheadh iad an crodh 's an sprèidh 's nithean eile a chreic gun chall a bhi aca, nuair a thigeadh fèilltean an t-samhraidh mun cuairt. Ach cha d' fhuair iad èisdeachd no freagairt d'an iarrtas. Chaidh an cur a mach as na taighibh, na dorsan a ghlasadh, agus gach nì a bha aca a sharadh, eadar chrodh agus arbhar agus mòine; agus thilgeadh an cuid àirneis a mach air an dorus air lom a' bhlàir a muigh. Bha duine àraid an sin a bha 'na fhigheadair, aig an robh bean agus naoinear chlainne. Thilgeadh a mach àirneis an duine so, agus chaidh an èididh a ghearradh às a' bheairt; agus ruith a' bhean a chum an doruis leis an naoidhean aice na h-ultaich ag èigheach a mach cho àrd 's a b' urrainn di: "Tha mo chlann air a bhi air am murtadh." An dèidh sin leag na maoir an taigh gu làr.

Ann an taighibh eile b'èiginn do na maoir na mnathan a ghlacadh agus an cur a mach le neart nan làmh air an dorus. Thilg aon bhoireannach i fhèin air an làr, chaidh i 'na paiseanadh, agus thòisich i air sgiamhail, agus sgriachail, agus tathunnaich mar chù, rè dheich mionaidean. Thainig boireannach eile agus ghuidh i air an t-Siorram gum fàgadh e am mullach air an taigh, no air a' chuid sin deth a bha os cionn an àite anns an robh a' bheairt, gus an cuireadh i crìoch air an èididh a bha i a' fighcadh aig an àm sin. Thàinig boirionnach eile agus thug i ionnsaigh air fear de na maoir a bhualadh le maide, ach cha d' amais i air; an sin leum i air agus spìon i an ad dha mullach a chinn. Bha i cho buaireasach làidir 's gum b'ann air èiginn a thug dà mhaor a mach eatarra i air an dorus. Bha obair an uamhais a' fàs cho gràineil 's gum b'èiginn do'n Fhactor aig a' Mhorair Shlèiteach lasachadh agus aontachadh ris an t-sluagh fhàgail nan taighibh gu deireadh an earraich nan gealladh iad falbh an sin le 'n toil fhèin. Ghabh cuid ris an tairgse so agus dhiult a' mhor-chuid i. Gidheadh chaidh an sprèidh a sharadh 's a ghlacadh air son ainfhiach a' mhàil.

income of the estate, leaving an annual portion to Lord MacDonald for his subsistence. These trustees do not care what happens to the tenants as long as they can collect the rent to pay the debts.

In September 1853, the landlord's ground officer came and ordered the crofters to leave the land, at a place called Boraraig and Suisnish. There were about thirty-two families in that community. The men were away from home earning money to pay the rent. Only the women and the little children were at home, but despite the screams of the women and the crying of the children the merciless work began. The furniture was dumped outside and the roofs of the houses were stripped. The old folk were thrown out regardless. The women and children yelled, tearing their hair out with anxiety, and tearing the firmament with their screeching and weeping. No mercy was shown to young or old, male or female. They were all thrown out and left to die on the bare knolls.

Nevertheless the Factor was making excuses for this dreadful action and saying that it was a gesture of "kindness, goodwill and godliness, since the people lived too far from the church." Isn't it strange that this Factor was not hit by a thunderbolt from the heavens?

Tha Morair Chlainn Dòmhnaill a nis ann am fiachaibh mòr, cho fada ri dà chiad mìle punnd Sasannach (£ 200,000 sterling.) Uime sin chuireadh an oighreachd fo chileadairibh le luchd an ainfhiaich, oir chan urrainn iad an oighreachd a reic, ach rinn iad grèim air a' mhàl agus air tighinn a stigh na h-oighreachd, a' fagail cuibhrinn àraid aig a' Mhorair gus a bheathachadh, air gach bliadhna. Tha na cileadairean so coma ciod a dh' èireas do'n t-sluagh ma gheibh iad am màl a chruinneachadh air son pàighidh nam fiachan.

Ann am mìos September, 1853, thàinig maor fuinn a Mhorair agus thug e bàirlinn do na croitearaibh air son falbh às an fhearann, aig àite ris an abrar Borraraig, agus Suisinnis. Bha mu thimcheall dà theaghlach dhiag thar fhichead anns an àite sin. Bha na fireannaich air falbh bho 'n taigh 'gan cosnadh air son airgid a phàigheadh am màl. Cha robh aig an taigh ach na mnathan agus a' chlann bheag. Ach a dh'aindeoin gaoir nam ban agus caoineadh na clainne bige, thòisich an obair an-tròcaireach; thilgeadh an àirneis a mach air an dorus, agus rùisgeadh mullach nan taighean. Bha an t-seann mhuinntir air an cur a mach a dh' aindeoin, agus bha na mnathan 's a' chlann ag èigheach, a' spìonadh am fuilt leis an iomagain, agus a' reubadh na h-iarmailte le 'n sgreadail agus le 'n rànaich. Cha robh tròcair air a nochdadh do dh'aois no dh'òige, do fhireann no bhoireann; ach bha iad uile air an tilgeadh a mach agus air am fàgail gu bàsachadh air na cnoic loma.

Gidheadh bha am *Factor* a' gabhail leithsgeil na h-oibre oillteil so, agus ag ràdh gur h-ann bho "chaoimhneas, bho dheagh rùn, agus bho dhiadhaidheachd" a rinneadh i, "a chionn gun robh an sluagh tuilleadh is fada bho 'n Eaglais." Nach iongantach nach deachaidh am *Factor* so a bhualadh le peileir-tàirneanaich bho na neòil?

(12 November 1892)

Kintail

At the beginning of this century many people were removed from Kintail by MacKenzie, the Earl of Seaforth, on the advice of his acolyte, Big Duncan MacRae, the Factor in Kintail. He and his father were sheep farmers in Kintail and they got possession of the land that they took from the old tenantry and extended the sheep farm, which was already too large. The people went to Canada where many of them settled in Glengarry, Ontario, and some are quite prosperous. They have land and money and cattle, and some represent the county where they reside in the Ottawa Parliament. But, woe is me, big avaricious Duncan who chose to banish them from Kintail went into poverty and died penniless. Shortly afterward MacKenzie of Seaforth had to sell the old estate of Kintail and Lochalsh. The places from which people had been cleared were Glen Elchaig and Letterfearn. Fifty families were removed from Letterfearn.

They also attempted to remove the people of Coigeach. They put them in two separate groups, one of women and one of men. The men stood watching that the women were not being treated with contempt. The men did not move an arm or leg, but the women jumped on the sheriff's agents, grabbed their summons papers and put them into a pile which they burned. They threw the bailiffs' staffs into the sea. Having caught the bailiffs they took the staffs of office from twenty constables and from some of the bailiffs themselves, and they immersed them in a nearby loch. The men did not lay a finger on the bailiffs but stood watching that the women would not be treated badly. The women won the battle and got the better of the bailiffs, who ran off and returned home without delivering a summons to any one of the crofters. The outcome was that that the people were left in Coigeach where they and their forebears had been, and today they are as happy as any crofters in the Highlands of Scotland.

About four or five hundred families were cleared from Strathconan. However, some of them got sanctuary in the Black Isle of Ferintosh, some in Drynoch, some in Maol Buidhe, some in Kilcoy,

(12 Samhain 1892)

Cinntàile

Aig toiseach a' chiadbhliadhain so, chuireadh air falbh mòran sluaigh à Cinntàile le MacCoinnich, Iarla Shìophoirt, air comhairle a' Ghille aige, Donnchadh Mòr MacRath, am *Factor* ann an Cinntàile. Bha e fhèin agus athair 'nan tuathanaich chaorach ann an Cinntàile agus ghlac iad grèim air an fhearann a thug iad bho'n t-seann tuath agus chuir iad sìneadh ris a ghabhail chaorach a bha cheana tuilleadh us farsainn. Chaidh an sluagh air falbh gu Canada far an do shuidhich mòran diubh ann an Gleann Garraidh, Ontario, agus tha cuid diubh gu math air an dòigh; tha fearann us maoin us sprèidh aca; agus cuid diubh nam buill ann am Pàrlamaid Ottawa air son na Siorramachd far am bheil an tuineachas. Ach mo thruaighe Donnchadh Mòr sanntach a thug fainear an cur air falbh agus am fuadach à Cinntàile; thàinig e gu bochdainn agus fhuair e 'm bàs gun sgillinn dhe'n t-saoghal aige; agus b' èiginn do MhacCoinnich Shìophoirt seann oighreachd Chinntàile agus Loch Aillse a chreic an ceann beagan ùine. B'iad na h-àitean às an do chuireadh air falbh an sluagh Gleann Ealchaig agus an Leitir-fheàrna. Chuireadh air falbh leth cheud teaghlach às an Leitir-fheàrna.

Thug iad ionnsaigh mar an ciadna air an tuath fhògradh às a' Chòigich, eadar fhireannaich us bhoireannaich; rinn iad dà bhuidhinn, aon bhuidheann de na boireannaich agus buidheann eile de na fireannaich. Sheas na fireannaich ag amharc nach faigheadh na boireannaich tàir; agus cha do ghluais iad fhèin làmh no cas; ach leum na boireannaich air na maoir siorraimh; rug iad air na pàipearan-sumanaidh agus rinn iad dùn diubh agus chuir iad 'nan teine iad; thilg iad bataichean nam maor anns a' mhuir agus rug iad air na maoir agus thug iad na bataichean dreuchd bho fhichead constaball agus bho na maoir fhèin; agus rinn iad an tumadh agus am bogadh ann an lochan uisge a bha dlùth air làimh. Cha do chuir na fireannaich corrag air na maoir ach bha iad 'nan seasamh air eagal gum faigheadh na mnathan droch càramh. Ach bhuannaich na mnathan anns a' bhaiteal, choisinn iad air na maoir, a ghabh an ruaig, agus a thill dhachaidh gun aon sumanadh a liubhairt do fhear sam bith de na croiteiribh. B'e ceann

some in Aird of Lovat, and some in Cromarty. Sadly, though, after converting rough soil, heather and moorland into arable land, they were again cleared by the landlord and the land they had developed was taken from them, without ransom or recompense for their labour. The landlord gave this land for a large rent to rich farmers who freely inherited the toil of poor people. When will there be an end to the work of oppression and extortion? How long will the grinding of the faces of the poor continue?

thall na cluiche gun d'fhàgadh an sluagh anns a' Chòigich far an robh iad fhèin 's an sinnsir romhpa, agus air an latha 'n diugh tha iad cho math air an dòigh ri croiteiribh sam bith air Gàidhealtachd Alba.

Chuireadh air falbh a Srath-Chonnain mu thimcheall ceithir no còig ceud teaghlach. Ach fhuair cuid diubh fasgadh ann an Eilean Dubh na Tòiseachd, cuid air an Droighnich, cuid aig a' Mhaoil Bhuidhe, cuid eile aig Cùil Challaidh, cuid ann an Aird Mhic Shimidh, agus cuid ann an Cromba. Ach mo thruaighe! An dèidh dhaibh talamh fiadhaich fraoch us mointeach a thabhairt a staigh gu bhi 'na fhearann treabhaidh, far an d'fhuair iad fasgadh, chaidh am fògradh à sin a-rithist leis an uachdaran, agus thugadh bhuapa am fearann a rèitich iad, gun èiric gun chomh-leasachadh a phàigheadh dhaibh air son an saoithreach. Thug an t-uachdaran am fearann so air màl mòr do na tuathanaich bheartach a shealbhaich saothair nan daoine bochda an asgaidh. Cuine a sguireas obair an fhòirneirt agus na foir-èiginn? Cia fhad a bhithear a' bleith aodannan nam bochd?

(19 November 1892)

Mull, Ulva, Iona, Tiree, Coll

In 1821 the Isle of Mull had a population of 10,612 but in 1871 it had only 6,441. In 1881 it had dropped to 5,624, close to half the population of sixty years earlier. The number of people has been declining each year, and if this continues there will not be many inhabitants at the end of the next sixty years.

In the Isle of Ulva, when the person who is writing this was travelling through the island as a preacher in 1845, there was a population of 360, but by 1881 this number had decreased to 51. The rest had been driven away by the landlord Mr. Sinclair, an Edinburgh lawyer, who had bought it when it was auctioned and was now turning it into a sheep farm or farms. To do this he was clearing people away, as is done with the roots or stumps of trees when land is being prepared for cultivation in the American forest. He did not care for the people any more than one does for the old stumps of trees that are torn from the roots and gathered in piles for burning.

In the parish of Kilfinichen the crofters were dispersed and 26 of them went across the sea to Canada. The rest of them gathered at the end of Loch Scridain where they are clustered together in great poverty and ill health because they do not have land that they can work to grow crops in order to feed their families.

Bunessan, the Ross of Mull and Iona belong to the Duke of Argyll. Though he is a wise man, a good scholar, and a sensible and perceptive ruler, he is nevertheless a hard, strict, niggardly miser who shows no benevolence or compassion for the poor people. He banished about 243 of the native people from the Ross of Mull and Iona. Many of them died in Canada from stomach and bowel diseases when they went ashore in the new land. There used to be a population of 500 in Iona but now there are hardly 250 left.

The Duke also owns the Isle of Tiree. In 1841 this island had 4,687 people, but the Duke got rid of half of them. Today there are only about 2,733 people on the island. The rest came across the ocean to Canada and settled in various locations.

(19 Samhain 1892)

Muile, Ulbha, Ì, Tiridhe, Colla

Air a' bhliadhna 1821 bha 10,612 sluaigh ann an Eilean Mhuile ach air a' bhliadhna 1871 cha robh ann ach 6,441. A rìs air a' bhliadhna 1881 thàinig iad a nuas gu 5,624; 's e sin ach beag gu leth an t-sluaigh a bha a' còmhnaidh san eilean bho cheann trì fichead bliadhna. Tha iad air a bhith a' sìor dhol nas lugha a h-uile bliadhna, agus ma leanas an obair so cha bhi mòran sluaigh ann am Muile mun tèid trì fichead bliadhna eile seachad.

Ann an Eilean Ulbha, nuair a bha am fear a ta sgrìobhadh so a' triall air fheadh 's a' bhliadhna 1845, a' searmonachadh, bha 360 sluaigh a' fuireach ann, ach air a' bhliadhna 1881 cha robh ri fhaotainn ach 51 pearsa. Bha a' chuid eile air am fuadach air falbh leis an uachdaran Mr Mac a' Chlèirich, fear-lagha de mhuinntir Dhùn Eidinn a cheannaich an t-eilean so nuair a bha e am port-reic; agus a bha nise 'ga thionndadh gu bhi 'na ghabhail no 'na ghabhalaichean chaorach. Agus air son so a dhèanamh bha e a' fògradh an t-sluaigh air falbh, mar a bhithear a' dèanamh air bunan no stoic nan craobhan an àm a bhi rèiteachadh fearainn air feadh na coille ann an Aimeireaga. Cha robh tuilleadh meas aige air na daoinibh na bhios agaibh air seann stoic nan craobhan a spìonar à bun agus a thionailear 'nan cruaich a chum an losgadh.

Ann an sgìreachd Chill-Fhinnichein chuireadh air falbh na croitearan agus chaidh 26 dhiubh thairis air a' chuan gu Canada. Thionail a' chuid eile dhiubh gu ceann Loch-Sgridein far am bheil iad air an dòmhlachadh air a chèile ann an uireasbhaidh mhòir agus am bochdainn do bhrìgh nach eil fearann aca an sin a nì iad oibreachadh gu bàrr a thogail ann air son beathachaidh an teaghlaichean.

Buinidh Bun-Easain agus an Ros Mhuileach agus Ì-Chaluim-Chille do Dhiùc Earra-Ghàidheil. Ged a tha an Diùc so 'na dhuine glic, 'na sgoilear mòr, agus 'na fhear-riaghlaidh tùrail, tuigseach, gidheadh tha e 'na uachdaran cruaidh, teann, miodhair, 'na spìocaire neo-chaomh gun iochd ris an t-sluagh bhochd. Chuir e air falbh na seann dùthchasaich às an Ros Mhuileach agus à Ì-Chaluim-Chille, mu

The Isle of Coll is near Tiree, for the channel between them is only two miles wide. In 1841 there were 1,400 people living in Coll, but now there are only 643 inhabitants, less than half of the population fifty years ago. The rest left the island and were scattered throughout the world. Thus the children of the Gaels are scattered like the children of Israel who were taken away to Babylon and Assyria, for they were spread throughout Pontus, Galatia, Cappadocia, Asia and Bithynia.

thuaiream 243 pearsa; ach fhuair mòran diubh am bàs ann an Canada le gearraich agus tinneas-cuim a ghabhail nuair a chaidh iad air tìr san dùthaich ùir. B'àbhaist 500 pearsa bhi fuireach ann an Ì-Chaluim-Chille, ach a nise is gann a gheibhear 250 sluaigh anns an eilean sin,

Is leis an Diùc Filean Thiridhe mar an ceudna. Air a' bhliadhna 1841 bha 4,687 sluaigh air an eilean so, ach chuir an Diùc air falbh an dàrna leth; oir chan fhaighear a nis air an eilean ach mu thimcheall 2,733 pearsa. Thàinig a' chuid eile dhiubh thar a' chuain gu Canada agus sgaoil iad anns gach àite.

Tha Eilean Cholla làimh ri Tiridhe, oir chan eil ach dà mhìle de leud anns a' chaolas a tha eatarra. Air a' bhliadhna 1841 bha 1,400 pearsa a' còmhnaidh ann an Colla, ach a nise chan eil ann ach 643 de luchd-àiteachaidh eadar òg is shean, nas lugha na leth nan daoine bha ann bho cheann leth-chiad bliadhna. Dh'fhalbh a' chuid eile dhiubh às an eilean agus sgapadh iad thall sa bhos air feadh an t-saoghail. Tha clanna nan Gàidheal mar so air an sgapadh mar a thachair do chlainn Israeil a thugadh air falbh gu Babilon agus Assyria, oir bha iad air an sgapadh tre Phontus, Galatia, Cappadocia, Asia agus Bithuinia.

(26 November 1892)

Sutherland 1

At one time Sutherland was full of people who were quite contented and who had every amenity and item that was of use to them in this world. It had brave, strong men who were heroic soldiers. In 1759 William, the 21st Duke of Sutherland, and the last duke who was a native of the place, raised in two months a regiment of two thousand soldiers to help the British kingdom in the war with France, in which Britain took Canada from the French after they captured Cape Breton and Québec.

In 1745 the Duke of Sutherland was able to recruit an army of two thousand soldiers. During the American war between 1773 and 1779, a thousand soldiers were assembled in a Sutherland regiment. Another thousand soldiers were mustered for a different Sutherland regiment in the war with France between 1793 and 1798. This was done on different occasions and a thousand soldiers were raised in Sutherland five or six times.

Sadly, things changed. Duke William died in 1766 and the only successor that he left was a baby girl called Elizabeth who was born in 1765 and was therefore only one year old when her father died. Her mother was from the southern Lowlands of Scotland and when the Duke died she went to live in her original community near the English border. She took with her the young Duchess, her own child who was only a small baby, and she nurtured and taught her in ways indigenous to the southern Lowlands, far from the land of her birth, heredity and ancestry.

When the young Duchess reached the age of twenty in 1785 she married Lord or Marquis Stafford, called George Granville. This took her farther away from her own countryside in the north of Scotland, so that she had no knowledge of the people in her father's territory. When she married Lord Stafford she became an Englishwoman, for "a wife and a minister have no hope." Consequently she lost contact with the people of Sutherland and didn't care for them. She left the governance of her ancestral estate in the hands of officials, factors

(26 Samhain 1892)

Cataibh 1

Bha Cataibh aon uair làn sluaigh a bha gu math air an dòigh, agus aig an robh gach goireas agus nì bha feumail dhaibh anns an t-saoghal so. Bha daoine treun foghainteach ann a bha 'nan saighdearaibh gaisgeil. Air a' bhliadhna 1759 chruinnich Uilleam an t Iarla Catach, an t-Iarla thar fhichead, agus an t-Iarla dùthchasach mu dheireadh a bha air an tìr, ann an dà mhìos a dh'ùine, rèiseamaid anns an robh dà mhìle saighdear a chuideachadh rìoghachd Bhreatainn anns a' chogadh ris an Fhraing, nuair a thug Breatann Canada bho na Frangaich, an dèidh dhaibh Ceap Breatainn agus Quebec a ghlacadh.

Ann am bliadhna Theàrlaich bha an t-Iarla Catach comasach air armailt a thional anns am biodh dà mhìle fear-cogaidh. Ri linn cogadh Aimeireaga eadar a' bhliadhna 1773 agus 1779, chruinnicheadh mìle saighdear anns an rèiseamaid Chataich. A rithist ann an Cogadh na Frainge eadar 1793 agus 1798 chruinnicheadh rèiseamaid eile ann an Cataibh anns an robh mile saighdear. Rinneadh so uair no dhà, agus eadar a h-uile àm bho thoiseach gu deireadh chruinnicheadh ann an Cataibh aig caochladh thràthan mìle saighdear còig no sia dh'uairean.

Ach, mo thruaighe, thàinig caochladh air cùisean. Fhuair an t-Iarla Uilleam am bàs air a' bhliadhna 1766 agus cha d'fhàg e oighre ach aon chaileag bheag d' am b' ainm Ealasaid a rugadh air a' bhliadhna 1765 agus a bha bliadhna dh'aois nuair a dh'eug a h-athair. Bha a màthair bho Ghalldachd taobh deas Alba, agus nuair a dh'eug an t-Iarla chaidh i a dh'fhuireach gu tìr a dùthchais faisg air a' chrìch Shasannaich. Agus thug i leatha a' Bhan-Iarla òg, a leanaibh fèin nach robh ach 'na naoidhean agus rinn i a h-àrach 's a h-ionnsachadh anns gach oilean a dh'fheumadh i ann an Galldachd taobh deas na h-Alba, fad air falbh bho thìr a breith, a dùthchais agus a sinnsireachd.

Nuair a bha a' Bhan-Iarla òg air fàs suas gu bhi fichead bliadhna dh'aois phòs i Morair no Marcus Stafford, d'am b'ainm Seòras Granville, air a' bhliadhna 1785. Thug so i na b'fhaide air falbh bho a dùthaich fhèin ann an ceann tuath na h-Alba, agus mar sin cha d'fhuair i eòlas sam bith air sluagh dùthchasach tìr a h-athar. Agus nuair a phòs

and lawyers who were avaricious, egotistical and ambitious people seeking their own advantage rather than the people's benefit.

These people gave perverse advice to the Duchess and, having been under the Devil's guidance, they told her that it would be an additional worldly bonus for her to clear the people from the land and replace them with the big sheep. They didn't care what loss and oppression the people would suffer. They couldn't care less if they were drowned and allowed to sink to the bottom of the sea, or if they died on the heather-covered hillocks, with their corpses lying like manure on the face of the earth. What these wretched puppets wanted was money for themselves and the Duchess. We will tell you some of the dreadful things that they did.

(Detail) James Kirkwood. 1804. By permission. National Library of Scotland [NLS shelfmark: EMS.s.74].

i Morair Stafford dh'fhàs i 'na ban-Sasannach oir "chan eil dòchas aig mnaoi no aig ministear." Chaill i mar so iomradh air sluagh Chataibh agus dh'fhàs i coma air an son. Dh'fhàg i riaghladh oighreachd a sinnsir ann an làmhan luchd-dreuchd, *Factoran* agus luchd-lagha, daoine gionach, sanntach, fèineil a bha ag iarraidh am buannachd fhein agus cha'n e math an t-sluaigh.

Thug iad so comhairle an aimhleis do'n Bhan-Iarla agus air dhaibh a bhi fo thrcòrachadh an Diabhail dh'fheuch iad dhi gum biodh e a chum an tuilleadh buannachd shaoghalta dhi-se an sluagh fhuadach às an tìr, agus an dùthaich a chur fo na caoraich mhòra. Cha robh suim sam bith aca ciod an call agus am fòirneart a rinneadh air an t-sluagh. Bha iad coma ged a rachadh am bàthadh 's an cur fodha ann an grunnd a' chuain, no ged gheibheadh iad am bàs air na cnocannaibh fraoich, agus a laigheadh an cuirp mar aolach air aodann na talmhainn. 'S e airgead daibh fhèin 's do'n Bhan-Iarla a bha dhìth air na seòid. Innsidh sinn an dèidh so pàirt de'n obair oillteil a rinn iad.

(3 December 1892)

Sutherland 2

When Napoleon Bonaparte was at war with Europe and trampled it under his feet, Britain alone stood against him until she got the victory. However, with Bonaparte's stratagems, every seaport in Europe and the United States of America was closed to British ships so that trade between Britain and other countries was not permitted. These countries could not buy or take anything from Britain, and Bonaparte would not let them sell anything to Britain or send anything to the island's seaports. The people of Britain's towns were therefore in dire straits through lack of food, since they could not get grain or meat from mainland Europe or America. The people used every possible means to procure all kinds of food within the country itself. All of the arable fields and meadows in Lowland Scotland, and the swards of England and the South, were developed and cultivated with the best available methods in order to make them rich and productive for growing plenty of corn and meal to provide bread for the people. Since the hills of the Highlands could not be ploughed to grow corn for bread, people thought that they were suitable for rearing cattle and sheep to provide meat for the populace of the cities of England, for there was thick and ample grazing on these hills where cattle and sheep and goats could get plenty of pasture.

The greedy landlords and land-owners thought that the time was ripe for them to accumulate wealth, if they could remove the indigenous tenants and put sheep on the hills where the peasants' cattle used to be on the sheiling in the summer. They began this wicked work, and there was no place where more cruelty was shown in removing the old inhabitants than Sutherland. As the prophet Daniel said: "Under all of heaven nothing was done like what was done to Jerusalem." Similarly it can be said that nothing was done under all of heaven to compare with what was done to Sutherland.

In 1807 the Duchess of Sutherland evicted about ninety families from the parishes of Lairg and Farr. In 1809 hundreds of families were removed from their homes in the districts of Dornoch, Rogart,

(3 Dùbhlachd 1892)

Cataibh 2

Nuair a bha Napoleon Bonapart a' cogadh ris an Roinn Eòrpa agus a shaltair e fo a chasaibh i, sheas Breatann 'na h-aonar a mach 'na aghaidh, gus an d'thug i buaidh. Gidheadh le innleachdan Bhonapart bha a h-uile baile-puirt san Roinn-Eòrpa agus an Stàtachan Ameireaga air an dùnadh an aghaidh Bhreatainn, air chor as nach robh malairt air a ceadachadh eadar Breatann agus tìrean eile. Chan fhaodadh na dùthchannan sin nì sam bith a cheannach no ghabhail à Breatann, agus cha leigeadh Bonapart leotha nì a chreic ri Breatann, no a chur a staigh do na puirt-mhara an àite sam bith de'n eilean. Bha sluagh nam bailtean mòra ann am Breatann uime sin ann an èiginn mhòir a chion bidh; oir chan fhaigheadh iad gràn no feòil à tìr-mòr na Roinn-Eòrpa na bho Ameireaga. Rinn sluagh na Rìoghachd gach innleachd a chleachdadh a chum biadh dhe gach seòrsa a sholar anns an dùthaich sin fhèin. Bha gach fearann treabhaidh agus magh air a' Mhachair Albannaich agus ann an dùthchannaibh ìosal Shasainn, agus an Taobh Deas, air an leasachadh agus air am mathachadh leis gach ni a b'fhearr na chèile chum an dèanamh reamhar, tarbhach, air son pailteas arbhair a thogail, gu min us flùr a sholar chum arain a bheathachadh an t-sluaigh. Agus a chionn nach gabhadh beanntan àrda na Gàidhealtachd treabhadh gu arbhar a thogail air son arain, smuainich daoine gun robh iad freagarrach air son crodh us caoirich àrach gu feòil a sholar air son an t-sluaigh ann am bailtibh mòra Shasainn, oir bha feurach tiugh agus pailt air na beanntaibh sin far am faigheadh feudail agus meanbh-chrodh gu leòr a chum ionaltraidh.

Smuainich na h-uachdarain shanntach agus sealbhadairean an fhearainn gun robh an t-àm so 'na chothrom math dhaibh-son air son saoibhreas a chur ri chèile, nam faigheadh iad an tuath dhùthchasach a chur air falbh, agus na beanntan far am b'abhaist crodh nan tuathanach a bhi air àirigh san t-samhradh, a chur fo chaoraich. Air an obair aingidh so thòisich iad, agus cha robh àite sam bith air a' Ghàidhealtachd far an do nochdadh tuilleadh ainiochd ann am fògradh an t-seann luchd-àitich na dùthaich Chataibh. Mar a thubhairt am fàidh Daniel

Loth, Clyne and Golspie. This was done in a cruel and pitiless manner. The Duchess left the land under the rule of Mr. Young, a rich grain merchant. Along with him was Patrick Sellar, a lawyer from the county of Moray. Mr. Young was the Chief Executive, the Factor, and Sellar was his emissary, working under his jurisdiction. In the space of two or three years these men evicted most of the inhabitants of those five districts, and brought in Lowlanders from Morayshire, their own compatriots and friends, with whom they replaced the old tenantry.

"fo nèamh uile cha d' rinneadh mar a rinneadh air Ierusalem." Mar sin faodar a ràdh fo nèamh uile cha d'rinneadh mar a rinneadh air Cataibh.

Air a' bhliadhna 1807 chuir a' Bhan-iarla Chatach air falbh à sgìreachd Lairg agus à sgìreachd Farr mu thimcheall 90 teaghlach. Ach air a' bhliadhna 1809 chaidh na ciadan de theaghlaichean a chur às an àitean-còmhnaidh ann an Sgìreachdan Dhòrnoich, Raghairt, Loth, Chlin, agus Ghoillspidh; agus rinneadh so air dòigh ain-iochdmhoir gun truacantas. Dh'fhàg a' Bhan-iarla an dùthaich fo riaghladh Mhr. Young, ceannaiche saoibhir, a bha ri marsantachd air gràn; agus maille ris-san bha Pàdraig Sellar, fear-lagha, de mhuinntir Siorramachd Mhurraidh. B'e Mr. Young an t-Ard-fhear-gnothuich, am Factor, agus bha Sellar 'na Ghille-gnothuich ag oibreachadh fo a làimh-san. An ùine dhà no tri bhliadhnaichean, dh'fhògair na daoine so a' mhòr-chuid de luchd àitich nan còig sgìreachdan sin a mach às an fhearann, agus thug iad a staigh Goill à Siorramachd Mhurraidh, an luchd-dùthcha agus an càirdean fèin, a shuidhich iad ann an àite na seann tuath.

(10 December 1892)

Sutherland 3

Since the Duchess of Sutherland was living in Stafford in England she left the governance of the land in Sutherland in the hands of these beastly men, Mr. Young and Patrick Sellar. They continued the evil work, and in 1811 people from the Lowlands of Scotland could be seen wandering up and down inspecting the land before they would offer any rent for a portion of it. Many people had been given notice of eviction from their homes, since the land was to be divided into wide segments in order to make it into large sheep farms. The sluggish long-legged Lowlanders were terrified that they would get a thrashing from the people that they were going to put out of their houses, but they needn't have worried. The poor Gaels treated them courteously. Not only that – they gave them hospitality and food generously.

However, in Kildonan there was a mischievous rascal called Reid, a useless coward who started a rumour that a group of people from Kildonan were pursuing him in order to catch him and give him bad treatment. When Young and Sellar heard this fabricated story they pretended that they were shaking with fear. Their own conscience made cowards of them. They gathered between sixty and one hundred Lowlanders, their own minions and servants, and swore them in as bailiffs and constables. Then they prepared the cannons that were in Dunrobin Castle, where they had been lying unused since the time of Prince Charlie. They hurriedly sent out messengers to ask people to come to the castle and many were prepared to obey the summons. But when they were about six miles from the castle they heard a whisper of the cunning intentions of the Factors and stopped.

After that they went to the Inn in Golspie to meet the Factors. These characters came with the Sheriff, bailiffs and sheriff-officers, and told the people that some of them were to be seized and imprisoned in Dornoch on suspicion of threatening Reid's life. With one voice they shouted that they were innocent and that they would not allow any of them to be seized and put in prison for that kind of

(10 Dùbhlachd 1892)

Cataibh 3

A chionn gun robh a' Bhan-Iarla Chatach a' fuireach ann an Stafford an Sasainn dh'fhàg i riaghladh na dùthcha ann an Cataibh ann an làmhan nan daoine brùideil sin, Mr.Young agus Pàdraig Sellar. Lean iadsan air an obair aingidh, agus air a' bhliadhna 1811 chìteadh a' siubhal sios us suas air feadh na tìre Goill bho mhachair Alba, a' gabhail beachda air an fhearann mun tairgeadh iad màl sam bith air son nan gabhalaichean. Oir thugadh bàirlinn do mhòran dhe'n tuath gus an cur air falbh às an tighean, a chionn gun robh an tìr gu bhi air a roinn na h-earrannaibh farsainn, air son gabhalaichean mòra chaorach a dheanamh dhith. Bha eagal an cridhe air na Goill luinnseach, fhad-chasach so, gum faigheadh iad droch laimhseachadh bho'n t-sluagh a bha iad a' dol a chur a mach às an dachaidhean, ach cha ruigeadh iad leas, oir bhuin na Gàidheil bhochda gu sìobhalta riutha, agus chan e sin a mhàin ach thug iad aoigheachd agus biadhtachd dhaibh gu fialaidh.

Gidheadh bha eucorach mallaichte de Raoideach (Reid) ann an Sgìreachd Chill-donnain, Gall slaodach, cladhaireach gun rath, a thog tuairisgeul air buidheann de luchd-sgìreachd Chill-donnain gun robh iad 'ga ruagadh gu ghlacadh air son droch càramh a dhèanamh air. Cho luath 's a chuala Young agus Pàdraig Sellar am faoindealbh sgeòil so, leig iad orra bhi air chrith leis an eagal, oir rinn an cogaisean fhèin cladhairean dhiubh, agus chruinnich iad ri chèile eadar tri fichead agus ciad Gall, an leanmhainnichean agus an seirbhisich fèin, a rinn iad a mhionnachadh mar mhaoir agus mar chonstabaill. Chaidh iad an sin agus chuir iad às òrdugh na gunnachan-mòra a bha aig Caisteal Dhunrobainn, a bha 'nan laighe gun fheum bho linn bliadhna Theàrlaich. Chuir iad le cabhaig a mach teachdairean a ghairm an t-sluaigh a staigh a dh'ionnsaidh a' Chaisteil agus rinn mòran deas gu ùmhlachd a thoirt do 'n ghairm. Ach nuair a bha iad mar uighe sia mìle don'n Chaisteal fhuair iad sanas mu ais-innleachdan nam Factor, agus rinn iad stad.

Chaidh iad an dèidh sin a dh'ionnsaidh an Tigh-Osda ann an Goillspidh gu coinneachadh ris na Factoran. Thàinig na seòid so leis an

untruthful excuse. Then the Sheriff read to them the statute called the *Riot Act*, of which the poor people of Sutherland had been unaware of and couldn't understand, but they dispersed and went home in peace.

The Factors acted as if they were afraid. They jumped on to the saddles of the horses, and rushed to the castle for sanctuary in the shelter of the big guns. They sent a request to the garrison of Fort George to send a group of soldiers to quell the rebellion in Sutherland. An Irish Regiment was dispatched and the soldiers travelled day and night, a distance of fifty miles, with their armour and artillery. When they arrived there were no rebels to be seen or found, and they returned to their quarters in Fort George, like the idiots who were sent on a false journey by a concocted message on All Fools' Day at the end of spring.

t-Siorramh agus le maoir us tarraidean; dh'innis iad do'n t-sluagh gun robh feadhainn diubh gu bhi air an glacadh 's an cur do phrìosan ann an Dòrnoch fo amharus airson ionnsaigh a thoirt air beatha an Raoidich. Le aon ghuth ghlaodh an sluagh gun robh iad neo-chiontach, agus nach leigeadh iad le aon sam bith dhiubh bhi air an glacadh san cur am prìosan air son a leithid sin de leisgeul brèige. Leugh an Siorramh dhaibh an sin reachd ris an abrar Achd na Tuaireap (Riot Act) rud nach b'aidme do na Cataich bhochd agus nach tuigeadh iad; ach sgaoil iad agus dh'fhalbh iad dachaidh ann an sìth.

Ghabh na Factoran orra bhi fo eagal; leum iad suas 'nan diollaidean air na h-eich, agus ruith iad chun a' Chaisteil air son dìdein fo fhasgadh nan gunnachan-mòra. Chuir iad fios gu Gearrasdan Aird nan Saor (Fort George) air son buidheann shaighdearan, a chur fodha na ceannairc ann an Cataibh. Chuireadh Rèiseamaid Eireannach à sin, a bha triall a latha 's a dh'oidhche, astar leth-cheud mìle, le airm agus uidheam-gunnaireachd. Ach nuair a thàinig iad cha robh luchd-ceannairc ri fhaicinn no ri fhaotainn, agus thill iad dachaidh gu'n taighean-feachd ann an Aird nan Saor, coltach ri baothairean a chuireadh air thurus brèige le teachdaireachd mhealltaich air latha na gogaireachd deireadh an Earraich.

(17 December 1892)

Sutherland 4

In the month of March many people in the district of Farr and Kildonan were given orders to leave their crofts at the upcoming Whitsuntide. To make the outcome certain, and to make them go quickly with their cattle, the heather was set on fire where the animals used to graze in the spring when fodder was scarce. This was done by order of Patrick Sellar, who took possession of their land as a sheep-farm for himself. This accursed man then set fire to the poor people's houses. This was easy to do since the wooden roof and the rafters were made from bog-fir, old fir trees that had been lying in the moor for hundreds of years.

When this fir dried from the smoke and heat of the fire it grew hard and combustible, flammable and incendiary as gunpowder, and in a moment the houses were ablaze. The men and strong boys were on the moor looking after the cattle. At home there were only the old frail men, the women and the little children. Although they tried their best to save as much as they could from the flames, the fire was so intense and rapid that, as well as the wood of the houses, much of the poor people's furniture also burned. The screaming of these poor creatures, the terror and the despair which could be so clearly seen in their faces, along with the strange bellowing and pitiless shouts of the oppressors, cannot be told or described in speech. Patrick Sellar could be seen there, like a devil, directing, ordering and inciting those who were doing the work of destruction. Many of the poor victims died of fright, cold and distress. Old men took to the woods and went berserk. Pregnant women went into premature labour and many of the small young children died of cold and infirmity.

Patrick Sellar went with ten men to the upper part of a place called Rossal to set fire to the houses. When they reached the house of William Chisholm, the smith, in Bad-an-losgainn they found Chisholm's mother-in-law lying in bed with age and illness. The men were scared to set fire to the house, since the woman was close to 100 years old. They waited patiently until Sellar arrived and explained the

(17 Dùbhlachd 1892)

Cataibh 4

Ann am mìos a' Mhàirt fhuair mòran ann an sgìreachd Farr agus Chill-donnain bàirlinn a chum falbh às an croitean aig a' Chaingis a bha ann an dèidh sin. Gus a' chùis a dhèanamh cinnteach, agus gu cabhag a chur riutha gu falbh leis an sprèidh, chuireadh falaisg ris an fhraoch far am b' àbhaist do 'n sprèidh a bhi ag ionaltradh san earrach, nuair a bhiodh an t-innlinn gann. Rinneadh so le òrdugh Phàdraig Sellar, a ghabh am fearann aca son gabhail chaorach dha fhèin. Chaidh an duine mallaichte so an sin, agus chuir e teine ris na taighean aig an t-sluagh bhochd. Bha so furasta a dhèanamh, oir bha an ceann-fhiodh agus na cabair air an dèanamh de ghiuthais blàir, seann chraobhan giuthais a bha 'nan laighe anns a' mhòintich bho chionn chiadan bliadhna.

Nuair a thiormaich an giuthas so le smùid agus teas an teine, dh'fhàs e cruaidh lasarra, so-loisgeach, tein-abaich mar fhùdar gunna, agus ann an tiota chaidh na taighean 'nan smàl. Bha na daoine agus na gillean làidir anns a' mhonadh a' sealltainn an dèidh na sprèidhe. Cha robh aig an taigh ach na seann daoine breòite, na mnathan, agus a' chlann bheag; agus ged a thug iad so oidhirp air na b'urrainn dhaibh a theàrnadh bho 'n lasair, gidheadh bha an teine cho dian bras, le tiormachd a' ghiuthais, gun do loisg chan e mhàin fiodh nan taighean, ach mar an ciadna mòran de 'n àirneis aig na daoinibh bochda. Gaoir nan creutairean truagh sin, an t-uamhann, agus an t-an-dòchas a chìteadh cho soilleir riochdail nan gnùis, maille ri nuallanaich allmharra agus caithream ain-iochdmhor an luchd fòirneairt, cha ghabh so innseadh no a chur an cèill ann an cainnt. Chìteadh Padraig Sellar an sin, cosmhail ri deamhan a' stiùireadh, ag àithne agus a' stuigeadh nan daoine bha ri obair an lèirsgrios. Fhuair mòran de na creutairean bochda am bàs leis an eagal, le fuachd, agus le h-ànradh. Theich seann daoine do na coilltibh agus chaidh iad thar am beachd. Thàinig saothair roimh 'n mhithich air mnathaibh leth-tromach, agus bhàsaich mòran de'n chloinn bhig, òig, le fuachd agus droch càramh.

situation to him. His answer was: "The old devil of a witch has lived too long; set fire to her and burn her." He and his men then set fire to the house. The blankets, on which she was carried out by her own daughter, were scorched by the flames. When the old woman saw the house burning she shouted: "Oh, God! The fire, the fire." They took her out and put her in a sheep's bothy that was nearby. She never uttered another word and five days later she died.

Chaidh Pàdraig Sellar le deichnear dhaoine 'n àird gu bràigh àite d'am b'ainm Rossal a chur teine ris na taighibh. Nuair a ràinig iad taigh Uilleim Shiosail, an ceàrd, ann am Bad-an-losgainn, fhuair iad mathair-chèile an t-Siosalaich 'na laighe air leabaidh leis an aois agus leis an euslaint. Bha eagal air na daoinibh teine chur ris an taigh, oir bha a' bhean faisg air ciad bliadhna dh'aois. Uime sin rinn iad foighidinn gus an d'thàinig Sellar, agus dh'innis iad da mar a bha a' chùis. Se am freagradh a thug e: "Seann bhana-bhuidseach an diabhail, tha i tuilleadh us fada beò; cuiribh teine rithe agus loisgibh i." Chuir e fhèin 's a dhaoine an sin teine ris an taigh agus bha na plaideachan, air an tugadh a mach i le h-ighinn fhèin, air an dathadh leis an lasair. Nuair a chunnaic an t-seann bhean an taigh 'na theine ghlaodh i mach, "O, Dhia! An teine, an teine." Thug iad a mach i agus chuir iad am bothan chaorach i a bha faisg air làimh. Cha do labhair i facal riamh tuilleadh agus an ceann chòig làithean fhuair i am bàs.

(24 December 1892)

Sutherland 5

The work of disaster started by Patrick Sellar continued relentlessly, driving people out of their homes until the land was turned into a place of desolation without any inhabitants.

There were three large sheep farms in Strathnaver, and one of them was twenty-five miles long and nine or ten miles wide. He had 26,000 sheep in these places, where two or three thousand people had previously lived. Two men from the north of England had another large farm with 100,000 acres of good grazing. A hundred families could have been supported on this land and each family could have had a thousand acres of grazing for their animals.

Because the people had been removed from Strathnaver, the church was no longer needed and it was knocked to the ground. The wood was carried away to build an inn at Alldy-Charrish, and the minister's manse was converted into a house for the fox-hunter.

A certain woman went through the strath the year after it was depopulated and when she returned someone asked her: "What's your story?" "Och!" she replied, "It's a sad story! A sad story! I saw the wood of our church making a roof for the inn at Alldy-Charrish. I saw the cemetery where our friends are lying full of sheep smeared with tar. I saw the room where Mr. Sage used to prepare his sermons, as a dog-pen for Robert Gunn's foxhounds; and I saw a crow's nest on the top of James Gordon's chimney!"

Patrick Sellar set fire to the houses in the districts of Farr, Rogart, Golspie and Kildonan. Groups of men were sent with torches to set the poor people's houses ablaze. About 250 houses were burned together one night. This conflagration lasted six days, until all the houses were an inferno of smoke and fire. The smoke was so thick going out to sea that a boat lost her bearings on the ocean. When night fell she managed to find her way to the harbour by the light from the fires and the flames rising from the burning houses.

Two thousand people were living in the district of Kildonan, but they were all moved out and their houses incinerated. A man named

(24 December 1892)

Cataibh 5

Obair na dunach air an do thòisich Pàdraig Sellar lean e air adhart gun stad, a' cur an t-sluaigh a mach às na taighean, gus an robh an tìr air a tionndadh gu bhi na nochd-làraich luim gun duine a' comhnaidh innte.

Bha trì gabhalaichean mòra chaorach aige ann an Srath Namhair, agus bha aon diubh so còig mìle fichead air fad agus naoi no deich de mhìltean air leud. Bha sia mìle thar fhichead de chaoirich aige anns na h-àitibh sin, far an robh roimhe sin dà no trì de mhìltibh sluaigh a' còmhnaidh. Bha gabhail mhòr eile aig dithis de mhuinntir taobh tuath Shasainn anns an robh ciad mìle acaire fearainn a bha math air son feuraich. Dh'fhaodadh ciad teaghlach a bhi air am beathachadh air an fhearann so, agus mìle acaire bhi aig gach teaghlach air son ionaltraidh an sprèidh.

A chionn gun do dh'fhògradh an sluagh a mach à Srath Namhair cha robh fcum air an eaglais na b'fhaide agus leagadh gu làr i. Chaidh am fiodh a bha innte a ghiùlan air falbh gu taigh-òsta a thogail an Alltan-a'-Charraigh, agus rinneadh taigh-tàimh a' mhinisteir a thionndadh gu bhi na fhàrdaich aig a' bhrocair a bhiodh a ruagadh nan sionnach.

Chaidh boireannach àraid troimh an t-srath air a' bhliadhna an dèidh an di-làrachaidh, agus nuair a thill i air a h-ais dh'fheòraich neach dhith, "Ciod an sgial a th'agad?" "Och!" arsa ise, "Tha sgiala brònach! Sgiala brònach! Chunnaic mi fiodh na h-eaglais againn 'na thughadh air an taigh-òsta aig Alltan-a'-Charraigh; chunnaic mi an cladh far am bheil ar càirdean 'nan laighe làn de chaoirich air an smeuradh le teàrr; agus chunnaic mi an seòmar far am b'àbhaist do Mhr Sage a bhi cnuasachadh a chuid searmoinean, 'na fhail chon aig *tolairean* Rob Ghuinne, am brocair; agus chunnaic mi nead na feannaig air mullach simileir Sheumais Ghòrdain!"

Chuir Pàdraig Sellar teine ri taighibh an t-sluaigh ann an sgìreachdan Fàrr, Roghairt, Ghoillspidh agus Chill-Donnain. Chuireadh buidhnean dhaoine le leusan teine a mach a chur fadaidh ri ionadan còmhnaidh an t-sluaigh bhochd. Bha mu thimcheall dà chiad

Donald MacLeod came back years later to see his native land in Kildonan. On Sunday he went to the church, which was now the size of a dovecote. But, unfortunately, there were no doves there, only eight listless shepherds, about twenty or thirty dogs, and three of the minister's family. That was the entire congregation.

When the sermon was finished and they began to sing the 120th Psalm, which has the words "Woe is me that I sojourn in Mesech," the four-footed congregation began to sing their own music. The dogs jumped on the seats and started horrible howling, barking and bawling. The shepherds set upon them, beating them with their crooks here and there. This made matters worse rather than better. The baying and whining lasted until the end of the service. What a sad change in the place where hundreds of people used to gather to worship God!

gu leth taigh a' losgadh còmhla ann an aon oidhche. Mhair an comhlosgadh so sia làithean, gus an robh an t-iomlan de na taighean 'nan smùidrich agus 'nan smàl. Bha an deathach cho tiugh a' dol a mach air a' mhuir, as gun do chaill bàta a cùrsa air a' chuan. Ach nuair a thuit an oidhche dh'amais i air a' chala le soillsean nan teintean agus na lasraichean a bha ag èirigh bho na taighean a chuireadh ri theine.

Ann an Sgìreachd Chill-Donnain bha dà mhìle sluaigh a' còmhnaidh, ach chuireadh air falbh iad uile gu lèir agus loisgeadh an taighean. Thàinig fear d'am b'ainm Dòmhnall MacLeòid air ais a dh'fhaicinn tìr a dhùthchais an Cill-Donnain, an dèidh bhliadhnachan a dhol seachad. Chaidh e do'n eaglais air an t-Sàbaid a bha nise air fàs cho beag ri taigh chalman. Ach, mo thruaighe, chan e calmain a bha innte, ach ochdnar chìobairean slaodach, tuaiream fichead no deich thar fhichead cù, agus triùir de theaghlach a' mhinisteir. B'iad sin uile an coithional.

Nuair a sguir an searmon agus a thòisich iad a' seinn an 120mh salm, far am bheil na briathran "Mo thruaighe mi gu bheil mo chuairt am Mesech" thòisich an coithional ceithir-chasach air an ceòl fhèin a chur suas. Leum na coin air na suidheachanaibh agus thòisich iad air burralaich, agus ulfhartaich agus donnalaich oillteil a dhèanamh. Dh'èirich na cìobairean orra, 'gan slachdadh leis na cromagan, thall sa bhos, ach cha do rinn so a' chùis na b'fheàrr ach na bu mhiosa. Lean an tabhannaich agus an dèileann gu deireadh na seirbhis. Bu truagh an caochladh! Far am b'àbhaist na ciadan sluaigh bhi tional gu adhradh do Dhia.

(31 December 1892)

Sutherland 6

Patrick Sellar was detested by the people for the awful work that he did. When he approached any village the people shook with fear and ran out of his way, like mice before a cat. The women went into hysteria and frenzy. One woman went so much out of her mind that she never regained her senses. When she saw someone whom she did not recognize she would yell with a fearful screech: "It's Sellar! It's Sellar!"

A complaint against Sellar was eventually sent to the Duchess and he was brought to court in Inverness, before the Red Lords, in 1816. But he suffered no penalty. Not many more than a quarter of the witnesses were called and those who were had the least to say against him. The jury comprised sheep farmers, lawyers and landowners. The witnesses were questioned in Gaelic, but translated evidence is not as strong or as effective as direct evidence in the language of the court, especially if the interpreter is incompetent or dishonest, and if he doesn't translate correctly or justly. The outcome was that Sellar was freed, because the jurors did not find him guilty.

Although the court did not declare him guilty, he was guilty in the eyes and opinion of the people. To this day his name is putrid in Sutherland. Not only that, there are old people at Barney's River who find his name loathsome and disgusting. There are old women at Barney's River, who can dance with ardour and mirth, and who sing a humorous, satirical and vituperative ditty composed about Sellar in Sutherland. You would think their heads would hit the rafters or the ceiling as they leap and spring from the floor while singing like thrushes in the bushes on a May morning.

Oh the black tinker! Oh the black tinker!
Oh the black tinker who raised the price of the land.
I saw a dream
And I wouldn't mind seeing it again;
If I saw it while awake
It would give me a day of mirth.

(31 Dùbhlachd 1892)

Cataibh 6

Bha Padruig Sellar 'na chulaidh-ghràin do'n t-sluagh leis an obair uamhasaich a bha e a' dèanamh. Nuair a thigeadh e a dh'ionnsaidh baile sam bith, bhiodh an sluagh air chrith leis an eagal, agus a' teicheadh às an rathad, mar na luchaidh rolmh 'n chat ; bhiodh na mnathan a' dol 'nam boile 's 'nam breislich, agus chaill aon bhean a ciall cho mòr 's nach d' thàinig i gu toinisg an dèidh sin. Nuair a chitheadh i duine sam bith air nach robh i eòlach, ghlaodhadh i a mach le sgread eagallaich, "O! sin Sellar! sin Sellar!"

Chuireadh mu dheireadh casaid air Sellar a dh'ionnsaidh na Ban-Iarla, agus thugadh gu cùirt e ann an Inbhir-Nis, air beulaibh nam Morairean Dearga air a' bhliadhna 1816. Ach cha d'rinneadh nì air an rathad peanais. Cha deachaidh mòran 's an ceathramh cuid de na fianaisibh a ghairm agus iad sin fhèin an fheadhainn aig am bu lugha bha ri ràdhainn 'na aghaidh. Bha an luchd deuchainn (the jury) air an dèanamh suas de thuathanaich mhòra chaorach, de luchd-lagha, agus de luchd-fearainn. Bha na fianaisean air an ceasnachadh ann an Gàidhlig; agus chan eil fianais eadar-theangaichte idir cho làidir, no cho èifeachdach, ri fianais dhìrich ann an cainnt na Cùirte, gu h-àraid ma bhitheas an t-eadar-theangair mì-thuigseach no mì-onarach, agus nach eadar-theangaich e gu ceart agus gu h-iomchaidh. B'e deireadh na cùise gun deachaidh Sellar a shaoradh, oir cha d'fhuair na deuchainnnearan ciontach e.

Ach ged nach d'fhuair a' chùirt ciontach e bha e ciontach ann am beachd agus ann an sùilibh an t-sluaigh. Oir gus an latha an diugh tha an t-ainm aige a' lobhadh ann an Cataibh, agus chan e mhàin sin, ach tha seann mhuinntir ann an Abhainn Bhàrnaidh a thàinig à Cataibh d'am bheil an t-ainm aige fhathast 'na ghràin agus 'na uamhas. Tha seann bhoireannaich aig Abhainn Bhàrnaidh, a nì dannsadh le mire-chatha agus le cridhealas, a' seinn luinneig-aigheir, aoiridh no òrain-càinidh a rinneadh air Sellar ann an Cataibh. Shaoileadh tu gum buaileadh na cinn aca na sparran, no cliath mhullaich an taighe, leis an leumartaich

A good fire burning
With Roy in the middle of it;
Young in prison
And iron shackles around Sellar's bones.

The grandfather of these women was born in 1733, a decade before Culloden. He was a deer-forester for the old Duke of Sutherland, Duke William. He never put trousers on his thighs. His house was set on fire and his family had a skirmish with the bailiffs. His daughter, big Jane, ripped up the sheriff's summons with her teeth. She had a daughter, little Jane, and when her mother's brother, Alasdair the fiddler, saw a constable's stick hitting the head of the sixteen-year-old girl, he jumped in and got a blow on the top of his own head. He had a lump on his skull for the rest of his life.

After that the elderly man John Sutherland was imprisoned in Dornoch. The Duchess released him but he had to leave the country and go to America. He came to Barney's River in Pictou where he lived until he reached the age of 105. In this country he was known as "The old man of the kilt" or "John Sutherland of the kilt." He died in the year 1840.

agus na sùrdagan a bhios iad a' gearradh air an ùrlar; agus iad a' seinn
mar smeòraichean feadh nam preas air madainn Chèitein.

Hò 'n ceàrd dubh! Hè 'n ceàrd dubh!
Hò 'n ceàrd dubh dhaor am fearann.
Chunnaic mise bruadar,
'S cha b'fhuathach leam fhaicinn fhathast;
Nam faicinn e 'nam dhùsgadh
Bu shùgradh dhomh e ri m' latha.
Hò 'n ceàrd &c.

Teine mòr an òrdugh
Us Roy ann 'na theis meadhain;
Young bhi ann am prìosan
'S an t-iarann mu chnàimhean Shellar.
Hò 'n ceàrd &c.

Rugadh sean-athair nam boireannach so air a' bhliadhna 1733,
deich bliadhna roimh linn blàr Chùil-lodair. Bha e 'na fhorsair
fhiadh aig an t-seann Iarla Chatach, Iarla Uilleam. Cha do chuir e
briogais riamh air a shlèisdnibh. Chuireadh an taigh aige ri theine,
agus bha tuasaid aig a theaghlach ris na maoir. Reub a nighean, Sìne
mhòr, sumanadh an t-siorraimh le a fiaclan. Bha caileag aice d'am
b'ainm Sine bheag agus nuair a chunnaic bràthair a màthar, Alastair
am fidhlear, bata chonstabaill a' tuiteam air ceann na caileige, aois
sia bliadhna diag, leum e staigh agus fhuair e am buille air mullach a
chinn agus bha cnuachd air a' chlaigeann riamh tuilleadh fad làithean
a bheatha.

An dèidh sin, chuireadh an seann duine, Iain Sutharlan, am prìosan
an Dòrnoch ach thug a' Bhan-Iarla a mach e, gidheadh b'èiginn da
an dùthaich fhàgail agus dol gu Ameireaga. Thàinig e gu Abhainn
Bhàrnaidh am Pictou far an robh e beò gus an do ràinig e aois ciad
bliadhna agus còig. 'S e 'n t-ainm fo'n robh e aithnichte san dùthaich
so "Bodach an fhèilidh" no Iain Sutharlan an fhèilidh. Fhuair e 'm bàs
air a' bhliadhna 1840.

(7 January 1893)

Sutherland 7

When Patrick Sellar was brought before the Law Lords he was accused of the following:

1. Fire-raising, by setting fire to a poor man's house, barn and other buildings, which led to the man's distress and death.

2. Knocking down and demolishing a mill where the people were grinding their meal.

3. Setting fire to the heath before the proper time, thus destroying what fed the animals in the spring.

4. Demolishing houses in which frail old people were bed-ridden; a thing that put their lives in danger and shortened the lifespan of some of them.

5. Knocking down and demolishing barns, sheepcotes and kilns where the tenants hardened the grain for meal.

6. Many other lesser charges.

In a letter written by Sheriff Robert MacKid to Lord Stafford, telling how he had to arrest Patrick Sellar and take him to court, he says: "It is seldom that any country was ever disgraced so much by such numerous and awful crimes committed by one man; and it is seldom that the courts of Scotland have been soiled by such."

Although Sellar got away from court without being sentenced, the Duchess nevertheless bade farewell to himself and Mr. Young, so they were no longer her managers or factors. She then called on Mr. Loch, Member of Parliament for the free burghs of the north, to be the Senior Manager, with Mr. Suttar as his assistant. Alas, this change was not of benefit or freedom for the poor people of Sutherland. It was like going from the embers into the burning fire. The new factors continued the process of depopulation, in the footsteps of Sellar and Mr. Young. They sent out arsonists with torches and three hundred houses could be seen in flames at the same time. Many of the small tenants were driven out of their houses in 1819 and 1820.

(7 Faoilleach 1893)

Cataibh 7

Nuair a thugadh Pàdraig Sellar air beulaibh nam Morairean b'iad so na nithean a chuireadh às a leth mar chionta.

1. *Cur a mach teine,* le losgadh taigh duine bhochd, maille ri shabhal, agus talghean eile, a bha 'na aobhar air trioblaid agus bàs a thoirt air.

2. *Leagail* agus cur às a cheile *muilinn,* far am bidh an tuath a' bleith an cuid mine.

3. *Cur teine ris an fhraoch* roimh an àm, nì a bha 'na chall da'n tuath, le bhi milleadh nan nithean air am biodh an sprèidh a' beathachadh san earrach.

4. *Leagail thaighean* anns an robh seann mhuinntir bhreòite air an leabaidh; nì a chuir am beatha ann an cunnart,agus a thaobh dream àraidh a rinn an làithean a ghiorrachadh.

5. *Leagail* sìos agus cur às a cheile *Shaibhlean,* thaighean chaorach, agus àthannan far am biodh an tuath a' cruadhachadh an sìl air son mine.

6. Mòran de choireannaibh eile na bu lugha.

Ann an litir a sgrìobh an Siorramh Raibeard MacKid a dh'ionnsaidh Morair Stafford, ag innseadh mar a b'èiginn da Pàdraig Sellar a ghlacadh agus a thoirt gu cùirt, tha e ag ràdh, "Is ainmig a bha dùthaich sam bith riamh air a maslachadh le eucoirean bu lìonmhoire, agus a b'uamhasaiche, a rinneadh le aon duine; agus is ainmig a bha cùirtean na h-Alba air an salachadh le 'n leithid sin."

Ged a fhuair Sellar às bho'n chùirt gun a bhi air a dhìteadh, gidheadh thug a' Bhan-Iarla cead da fhèin agus do Mhr. Young, air chor as nach robh iad tuilleadh 'nam Fir-ghnothaich, no 'nam *Factoran* aice. Ghairm i an sin air Mr. Loch, Fear-Pàrlamaid air son nan saor-bhailtean Tuathach, gu bhi 'na Ard-fhear-gnothuich, agus maille ris-san bha Mr. Suttar, mar fhear-cobhair fo a làimh. Ach mo thruaighe! Cha robh an t-atharrachadh so chum feum no saorsa do na Cataich bhochd. Cha robh e dhaibh ach mar às a' ghrìosaich da'n àmhainn

It was at this time that John Sutherland, of the kilt, came to Barney's River in Pictou. He and his two sons and three daughters came over that year. Angus MacKay, who was an elder at Barney's River, was married to Muriel, the youngest daughter of Kilted John. He came from the district of Clyne where Mr. Walter Ross was a minister. He was often heard telling funny stories about this minister who was more interested in recreation than in preaching. At certain times after the sermons he would give advance notice to the congregation, saying: "If tomorrow is wet we will have a prayer meeting in the church. If it is dry we will be chasing the foxes."

The ministers that the Patron foisted on the people of Sutherland against their will were mediocre and run-of-the-mill. Therefore they were of little benefit to the people. They allowed the big red Fox that they should be pursuing to ruin the flock and rip it apart.

theintich. Oir lean na *Factoran* ùra air obair an Di-làrachaidh, ann an cas-cheumaibh Shellair agus Mhr. Young. Chuir iad a mach luchd-losgaidh le leusan teine agus chìteadh trì chiad taigh 'nan lasraichean aig an aon àm. Chuireadh mòran de'n tuath bheag a mach às an taighean air a' bhliadhna 1819 agus air a' bhliadhna 1820.

B' ann mu 'n àm so a chuireadh air falbh Iain Sutharlan, an fhèilidh, a thàinig gu Abhainn Bhàrnaidh ann am Pictou. Thàinig e fhèin, agus dà mhac, maille ri triùir nighean, a nall air a' bhliadhna sin. Bha Aonghas MacAoidh, a bha 'na èildear aig Abhhainn Bhàrnaidh, pòsda ri Muireall, an nighean a b'òige aig Bodach an Fhèilidh. Thàinig e à Sgìreachd Chline far an robh Mr Bhaltair Ros 'na mhinistear. Is minig a chualas e ag aithris sgialachdan àbhachdach mu thimcheall a' mhinisteir so a bha na bu dèidheile air spòrs na bha e air searmonachadh. Aig amannan àraid an dèidh nan searmoin bheireadh e fios-rabhaidh do'n t-sluagh, ag ràdh: "Ma bhios an latha màireach fliuch bidh coinneamh ùrnuigh againn anns an Eaglais: ach ma bhios e tioram bidh sinn a' ruith 's a' ruagadh an t-sionnaich."

Cha robh ach ministearan mcadhonach, cuibheasach, anns an fheadhainn a bha am *Patron* a' fòirneadh agus a' sparradh a stigh a dh'aindeoin air an t-sluagh ann an Cataibh. Uime sin cha d' rinn iad mòran feum do'n phobull. An Sionnach mòr ruadh a bu chòir dhaibh a bhi a' ruith 's a' ruagadh, bha iad a' leigeil leis a bhi a' milleadh agus a' reubadh an treud.

(14 January 1893)

Sutherland 8

If Patrick Sellar was an ogre who frightened women out of their senses, Mr. Loch who replaced him was no better than him. It was during his regime that the largest number of Sutherland people in Pictou came across the ocean. They settled at Barney's River, Gairloch, Matheson Mountain and Earltown, as well as other different locations. Many of them came across between 1819 and 1831. At that time Lord Ramsay, the Earl of Dalhousie, was the Governor of the British territories in North America. It was for him that the Sutherland people gave the name Earltown to the new place in which they settled, on the southwest side of Pictou, in the county of Colchester. The place was a deserted forest without inhabitants until those people came over from Sutherland. But it was to their benefit, and especially to that of their descendants, that they got sanctuary in this new country. Bold men and erudite, ingenious scholars were reared in Earltown. Many were dedicated preachers of the gospel and others were doctors and lawyers.

George Gunn was with Mr. Loch as an assistant in the management of the state of the Duchess of Sutherland. They controlled the people with a rod of iron. It was Mr. Loch's intent, as he himself declared, that he would "not be satisfied until Gaelic and the Gaels were torn from their roots and every trace of them eradicated from the soil of Sutherland and from all of the Highlands also." Despite him and despite the Devil who was his master this has not yet happened. Though Mr. Loch's corrupt and corpulent body has been eaten by the beetles and maggots of the earth, Gaelic and the Gaels are still extant in Sutherland. One of them, Angus Sutherland, son of a Sutherland crofter, represents the County in the British Parliament. Even if Mr. Loch were to rise from the dead, as a horrid monster from the bottomless pit, he and the Duke of Sutherland would not dare to banish a single Gael from the country today, even if he wished to do so. But he made the land into a wilderness while he was on earth.

(14 Faoilleach 1893)

Cataibh 8

Ma bha Pàdraig Sellar 'na chulaidh uamhais a' cur mhnathan Chataibh à cochull an cridhe leis an eagal roimhe, cha b'e Mr. Loch a thàinig 'na àite idir a b'fheàrr na esan : oir b'ann ri linn a riaghlaidh-san a thàinig a nall thar a' chuain a' chuid a's mò de na bheil ri fhaotainn de mhuinntir Chataibh ann am Pictou. Shuidhich iad aig Abhainn Bhàrnaidh, Geàrrloch, Beinn nam Mathanach, agus Baile-an-Iarla, (Earltown), maille ri àitean eile thall 's a bhos. Thàinig mòran diubh a nall eadar na bliadhnachan 1819 agus 1831. Aig an àm so bha Morair Ramsaidh, Iarla Dalhousie, 'na Ard-Riaghladair air na Mòr-roinnean Breatannach ann an Aimereaga Tuath; agus air a shon-san thug na Cataich Baile-an-Iarla mar ainm air an àite ùr anns an do shuidhich iad, aig taobh siar-dheas Phictou, ann an siorramachd Cholchester. Bha an t-àite 'na choilltich fhàsail gun duine a' còmhnaidh ann gus an d'thàinig iad so a nall à Cataibh. Ach bu mhath dhaibh-san, agus gu h-àraid is math d'an sliochd gun d'thàinig iad agus gun d'fhuair iad fasgadh anns an dùthaich ùir so. Chaidh daoine tapaidh, sgoilearan foghlaimte, geur-inntinneach, àrach ann am Baile-an-Iarla ; agus tha mòran diubh 'nam ministearaibh foghainteach an t-soisgeil, agus cuid eile 'nan lighichibh agus 'nan luchd lagha.

Maille ri Mr. Loch bha Seòras Guinneach 'na fhear-cuideachaidh ann an riaghladh oighreachd na Ban-Iarla Chataich ; agus ma bhà, b'ann le slait iarainn a bha iad a' smachdachadh an t-sluaigh. Oir b'e rùn Mhr. Loch mar a bha e a' cur an cèill, "Nach biodh e riaraichte gus am biodh a' Ghàidhlig agus na Gàidheil air an spìonadh às am freumhaichean, agus gach bun us bàrr dhiubh air an dìtheachadh a mach à fonn Chataibh, seadh agus a' Ghàidhealtachd gu h-iomlan mar an ceudna." Ach ge b'oil leis fhèin agus leis an Diabhal a mhaighstir cha do thachair so fhathast. Agus ged a tha corp truaillidh, bronnach Mhr. Loch air itheadh suas, le daolagan agus cnuimhean an duslaich, tha a' Ghàidhlig agus na Gàidheil fhathast beò ann an Cataibh, agus tha fear dhiubh fhèin Aonghus Sutharlan, mac croiteir Cataich, 'na

In the eight years between 1812 and 1820 all of the glens and straths of the county of Sutherland were depopulated and abandoned as forlorn wastelands, where you cannot hear a human voice singing praise to God, though the land was once full of people who were happy, peaceful and comfortable, as godly folk who were genial and benign to each other. They had cattle, sheep, crops and everything that was useful for their daily lives. Regrettably, today you can only see senseless beasts, deer and sheep on the bens and in the fertile straths of the glens where Christ's people used to gather to worship the Lord of Glory.

Riochdaire air son na Siorramachd ann am Pàrlamaid Bhreatainn. Ged a dh'èireadh Mr. Loch bho na mairbh, mar uilebheist oillteil às an t-slochd gun iochdar, cha bhiodh a chridhe aige fhèin, no aig an Diùc Chatach, aon Ghàidheal fhògradh às an duthaich air an latha an diugh, ged a bhiodh a mhiann air sin a dhèanamh. Ach rinn e an tìr na fàsaich nuair a bha e air an talamh.

Ann an ochd bliadhna eadar a' bhliadhna 1812 agus 1820 bha an t-iomlan de ghlinn 's de shraithean shiorramachd Chataibh air an di-làrachadh agus air am fàgail 'nam fàsaich aonaraich, far nach cluinnear guth duine a' seinn cliù do Dhia, ged a bha an dùthaich aon uair làn sluaigh, a bha sona sìtheil air an deagh chothrom, 'nan daoine diadhaidh gràdhach càirdeil ri chèile. Bha crodh us caoraich us arbhar a' cinneachdainn dhaibh agus pailteas de gach nì a ta feumail air son na beatha a ta làthair. Ach mo thruaighe! Chan fhaicear an diugh ach brùidean gun chèill, fèidh agus caoirich air na beanntaibh agus air srathaibh torach nan gleann far am b'àbhaist do phoball Chriosd a bhi cruinneachadh gu adhradh a dhèanamh do Thighearna na glòire.

(21 January 1893)

Sutherland 9

The poor people of Sutherland were treated mercilessly and miserably. If it was all written and told it would make a large book containing a dismal and distressing story. We have neither space nor time to describe everything that happened in this paper, but we can mention one or two examples to describe the people's persecution and the demonic, inhumane nature of the brutal landlords who were harassing them.

A young man named Donald MacKay was prostrate with fever and they ordered him out of the house. He went outside in turmoil and lay down in bushes for a long time as he was becoming deranged. They set the house on fire and incinerated all of his possessions. A man called Robert MacKay had a family who were suffering from fever. He had to take them out and carry them to another place. He carried two girls a distance of twenty-five miles to the seaside. He took one of them first and went a short distance with her. He then left her lying on the ground and went back for the other one. In this way, by carrying one a certain distance and then returning for the other one, he conveyed them for twenty-five miles until he reached the coast where he put them aboard a ship that was returning to Caithness after unloading a cargo of lime that it had taken to Sutherland.

There was another old man, also named Robert Mackay, who ran away and hid in a mill which had been abandoned. He lay there unable to move until he eventually died. All he had to eat was the meal dust that he licked from the grain-hopper and the timber of the mill. He was saved by his dog from the rats and other animals that were there in abundance.

The entire family, seven or eight, of George Munro, a miller in the district of Farr, were stricken with fever at the same time. When he had to remove them the neighbours came to help him carry them to the barn, an excessively cold and damp place where they got shelter for a while when their house was set on fire. There were some sick people whom they could not remove quickly because they were in a

(21 Faoilleach 1893)

Cataibh 9

Bu chruaidh ain-iochdmhor an obair, agus bu truagh an càramh a rinneadh air na daoinibh bochda ann an Cataibh. Nam biodh gach nì air a sgrìobhadh agus air innseadh mu thimcheall sin dhèanadh e leabhar mòr anns am biodh eachdraidh dhoineach, mhuladach. Chan eil aon chuid rùm no tìm againn gus a h-uile nì a chur an cèill anns a' phaipeir so mar a thachair; ach faodaidh sinn samhailt no dhà ainmeachadh gu bhi foillseachadh fòirneart an t-sluaigh agus nàdar deamhna mi-dhaonna nan ain-tighearnan brùideil a bha 'gan sàrachadh.

Bha òganach d'am b'ainm Dòmhnall MacAoidh 'na laighe ann am fiabhras agus dh'òrdaich iad a mach às an taigh e; chaidh e a mach ann am breislich agus laigh e ann am preas rè ùine mhòir agus e às a chèill. Chuir iad an taigh ri theine agus loisg iad gach nì a bhuineadh dha. Bha duine d'am b'ainm Rob MacAoidh aig an robh a theaghlach 'nan laighe leis an teasaich. B'èiginn da an toirt a mach agus an giùlan air falbh gu àit' eile. Ghiùlain e dithis nighean da astar chòig mìle fichead a dh'ionnsaidh a' chladaich. Thug e leis tè dhiubh an toiseach agus chaidh e air adhart astar beag leatha; chuir e sìos 'na laighe air an làr i agus thill e an sin a dh'iarraidh na tè eile. Air an dòigh so, le tè mu seach a ghiùlan astar àraid agus tilleadh a dh'iarraidh na tè eile, ghiùlain e iad còig mìle fichead gus an d'ràinig e a' mhuir far an do chuir e iad air bòrd luinge a bha a' dol air a h-ais gu Gallaibh an dèidh dhi luchd aoil a chur air tìr leis an d'thàinig i gu Cataibh.

Bha seann duine eile ann d'am b'ainm Rob MacAoidh a theich gu fhalach fhèin ann am muileann a chuireadh air chùl. Laigh e an sin gun chomas gluasaid agus mu dheireadh fhuair e am bàs ann. Cha robh de bhiadh aige ach sadach na mine, a bha e ag imlich dhe 'n treabhailt agus dhe maidean a' mhuilinn; agus bha e air a theasairginn leis a' chù a bha maille ris bho na radain agus na biastan eile a bha air feadh a' mhuilinn.

Bha an t-iomlan de theaghlach Sheòrais Munro, muillear ann an sgìreachd Farr, sianar no seachdnar, 'nan laighe aig an aon àm

perilous condition, but their friends gathered them together and took them to a deserted bothy where they were left for some time. Their screams were mournful and pitiful as they shouted in anguish: "Are you going to leave us to burn in the flames?" However, the fire-raisers went past without seeing the bothy, and they were saved until they managed to carry them to the ship that was returning to Caithness.

These are only a few examples of the frightful work that was going on, but it's enough to show the spirit that governed these wicked, hard-hearted people. It was as if the pit of hell had been opened and the spirits of the pit let loose to harden the hearts of the landlords.

leis an fhiabhras. Agus nuair a b'èiginn da an cur a mach thàinig na coimhearsnaich 'ga chuideachadh gus an giùlan a dh'ionnsaidh na h-àtha, ionad funntainneach, fuaraidh, far an d'fhuair iad fasgadh rè tamaill nuair a chuireadh an taigh aca 'na theine. Bha àireamh de mhuinntir thinn nach b'urrainn iad a thoirt air falbh le cabhaig, do bhrìgh gun robh iad ann an staid chunnartach; ach thionail an càirdean iad ri chèile agus chuir iad ann am bothan uaigneach iad, far an d'fhàgadh iad rè ùine àraid. Bu chianail, muladach an sgreadail, ag èigheach a mach 'nan àmhghair, "O! am bheil sibh a' dol 'gar fàgail gu losgadh anns na lasraichibh?" Ach chaidh na losgadairean seachad gun am bothan fhaicinn, agus mar sin theàrnadh iad, gus an d'fhuaras an giùlan a chum na luinge a bha tilleadh air ais gu Gallaibh.

Chan eil an so ach beagan shaimpleirean de 'n obair dhèisinnich a bha dol air a h-adhart, ach is leòr e gu bhi nochdadh ciod an spiorad a bha 'g oibreachadh anns na daoinibh aingidh, cruaidh-chridheach ud. Bha e mar gum biodh sloc na h-ifrinn air fhosgladh, agus spioradan an t-sluic air an leigeil fuasgailte, gu bhi cruadhachadh cridhe nan uachdaran.

(11 February 1893)

Sutherland 10

The land was now a large desert in which nobody eligible to become soldiers lived. When Russia and Britain were at war nearly forty years ago the gentry called a meeting and gathered the people together. When the men understood they had been assembled to recruit soldiers who would go to the Crimea they began to imitate the bleating of sheep and the roaring of stags, shouting "Maa! maa! bu-o! bu-o!"

Then they shouted at the officers who were conscripting the soldiers: "Send the deer, the roe-bucks, the dogs, the shepherds and the deer-foresters to fight the Russians, for they never did us any harm." Mr. Loch the factor, along with an army officer, had been travelling around for six weeks to get soldiers, but they didn't find a single person who would agree to become associated with the military. When the Duke of Sutherland heard this disappointing report he left London and came to Dunrobin Castle in Sutherland. After appearing on the streets of Golspie and Brora he called a meeting of all the men in the three districts of Clyne, Rogart and Golspie.

At the Duke's call about four hundred men gathered at the time specified. The Duke arrived in his coach and soon afterward the army officers and factors arrived. The crowd gave shouts of mirth when they came, and the Duke sat on his chair. Three or four clerks sat round the table, writing, opening bulky bundles of Bank of England paper money and spreading out plates containing glistening yellow gold. The Duke arose and addressed the crowd: "It is necessary to go to war with Russia; the Emperor is a despot and must be stopped. The Queen is seeking soldiers to go to war against him and to keep him out of Turkey. I myself will give five English pounds to any young man who joins the Sutherland Regiment; if he joins another regiment I will give him three pounds, in addition to the Queen's money."

Then he sat down, but no one responded. They were as silent as the grave. He then said that he was surprised that no one was replying. Eventually an old man stood up, with the aid of a stick, and

(11 Gearran 1893)

Cataibh 10

Tha an dùthaich a nise 'na fàsaich cho mòr as nach 'eil daoine ri fhaotainn innte a nì saighdearan. Nuair a bha cogadh eadar Ruisia agus Breatann, bho chionn faisg air dà fhichead bliadhna, ghairm na h uaislean coinneamh, agus chruinnich iad an sluagh; ach nuair a thuig na daoine gur ann air son saighdearan fhaotainn a rachadh do'n Chrimea chun a' chogaidh a thionaileadh iad, 's ann a thòisich iad ri atharrais air mèilich nan caorach agus air geumraich nan damh, ag èigheach a mach "Maa! maa! bu-o! bu- o!"

A-rithist ghlaodh iad ris na h-oifigich a bha a' gabhail nan saighdearan: "Cuiribh na fèidh agus na buic-earba, na reitheachan, na coin 's na ciobairean agus forsairean nam fiadh a chogadh ris na Ruiseinich, oir cha d'rinn iad cron riamh oirnne." Bha Mr. Loch am factor, agus oifigeach airm, a' siubhal fad shia seachdainean, air son saighdearan fhaotainn, ach cha d' fhuair iad aon duine a ghabhadh os laimh e fèin a cheangal ri dhol da 'n t-saighdearachd. Nuair a chual' an Diùc Catach an sgiala muladach so, dh'fhàg e Lunnainn agus thàinig e gu Cataibh, gu caisteal Dhun-robainn. An dèidh dha e fèin a nochdadh air sràidibh Ghoillspidh agus Bhrùra, ghairm e coinneamh de na bha de dhaoinibh anns na trì sgìreachdan, Cline, Roghairt, agus Goillspidh.

Air gairm an Diùc chruinnich mu thimchioll ceithir chiad fear, aig an uair a shònraicheadh. Thàinig an Diùc 'na charbad, agus an ceann beagan ùine thàinig na h-oifigich-airm agus na *factoran*. Rinn an sluagh iolach aighir nuair a thàinig iad, agus shuidh an Diùc air a chathair. Bha trì no ceithir de chlèirich sgrìobhaidh timchioll a' bhùird 'nan suidhe, a' fuasgladh phasganan tomadach de dh'airgead pàipeir Banc Shasainn, agus a' sgaoileadh a mach thruinnsearan làn de dh'òr buidhe, dealrach. Dh'èirich an Diùc agus labhair e ris an t-sluagh mar so: "Is èiginn dol a chogadh ri Ruisia: tha an t-Impire 'na aintighearna, agus feumar casg a chur air. Tha a' Bhanrighinn ag iarraidh shaighdearan gu cogadh ris, gus a chumail às anTuirc. Gille òg sam bith a ghabhas anns an Rèiseamaid Chataich, bheir mi fèin dha sia puinnd Shasannach; no ma ghabhas e ann an rèiseamaid eile, bheir mi dha trì puinnd, air chùl airgead na Ban-righinn."

said: "I am sorry, Duke, that no one is speaking, but since you want to know the reason, I must tell you why no one wishes to say anything. When your grandmother first established the Sutherland Regiment, 1,500 men assembled in forty-eight hours and she selected the 900 that she wanted. But your own mother, and her factors, banished the people from the glens and straths in which hundreds of heroes were living, and they filled the land with dumb animals. Although the Russian Empire were to come and capture Dunrobin Castle, and the magnificent house of Stafford, we would not expect that he would treat us as ruthlessly as was already done by the family of the Duke of Sutherland. The Russians never did us any harm. How can one get soldiers where there are no men? But there is one good thing. If you cannot get people to go to the army you can get plenty of mutton, beef and venison to feed those who go to war."

When the Duke heard this he stood up, donned his hat, gathered up his money and gold, and went on his way.

Sutherland, like the rest of the Highlands, was once full of people. It had strong and heroic men who were brave soldiers, fighting for the kingdom's cause against Britain's enemies, especially against the French when strife and turmoil occurred there a hundred years ago, and when Napoleon Bonaparte nearly took control of the world. But woe is me! The land is now a wilderness where you can scarcely find men who are fit to be soldiers.

One can only see pitiful, poor, pathetic wretches, quivering with fear of the faces of those who are oppressing them and who have ruined them. These pitiful creatures can be found in crowded clusters close to the sea, here and there. Each family has an acre or two of moorland which they prepare in order to make it suitable for growing potatoes. In the Spring they plant a few potatoes which they will have in the autumn to feed the family, along with the herring which they catch in the sea with their nets. In the summer the young and strong people go to Caithness and the Lowlands of southern Scotland, and some to England, to get work. They carefully save the wages that they earn from their toil so that they can send it home as relief for their relatives in Sutherland. This is spent, however, at the time of paying

Shuidh e an sin, ach cha do fhreagair duine. Bha iad tosdach mar an uaigh. Thuirt e an sin gun robh iongantas air nach robh neach a' freagairt. Mu dheireadh dh' èirich seann duine air a' bhata, agus thubhairt e: "Tha mi duilich, a Dhiùc, nach 'eil duine air bith a' labhairt, ach bhon a tha sibh ag iarraidh fios an aobhair nach 'eil, is èiginn domh innseadh a chionn nach àill le fear eile sin a dhèanamh. Nuair a chuir bhur sean-mhathair an Rèiseamaid Chatach air a bonn an toiseach, chruinnich còig ciad deug sluaigh ann an dà fhichead uair 's a h-ochd, às an do thagh i na naoidh ciad fear a bha i ag iarraidh. Ach rinn bhur màthair fèin, agus a cuid factoran, an sluagh fhògradh às na glinn, agus na srathaibh anns an robh na ciadan gaisgeach a' còmhnaidh, agus lìon iad an dùthaich le brùidibh balbh. Gcd a thigeadh Impire Ruisia agus a ghlacadh e Caisteal Dhun-robainn, agus tigh greadhnach Stafford, cha bhiodh dùil sam bith againn gum buineadh e ruinne air dòigh na b'ain-iochdmhoire, na rinneadh mar thà, le teaghlach Diùc Chataibh. Cha d'rinn na Ruiseinich riamh cron sam bith oirnne. Ciamar a gheibhear saighdearan far nach eil daoine? Ach tha aon mhathas ann, mar faighear daoine gu cogadh, gheibh sibh gu leòr de mhuilt-fheòil, de mhairt-fheoil, agus de shithinn fhiadh a bheathaicheas an dream a thèid a chogadh."

Nuair a chual' an Diùc so dh'èirich e 'na sheasamh, chuir e an ad air a cheann, thrus e leis a chuid airgid us òir, agus dh' imich e roimhe.

Bha Cataibh, mar a' chuid eile de 'n Ghàidhealtachd, aon uair làn sluaigh; daoine foghainteach treun, a bha 'nan saighdearaibh gaisgeil, a' cogadh ann an aobhar na rìoghachd ri naimhdibh Bhreatainn, agus gu h-àraid an aghaidh nam Frangach, nuair a dh'èirich aimhreit agus troimhe chèile an sin, bho chionnn chiad bliadhna roimhe so, agus a theab Napoleon Bonapart an saoghal a chur fodha fhèin. Ach mo thruaighe! Tha an tìr an diugh 'na fàsaich; is gann a gheibhear daoine innte freagarrach, no iomchaidh, air son shaighdearan.

Cha'n fhaicear ach deòiridhean truagh, bochd, dìblidh, a' crith leis an eagal roimh ghnùis nan deamhan a tha ri fòirneart orra, agus a rinn an creach. Gheibhear na creutairean dìblidh so 'nan grunnaibh air muin a chèile, aig taic na mara, an sud agus an so, agus acair no dhà de dh'fhearann mòintich aig gach teaghlach, a tha iad a' rèiteachadh

the rent to the landlord, in order to get permission to stay on the moorland acreage. If the rent is not paid they will be removed from their houses and the country.

Now that things are like this, thousands and hundreds of acres of land are derelict, and occupied by sheep and deer. This land is good fertile territory that was once worked by attentive farmers who had cattle and sheep, along with an abundance of the good things of this life and everything that was useful in supporting their families.

Folk tradition has it that Sallow Kenneth, the Brahan Seer, or some other soothsayer, said "that the jaw-bone of the sheep will put the plough on the hen-roost." It appears that this was done without clemency or concern in every part of the Highlands. Another seer said that "the time would come when the land would have rent, double rent, treble rent, and ultimately no rent at all." The first part of the prophecy happened but the rest is still to be accomplished. The poor Highlanders need that the land be rent-free, and that the thieves and robbers who grabbed their land by force be made accountable for their stewardship. It is not right that they should still be stewards, for they criminally squandered wealth that was entrusted to them. They abused land that was not exclusively theirs but belonged to the people who had lived on it in ages past. The sooner this happens, the better for the Gaels. The Highlands belong to the Gaels, for God gave it to them in the beginning in the course of Providence.

air son talamh buntàta a dhèanamh dheth, far am bheil iad a' cur beagan buntàta san Earrach a bhios aca nuair a thig am fogharradh air son beathachaidh an teaghlaich, maille ris an sgadan a ghlacas iad anns a' mhuir le 'n liontaibh. Anns an t-samhradh tha a' mhuinntir òg agus làidir a' triall gu Gallaibh, agus Galldachd an taobh deas de dh'Albainn, agus cuid gu Sasann, air son cosnaidh fhaotainn; agus an tuarasdal a tha iad a' faotainn air son an saoithreach, ghlèidh iad gu cùramach gus a chur dhachaidh gu furtachd air an càirdibh aig an taigh an Cataibh. Ach tha so air a chosg an àm pàigheadh a' mhàil do'n uachdaran, air son cead faighinn gu fuireach air na h-acairibh mòintich, oir mur pàighear am màl, thèid am fogradh às na taighean agus às an tìr.

A nise nuair a tha na nithean so mar so tha na mìltean agus na ciadan mìle acaire fearainn 'nam fàsaich, fo chaoirich agus fo fhèidh; tha am fearann so 'na fhearann math tarbhach, a bha aon uair air a threabhadh agus air oibreachadh le tuathanaich ghoireasach, aig an robh crodh agus caoirich, maille ri pailteas de nithibh maithe na beatha so, agus gach nì a ta feumail air son cumail suas an teaghlaichean.

Tha e 'na bheulradh am measg an t-sluaigh gun robh Coinneach Odhar am fiosaiche, no fiosaiche air chor-eigin eile, ag ràdh, "gun cuireadh peirceall na caorach an crann air an fharadh." Tha e coltach gun d'rinneadh so gun mheachannas, gun fhathamas anns gach ceàrna de'n Ghàidhealtachd. Bha fiosaiche eile ag innseadh "gun tigeadh an t-àm anns am biodh am fearann air màl, air dà mhàl, air trì màil, agus ma dheireadh gun mhàl idir." Thachair a' cheud chuid de 'n fhiosachd, ach tha chuid eile fhathast gun choilionadh. Tha feum aig na Gàidheil bhochda gum faigheadh iad am fearann gun mhàl idir, agus gum biodh na meàirlich agus na robairean a ghlac am fearann aca leis an làimh làidir air an gairm gu cunntas a thabhairt às an stiùbhartachd, oir chan 'eil e iomchaidh iad a bhi nas fhaide nan stiùbhardaibh, a chionn gun d'rinn iad ana-caitheamh eucorach air a' mhaoin a dh'earbadh riutha, agus mì-bhuil de'n fhearann nach buineadh dhaibh-san a mhàin, ach mar an ciadna do'n t-sluagh gu h-iomlan a bha còmhnaidh air anns na linnibh bho chian. Mar is luaithe thachras so is ann as feàrr a' chùis do na Gàidheil. Buinidh a' Ghàidhealtachd do na Gàidheil, oir thug Dia dhaibh i air tùs ann an cùrsa Fhreasdail.

PROPHECY

The Brahan Seer

In times past the Gaels and other people used to believe in clairvoyance or "second sight," as they called it. Seventy years ago, when this writer was a little boy in Glenaladale in Moidart, living in the house in which Prince Charlie had slept when he was on his way to Glenfinnan where he raised his banner in 1745, he heard many stories about second sight for there were many visionaries with that faculty in Moidart at that time.

In Lochaber, after leaving Moidart, he often heard about Sallow Kenneth the Seer, a famous prophet who lived long ago in the north of Scotland. It is likely that many of the Gaels raised in Cape Breton did not hear about this, and for their information we can give an account in this paper based on what Alexander MacKenzie told in the book that he wrote about him.

Kenneth son of Kenneth, or Sallow Kenneth, was born in Baile na Cille in the district of Uig in the Isle of Lewis at the beginning of the 17th century, when James the Sixth of Scotland, or James the First of England, was king of Britain, Ireland and the Isle of Man. Little is remembered about his youth, except for his teenage years before the age of twenty, before he found the Sorcery Stone with which he could foretell what would happen in the future.

Some say that this is how he found the stone. One evening, according to oral tradition, his mother was herding the cattle at a sheiling on the side of a hill called Cnoc-Eothail, above the Baile na Cille cemetery in Uig. At the dead of midnight she saw every grave in the cemetery opening and a large crowd of people rising from them, small and big, old and young, from baby to grey-haired grandfather, and leaving the cemetery in different directions. After an hour they returned and went into the graves again. Each grave closed as it was

FÀISNEACHD

(25 Gearran gu 8 Giblean 1893)

Coinneach Odhar am Fiosaiche

Anns an àm a chaidh seachad b'àbhaist do na Gàidheil agus do mhuinntir eile a bhi creidsinn gu mòr ann an "Taibhsearachd", no an "Dà shealladh," mar a theireadh iad. Bho cheann trì fichead bliadhna agus a deich, nuair a bha an sgrìobhadair so 'na ghiullan beag ann am Mùideart, ann an Gleann Alladail, a' fuireach anns an taigh far an do chaidil am Prionnsa Teàrlach, nuair a bha e air a thuras gu Gleann Fhionghain, far an do chuir e suas a bhratach ri crann anns a' bhliadhna 1745, is iomadh sgiala agus beulràdh a chual' e mu dheidhinn taibhsearachd, oir bha taibhsearan ann am Mùideart glè lìonmhor aig an àm sin.

Ann an Lochabar, an dèidh dha Mùideart fhàgail, bu tric a chual' e iomradh air Coinneach Odhar am Fiosaiche, taibhsear ainmeil a bha bho shean ann an taobh tuath na h-Alba. Theagamh nach cuala mòran de na Gàidheil a thogadh ann an Ceap Breatann mu thimcheall so, agus air son fiosrachaidh dhaibhsan faodar beagan aithris anns a' phàipear so a rèir a' chunntais a chuir Mr Alasdair MacCoinnich a mach mu dheidhinn anns an leabhar a sgrìobh e uime.

Rugadh Coinneach mac Choinnich, no Coinneach Odhar, am Baile na Cille, an sgìreachd Uige an Eilean Leòdhais, mu thoiseach na seachdamh ciadbhliadhain deug mu 'n àm anns an robh Seumas-a-Sia bho Albainn, no Seumas a h-Aon air Sasainn, 'na rìgh air Breatainn agus air Eirinn us Manainn. Chan eil a bheag sam bith air chuimhne mu làithean òige, ach a mhàin nuair a bha e anns na deugan, mun robh e fichead bliadhna dh'aois, mun d'fhuair e Clach na Fiosachd, leis am b'urrainn dha innseadh ciod a thachradh anns an àm ri tighinn.

Fhuair e a' chlach air an dòigh so mar their cuid. Bha a mhàthair air feasgar àraid, a rèir a' bheulràite, a' buachailleachd a' chruidh air an àirigh air leacainn aonaich ris an abairteadh Cnoc-Eothail, os

before. Kenneth's mother went near the cemetery and noticed one grave that was still open. Since she was an audacious and courageous woman she decided to find out why this grave was open when the others had closed. She ran and put the distaff across the open grave (for she had heard that the spirit could not re-enter the grave as long as the distaff was across it).

After a while a beautiful maiden came swimming through the sky from the north towards the cemetery. When she arrived she said to the woman: "Lift your distaff from my grave and let me return to my abode." "I will do that," said the other one, "if you tell me what kept you behind the rest. The wraith replied: "I will do that without hesitation. My journey was longer than that of the others, for I had to go to Norway. I am the daughter of the King of Norway. I was drowned while bathing in that country. My body came ashore on the beach down below us and I was buried in this grave. In memory of me and as a reward for your bold courage I will give you a special and precious hidden treasure. Go to the loch over there and you will find a small, round, blue stone. Give it to your son Kenneth and with it he will predict things that will happen in the future."

She did as she was told, found the stone, and gave it to Kenneth. As soon as he got it he had the power of prophecy and his reputation as a seer spread throughout the country. The nobility and the common people would come to him for predictions.

There are many folktales about how Kenneth got the stone. One says that he was a farmer's servant and that the farmer's wife resented him for his derisive and sarcastic language. One day he was cutting peat with the peat-iron far from home and they had to send him his dinner. The farmer's wife put poison in the dinner to get rid of him. Before the dinner arrived he sat down for a rest and fell asleep. He was awakened suddenly and felt something cold on his chest. He put his hand on it and found a little white stone with a hole in the centre. He looked through the hole and saw a vision of the wicked plot of his master's wife. He gave the dinner to the dog and the dog died in agony.

Another tale says that he was cutting peat and that he sat down for a rest while he waited for his wife to come with his dinner. He

cionn cladh Baile na Cille, an Uige. Mu mharbh mheadhan-oidhche chunnaic i a h-uile uaigh 's a' chladh a' fosgladh agus dòmhlas mòr sluaigh ag èiridh às na h-uaighibh, beag us mòr, sean us òg, bho naoidhean gu sean athair liath, agus a' falbh gach rathad às a' chladh. An ceann uarach de thìm thill iad air an ais agus chaidh iad a staigh do na h-uaighibh a rithist, agus dhùin gach uaigh mar a bha i roimhe. Thàinig màthair Choinnich am fagus do'n chladh, agus thug i fainear aon uaigh a bha fosgailte fhathast. A chionn gum bu bhoireannach dalma, smiorail i, chuir i roimpe gum biodh fios aice carson a bha an uaigh seo fosgailte nuair a dhùineadh càch. Ruith i agus chuir i a' *Chuigeal* tarsainn air beul na h-uaghach (oir chual' i nach b'urrainn do'n spiorad dol air ais a steach do'n uaigh fhad's a bhiodh a' chuigeal tarsainn oirre).

An ceann beagan ùine thàinig rìbhinn àlainn, a' snàmh troimh 'n iarmailt bho thuath a dh'ionnsaidh a' chlaidh. Air teachd dhi thubhairt i ris a' mhnaoi, "Tog do chuigeal bharr m' uaigh agus leig dhomh dol air m' ais gu m' àros." "Nì mi sin," arsa an tè eile, "ma dh'innseas tu dhomh ciod e a chùm thu air dheireadh air càch." Fhreagair an Taibhse, "Innsidh mi sin duit gun dàil. Bha mo thuras na b'fhaide na turais chàich, oir bha agam ri dhol do Lochlainn a Tuath (Norway). Is mise nighean Rìgh Lochlainn; bhàthadh mi nuair a bha mi 'gam fhairigeadh san tìr sin; thàinig mo chorp air tìr air a' chladach so shìos fodhainn, agus thiodhlaiceadh mi anns an uaigh so. Mar chuimhneachan orm-sa agus mar dhuais duit fhèin air son do threun-mhisnich, bheir mi dhuit falachan sònraichte luachmhor. Falbh agus gheibh thu anns an loch ud thall clach bheag, chruinn, ghorm; thoir i sin do d'mhac Coinneach, agus leatha innsidh esan nithean a thachras an dèidh an àm so."

Rinn i mar a dh'iarradh oirre; fhuair i a' chlach agus thug i seachad i do Choinneach a mac. Cha bu luaithe fhuair e a' chlach na thàinig feart na fiosachd thuige, agus sgaoileadh a' chliù mar fhiosaiche feadh na dùthcha. Bhiodh uaislean us ìslean a' tadhal air agus a' tighinn thuige air son fiosachd.

Ach tha iomadh beulràite eile mu'n dòigh anns an d'fhuair Coinneach a' chlach. Tha aon ag ràdh gun robh e 'na sheirbhiseach aig tuathanach, agus gun robh diomb aig bean an tuathanaich ris airson a bhriathran beurra, sgeigeil. Air latha sònraichte bha e a' gearradh

fell asleep and when he awoke he felt something hard under his head. He found a small round stone with a hole in the middle and he looked through the hole. He saw his wife approaching with a dinner of flummery and milk which, unknown to her, was poisoned by the master's wife. Although Kenneth got the power of prophecy from the stone, he lost the sight of the eye with which he had looked through the hole and was one-eyed thereafter.

In his book *Scenes and Legends* Hugh Miller says that his master's wife came to him with a poisoned dinner. She found him asleep on top of a fairy knoll and, instead of wakening him, she lost her nerve, left the pail or basin beside him, and returned home. He awoke, but before taking his dinner he felt something hard on his chest. He put his hand on it and pulled out a beautiful round stone from which he learned about the woman's evil intent for him.

According to every tale it appears that there was a stone, and that Kenneth used it to make people believe that he had the gift of prophecy. We do not believe that the stone had any power of prediction, though it might have been a smooth, beautiful, blue-white stone with a hole in the middle, like pretty stones that we saw on the shores of Iona and Mull.

When Kenneth got the stone of prophecy his reputation as a seer spread across the land and people came to him from far and wide to get information on the future. About 150 years before the Caledonian Canal was built between Inverness and Inverlochy Kenneth said: "Though you find it strange now, the day will come, and it's not far off, when English ships will be seen being pulled by ropes of hemp past Tomnahurich." He also said: "The day will come when there will be a big road through the hills of Ross, from sea to sea, with a bridge on every stream," or "a ribbon on every knoll and a bridge on every brook." Also: "The day will come when the big sheep will fill the land, until they reach the sea in the north." "There will be a mill on every river and a white house on every hillock." "There will be a shoulder-belt across every hill." "A hornless dun cow will enter the big place and let out a bellow that will blow the six corners of the dyke-house." It is thought that he meant a steam-ship.

mòine leis an torraisgein fada bho 'n taigh agus b'èiginn an dinneir a
chur thuige; chuir bean an tuathanaich puinnsean anns an dinneir gu
cur às da. Ach mun d'thàinig an dinneir shuidh e a leigeil analach agus
thuit e 'na chadal. Dhùisgeadh e le cabhaig, oir dh'fhairich e rud fuar
air a bhroilleach. Chuir e a làimh air agus fhuair e clach bheag, gheal,
agus toll 'na teis-meadhain. Sheall e troimh 'n toll agus chunnaic e
sealladh air ais-innleachd na bana-mhaighstir. Thug e an dinneir do'n
chù agus fhuair an cù am bàs gu dòrainneach.

Tha beulràite eile ag ràdh gun robh e a' gearradh mòine agus gun
do shuidh e gu anail a leigeil a' feitheamh gus an tigeadh a bhean fhèin
d'a ionnsaidh leis an dinneir. Thuit e 'na chadal agus nuair a dhùisg
e dh'fhairich e rud cruaidh f'a cheann. Fhuair e an sin clach bheag
chruinn agus toll troimh a meadhan; thog e i agus sheall e troimh an
toll. Chunnaic e a' bhean aige fhèin a' tighinn d'a ionnsaidh le dinneir
cabhraich agus bainne, air a puinnseanachadh, gun fhios di-se, le a
bana-mhaighstir. Ach ged a fhuair Coinneach feart na fiosachd leis a'
chloich, chaill e sealladh na sùla leis an d'amhairc e troimh an toll,
agus bha e riamh tuilleadh cam, no aonsuileach, an dèidh sin.

Tha Aoidh no Uisdean Muillear ag ràdh, anns an leabhar aige,
"Scenes and Legends", gun d'thàinig a bhana-mhaighstir d'a ionnsaidh
le dinneir phuinnseanaichte. Fhuair i e 'na chadal air mullach sìthein,
agus an àite dhùsgadh, chaill i a misneach, dh'fhàg i am meadar, no
a' mhias, ri a thaobh agus thill i dhachaidh. Dhùisg esan, ach mun do
ghabh e an dinneir dh'fhairich e rud cruaidh 'na bhroilleach. Chuir e
làmh air agus thug e mach clachag chruinn bhòidheach leis an d'fhuair
e fios mu'n droch cleas a rinn a bhan-mhaighstir air.

A rèir gach ràite tha e coltach gun robh a' chlach ann, agus
gun robh Coinneach 'ga cleachdadh gu bhi toirt a chreidsinn air an
t-sluagh fiosachd a bhi aige. Chan eil sinne a' creidsinn gun robh feart
fiosachd air bith anns a' chloich, ged a dh'fhaodadh i bhi na cloich
mhìn, bhòidhich, ghorm-gheil agus toll innte cuideachd coltach ri
clachan bòidheach a chunnaic sinn air cladach Ì Chaluim Chille agus
Eilean Mhuile.

Nuair a fhuair Coinneach clach na fiosachd sgaoileadh a chliù
feadh na tìre mar fhiosaiche, agus bhiodh feadhainn a' tighinn thuige

Here's another prophecy: "The day will come when the jawbones of the big sheep will put the plough on the roost. When the big sheep are so plentiful that the bleating of one can be heard by the other, from Conachra in Lochalsh to Bundaloch in Kintail, they will be at their top price. After that they will decrease until they disappear, and they will be forgotten so much that the jawbone of a sheep, or whatever animal it belonged to, will not be recognized when found on a cairn. The old aristocracy will leave the land and be replaced by Lowland merchants. All of the Highlands will be one large deer-forest. The country will be so short of people, and so deserted, that a cockcrow cannot be heard north of Drumochter. The people will emigrate to distant islands that cannot be seen today but are found out in the Atlantic. After that the deer and the other wild animals will be destroyed and drowned by the dark elements. Then the people will return and take possession of the land of their ancestors."

Another prediction: "The Gaels will go to America but they will return to their own country." A portent regarding MacLeod of Raasay said: "When these people come – fair-haired MacDonald, red-haired Fraser, squint red Chisholm, big deaf MacKenzie, and bandy-legged MacLeod, the great-grandson of little John of Ruigeath and the worst MacLeod ever – I will not be there and I would not wish to be." The prophecy was fulfilled. MacLeod, the grandson of little John, was so extravagant that he squandered the estate of his forebears. The others mentioned were his contemporaries and they had the features noted by the seer.

He also gave this warning: "When the Fearn river subsides three times, and a shelled salmon is caught at the bottom, that will be a painful trial." The Fearn river has subsided twice, the last time in 1826 when there was a severe drought. The wood caught on fire in Miramichi also and many houses were burned. Sixteen years ago a "shelled salmon," or sturgeon, was caught in the river-bed. "The people will become so faint-hearted that they will escape from the country before an army of sheep." It happened; the land was given to sheep and the people left.

Kenneth made a notable prediction about the MacKenzies of Fairburn and Castle or Tower of Fairburn: "The day will come when

às gach àite air son fios fhaotainn mu thimcheall na teachd-ùine. Mu thimcheall ciad gu leth bliadhna mu 'n do rinneadh an t-slighe-uisge, no an caolas-cladhaichte, eadar Inbhir Nis agus Inbhir-Lòchaidh, (an *Caledonian Canal*), thuirt Coinneach, "Ged is iongnadh leibhse an diugh e, thig an latha, 's chan eil e fad às, anns am faicear làraichean Sasannach ('s e sin longan) air an tarraing le srianan còrcaich seachad air cùl Tom na h Iùraich." Thuirt e mar an ciadna, "Thig an latha far am bi rathad mòr troimh bheanntan Rois, o mhuir gu muir, agus drochaid air gach allt," no "ribean air gach cnoc agus drochaid air gach alltan." Mar an ciadna, "Thig an latha anns an lìon na caoirich mhòra an tìr, gus am buail iad a' mhuir gu tuath." "Bidh muileann air gach abhainn agus taigh geal air gach cnocan." "Bidh criosan guaille tarsainn air gach sliabh." "Thig bò mhaol odhar a stigh an t-Àite mòr, agus leigidh i geum aiste a chuireas na sia beannagan dhe an Taigh-Dhìge." Saoilear gur e bàta-smùid a tha e ciallachadh.

So fiosachd eile, "Thig an latha anns an cuir peirceall nan caorach mòra an crann air an fharadh. Nuair bhios na caoirich mhòr cho lionmhor us gun cluinnear mèilich an dara tè dhiubh leis an tè eile, bho Chonachra, ann an Loch-Aillse, gu Bun-dà-Loch, an Ceann-Tàile, bidh iad aig an àirde 'nam prìs, agus an dèidh sin thèid iad air an ais gus am falbh iad uile às an t-sealladh, agus thèid iad air dìochuimhne cho mòr is nach aithnichear peirceall caorach a gheibhear air càrn, no ciod am beathach d' am buineadh e. Falbhaidh na seann Tighearnan às an tìr, agus thig ceannaichean Gallda 'nan àite, agus bidh a' Ghàidhealtachd uile gu lèir 'na h-aon fhrìth mhòr fhiadh. Bidh an dùthaich cho gann de shluagh, agus cho fàs, as nach cluinnear gairm coilich gu tuath air Druim Uachdair. Theid an sluagh air imrich gu eileanaibh cian, nach fhaicear an diugh, ach a gheibhear a mach anns a' Chuan Mhòr. An dèidh sin sgriosar agus bàthar na fèidh, agus na fiadh bhèistean eile leis na siantan dubha. Thig an sluagh an sin air an ais agus gabhaidh iad seilbh air fearann an sinnsearachd."

Fiosachd eile, "Thèid na Gàidheil gu Aimeireaga, ach thig iad air ais fhathast gus an tìr fhèin." Mu thimcheall MhicLeòid Rathasaidh so fiosachd, "Nuair a thig Mac Dhòmhnaill Duibh bàn, MacShimidh ceann-dearg, Siosalach claon ruadh, MacCoinnich mòr bodhar, agus Mac Gille-Chaluim cam-chasach, iar-ogha Iain bhig à Ruigeath, 's e

the MacKenzies of Fairburn will lose all of their land, and that branch of the clan will disappear so that none of them is left on the face of the earth. The castle will be derelict and deserted, and a cow will give birth to a calf in the upper room of the tower." All of this happened just as he had forecast. This branch of the Clan MacKenzie lost all of their possessions and the cow delivered a calf in the upper chamber.

A few years ago the tower was abandoned. The doors rotted and fell down, one by one, until there was no door on the big winding stair from the bottom to the top. This stair was made of stone and was therefore strong and durable. Recently the farmer who had the place on lease stored fodder in the upper room. Some of the straw fell on the stair when they were carrying it up. One day a cow came to the door of the tower and, since the door was open, she went inside and began to gather and eat the straws that were scattered on the stair. She continued to do this as she went step by step of the stair until she reached the top. She went into the room, still eating the straw, but since she was expecting a calf she could not descend the stair. So they left her there until she gave birth to beautiful and healthy calf. They left the cow and the calf there for some time and many people went from Inverness to see them. Kenneth's prophecy was fulfilled to the letter.

Kenneth said: "A hairless dark-skinned girl will be born behind the Gairloch church." This happened during a gathering of people. A young woman, who was in the congregation at the back of the church, suddenly went into labour. Before they could carry her away from the place she gave birth to the "hairless dark-skinned girl." This child's descendants are to be seen and found in Gairloch to this day. So Kenneth's conjecture has come to pass.

He also made a prediction about MacLeod of Dunvegan: "When Norman of the Three Normans, son of the thin, hard Englishwoman, dies accidentally; when MacLeod's Maidens are sold to one of the Campbells; when a vixen gives birth to a pack of pups in one of the highest rooms of the castle; and when the Fairy Flag is exposed for the last time, MacLeod's congeniality will vanish. Most of the estate will be sold to strangers. The clan will be so sparse that a small

sin am Mac Gille-Chaluim a's miosa thàinig no thig; cha bhi mi ann ri a linn, 's cha 'n fheàrr leam air a bhith." Thachair an nì so; oir b'e am Mac Gille-Chaluim so, iar-ogha Iain bhig à Ruigeath, agus bha e cho struidheasach us gun do chaith e oighreachd a shinnsirean; agus bha na tighearnan eile chaidh ainmeachadh 'nan comhaoisean do Mhac Ghille-Chaluim so, leis na comharran orra a dh' innis am fiosaiche.

So fiosachd eile, "Nuair a thraoghas abhainn na Manachainn trì uairean, agus a ghlacar Bradan Sligeach air grunnd na h-aibhne, is ann an sin a bhitheas an diachainn ghoirt." Thiormaich abhainn na Manachainn cheana dà uair, an uair mu dheireadh air a' bhliadhna 1826, nuair a bha tiormachd mhòr ann; chaidh a' choille 'na teine ann am *Miramichi*, agus loisgeadh mòran thaighean ann mar an ciadna; agus bho cheann sia bliadhna diag ghlacadh 'Bradan Sligeach,' no Stirean no Stiorrach (Sturgeon) ann an grunnd na h-aibhne. "Fàsaidh an sluagh cho tais us gun teich iad às an dùthaich roimh armailt chaorach." Chuireadh an tìr fo chaoirich, agus dh' fhalbh an sluagh.

Rinn Coinneach fiosachd chomharraichte mu thimcheall Clann Choinnich an Uillt-Bhòidhich (Fairburn), agus Caisteal no Tùr an Uillt-Bhòidhich (Fairburn Tower). "Thig an latha anns an caill Clann Choinnich an Uillt-Bhòidhich am fearann uile, agus thèid am meur sin de 'n fhine às an t-sealladh gus nach fàgar duine dhiubh air aghaidh na talmhainn. Bidh an caisteal fàs, air a thrèigsinn, gun duine 'ga àiteachadh no gabhail còmhnaidh ann; agus beiridh bò laogh ann an seòmar uachdrach an Tùir." Thachair na nithean so uile do rèir na fiosachd. Chaill an teaghlach sin de Chloinn Choinnich an seilbhean gu h-iomlan; agus rug a' bhò an laogh mar a dh' innseadh, san t-seòmar uachdrach.

Bho cheann beagan bhliadhnachan chaidh an Tùr fhàgail na fhàsaich; ghrod na dorsan agus thuit iad dheth, fear an dèidh fir, gus mu dheireadh nach robh doras idir air an staidhir mhòir shniomhain a bha ruigsinn bho'n bhonn gu mhullach. Bha 'n staidhir so de chloich agus mar sin seasmhach, maireannach. Bho chionn beagan ùine thaisg an tuathanach aig an robh a gabhail fodar ann an seòmar uachdrach an Tùir. Thuit part de 'n fhodar air an staidhir mar a bha iad 'ga ghiùlan an àird. Thàinig tè de 'n chrodh air latha àraid a dh'ionnsaidh doras an

Tùir, agus air do 'n doras a bhi fosgailte, chaidh i staigh agus thòisich i air trusadh agus itheadh na sraibhlean a bha sgapte thall 's a bhos air an staidhir. Lean i mar so a' dol air a h-adhart bho cheum gu ceum de 'n staidhir gus an d'ràinig i am mullach. Chaidh i staigh do 'n t-seòmar ag ithe nan sraibhlean roimpe, agus air dhi bhi trom le laogh cha b' urrainn i teàrnadh air a h-ais; uime sin dh'fhàg iad i anns an t-seòmar gus an do rug i an laogh, a bha 'na chreutair fallain, bòidheach. Dh'fhàg iad a' bhò agus an laogh car ùine shònraichte anns an t-seòmar agus chaidh iomadh neach a mach à Inbhirnis gus am faicinn. Mar so bha fàisneachd Choinnich air a coilionadh gus an dearbh litir.

Thuirt Coinneach, "Beirear nighean mhaol dhubh air cùl Eaglais Gheàrrloch." Thachair so, aig cruinneachadh sluaigh, saothair-chloinne gu h-obann air mnaoi òig, a bha anns an èisteachd aig cùl na h-eaglais, agus mum b'urrainn dhaibh a giùlan air falbh às an àite, rug i an "nighean mhaol dhubh". Tha sliochd na h-ighinn maoile dhuibhe so ri fhaicinn, agus ri fhaotainn, gus an latha an diugh, ann an Geàrrloch; agus mar so tha fiosachd Choinnich air teachd gu crìch.

Rinn Coinneach fiosachd mu MhacLeòid Dhùn-bheagain: "Nuair a gheibh Tormad nan Trì Tormaid, mac na mnatha caoile cruaidhe Sasannaich, bàs le sgiorradh; nuair a reicear Maighdeannan MhicLeòid ri fear de na Caimbeulaich; nuair a bheireas galla-shionnaich cuain chuilean ann an aon de bhinneanaibh a' chaisteil; agus nuair a bheirear air lom a' Bhratach Shìth an uair mu dheireadh, siubhlaidh greadhnachas MhicLeòid air falbh; reicear a' mhòr-chuid de 'n oighreachd ri coigrich; bidh am fine cho tearc us gun giùlain 'curach bheag' thairis air Loch Dhùn-bheagain na bhios ann de dh' uaislibh de 'n chinneadh." Ach ùine mhòr fhada an dèidh sin thig 'Iain Breac' eile, agus aisigidh e an oighreachd, agus bidh cliù an taighe na 's àirde na bha e riamh."

Thachair cuid de'n fhiosachd so. Mharbhadh Tormad nan Trì Tormaid nuair a shèideadh suas le fùdar an long-chogaidh an *Queen Charlotte*, air an robh e 'na oifigeach. Reiceadh na creagan d' am b' ainm "Na Maighdeannan" ri Aonghas Caimbeul, agus tha iad fhathast aig ogha dha mar sheilbh. Bha peata sionnaich aig Caiptean MacGilleain, a bha fuireach ann am mullach a' Chaisteil, agus rug i

coracle will carry the gentlemen across Loch Dunvegan. However, a long time after that another 'Spotted John' will arrive, will restore the estate, and the reputation of the house will be greater than ever before."

Some of this prophecy was fulfilled. Norman of the Three Normans was killed when the warship *Queen Charlotte*, on which he served as an officer, was blown up. The rocks known as "The Maidens" were sold to Angus Campbell and they are still owned by his grandson. Captain MacLean had a pet vixen that stayed in the upper part of the castle and she gave birth to a swarm of pups. Dr. MacLeod, big Highland Norman the Preacher, saw the pups in 1799 when he was in Dunvegan Castle in Skye. At that time also he saw the MacLeod "Fairy Flag" being unfolded from the iron chest in which it was stored, closed up in a fragrant perfumed wooden box. The flag was a rectangular piece of precious silk sewn with crosses of gold thread. The rest of the prophecy is still to come, if it comes at all.

We shall now observe how the life of Kenneth the Seer came to an end. At the time of King Charles the Second, after he inherited the crown and the throne, Kenneth the third Earl of Seaforth went on a mission to Paris, the capital city of France, and left Lady Seaforth at home in Brahan Castle. The earl stayed in Paris for a long time, and his wife was getting anxious as she longed for his return. Finally she lost her patience and sent word to Kenneth the Seer so that he would tell her something about the earl. Kenneth came to Brahan Castle and Lady Seaforth asked him if he could tell her whether the earl was alive or dead. Kenneth put the Stone of Prophecy to his eye and, with loud and garrulous laughter, he said: "Do not worry about the earl; he is well, healthy, safe, hearty, playful and happy."

The lady then asked him what her husband was doing and who was around him. Kenneth replied: "Be satisfied with what you have been told; don't ask any questions; be pleased in the knowledge that the earl is healthy and happy." "But," she said, "Where is he? Who is with him? Is he preparing to come home?" The seer said: "The earl is in a large majestic room, in fine company, enjoying mirth and merriment, so that he has no word of leaving France's big city at this

cuain chuilean; agus chunnaic agus laimhsich Dr. MacLeòid, Tormad mòr Gàidhealach an Teachdaire, na cuileanan, air a' bhliadhna 1799, air dhà bhi ann an Caisteal Dhùn-bheagain 'san Eilean Sgitheanach. Chunnaic e mar an ciadna aig an àm sin "Bratach Shìth" MhicLeòid 'ga toirt air lom às a' chiste iarainn san robh i an tasgadh, air a dùnadh suas ann am bocsa fiodha chùbhraidh, deagh-bholtrach. Bha a' bhratach na mìr ceithir chearnach de shìoda luachmhor air fhigheadh le croisean tarsainn de shnàthainnaibh òir. Tha chuid eile de 'n fhàisneachd ri tighinn, ma thig i idir.

Bheir sinn fainear a nis mar a thàinig crìoch a bheatha air Coinneach Odhar. Ri linn an darna Rìgh Teàrlach , an dèidh dha bhi air aiseag a chum a' chrùin agus na rìgh-chathrach, chaidh Iarla Shìphoirt, Coinneach, an treas Iarla, air teachdaireachd gu Paris, baile mòr na Frainge, agus dh'fhàg e a' Bhan-Iarla aig an taigh ann an Caisteal Bhrathainn. Dh'fhuirich an t-Iarla ùine fhada ann am Paris, agus thòisich a' Bhan-Iarla air gabhail fadail agus iongnaidh nach robh e a' tighinn dhachaidh. Mu dheireadh thall chaill i a foighidinn agus chuir i fios air Coinneach Odhar gus an innseadh e rudeigin di mu thimcheall an Iarla. Thàinig Coinneach a dh'ionnsaidh Caisteal Bhrathainn agus dh'fhaighneachd a' Bhan-Iarla dheth am b'urrainn da innseadh cia-dhiùbh a bha an t-Iarla beò no marbh. Chuir Coinneach Clach na Fiosachd ri shùil agus, le àrd ghaireachdaich labhar, thuirt e ris a' Bhan-Iarla, "Na biodh eagal sam bith ort mu thimcheall an Iarla; tha e slàn, fallain, teàrainte, cridheil, mireagach, sunndach."

Dh'fheòraich a' Bhan-Iarla an sin ciod a bha e dèanamh agus cò bha timcheall air. Thubhairt Coinneach rithe, "Gu ma leòr leat na chaidh innseadh; na farraid ceist air bith; bi toilichte le fios gu bheil am morair slàn agus sunndach." "Ach," ars' ise, "Càit' am bheil e? Cò leis a tha e? Agus am bheil e dèanamh deisealachd airson tighinn dhachaidh?" Thubhairt am fiosaiche, "Tha am morair ann an seòmar mòr greadhnach, ann am measg cuideachd grinn, agus ri aighear 'us mire, ionnas nach eil guth aige air baile mòr na Frainge fhàgail aig an àm so." Ach cha bu leòr am freagradh so leis a' Bhan-Iarla; chuir i thuige Coinneach gus an innseadh e an t-iomlan mu thimcheall a

time." But this reply was not enough for Lady Seaforth. She provoked Kenneth to tell her everything about her husband. She swore at him, promised rewards and threatened him, so that he would tell her all he knew.

Having relaxed and shrugged his shoulders, Kenneth told her: "Since you want to know what will leave you unhappy I must tell you the truth. Earl MacKenzie is not giving much thought to yourself, or his children, or his home in the Highlands. I saw him in a room of splendour, dressed in velvet, silk and golden robes. He was on his knees in front of a beautiful maiden, with his hands around her waist, and her hand on his lips."

When Lady Seaforth heard this she lit up with anger and swelled up with wrath. The ire that was natural against the earl, she turned it viciously against the seer. She pretended that she did not believe what the seer was saying and decided to put him to death. She told him: "You spoke blasphemy against high rank, you slandered the nobles of the land, and you humiliated a great chief in the presence of his clan. You despised me and the castle and spoke scurrilously about the earl in the big palace of his ancestors. For that reason I must put you to death."

Kenneth was surprised and horrified to hear the words of the earl's wife, who was a hard-hearted, ruthless and merciless demon. The seer thought that he would be rewarded for his prophecies, but his reward was death. This despicable woman ordered that he be taken out to be burned in a barrel of tar at Fortrose, by decree of Bishop Ross of the Scottish Episcopal Church.

Another folktale gives a different version of the reason for Lady Seaforth's anger at Kenneth the Seer. According to the story there was, at a certain time, a big banquet and a large collection of aristocrats in Brahan Castle. The children of the nobles were playing outside, on the green meadow around the castle. Somebody said, in Kenneth's hearing, that it was seldom that one saw such a large gathering of the children of the nobles. Kenneth gave a derisive response: "There are more children of the footmen and the grooms than children of the nobility."

fìr. Ghuidh i le grìosadan, thairg i duaisean, agus mhaoidh i air le bagraidh, gus an innseadh e na b'aithne dha.

Air do Choinneach e fhèin a chaisleachadh agus a chloimhdeachadh, thubhairt e rithe, "Bho 'n is àill leat fios fhaotainn air na dh' fhàgas mì-thoilichte thu, is èiginn dhomh an fhìrinn innseadh dhuit. Is beag smuain a tha aig Morair MacCoinnich ort fhèin, no air a chlainn, no air a dhachaidh anns a' Ghàidhealtachd. Chunnaic mis' e ann an seòmar òraichte, air a chòmhdach le bhelbheid, sìoda agus aodach òir; bha e air a ghlùinean air beulaibh rìbhinn mhaisich, a làmh timcheall air a cneas, agus a làmh-se air a bhilean."

Nuair a chual' a' Bhan-Iarla so las i le feirg, agus dh'at i suas le h-àrdan. An fhearg a bha nàdarra gu leòr an aghaidh an Iarla, thionndaidh i gu h-eucorach an aghaidh an fhiosaiche. Ghabh i oirre nach robh i creidsinn na fiosachd, agus chuir i roimhpe am fiosaiche a chur gu bàs. Thubhairt i ri Coinneach, "Labhair thu toibheum mu àrd-inbhe, mhaslaich thu maithean na tìre, thug thu tàmailt do cheann-feadhna mòr a làthair a chinnidh. Thug thu tàir dhòmhsa agus do 'n chaisteal, agus labhair thu gu sgainnealach mu 'n mhorair ann an lùchairt mhòr a shinnsear; air an adhbhar sin is èiginn dòmhsa do chur gu bàs."

Ghabh Coinneach iongantas agus uamhas nuair a chual' e na briathran a labhair a' Bhan-Iarla, a bha 'na bain-diabhal cruaidh-chridheach, ain-iochdmhor, gun tròcair. Shaoil leis an fhiosaiche gur h-ann a gheibheadh e duais air son 'fhiosachd, ach b'e an duais a fhuair e am bàs. Dh'òrdaich am boireannach mallaichte a thoirt a mach gu bhi air a losgadh ann am baraille tearra aig a' Chananaich, le òrdugh Easbaig Rois, dhe 'n Eaglais Easbaigich Albannaich.

Tha beulràite eile a' tabhairt cunntais eadar-dhealaichte mu adhbhar feirge na Ban-Iarla ri Coinneach Odhar. Aig àm àraid, a rèir an iomraidh, bha cuirm mhòr agus cruinneachadh lìonmhor a dh'uaislean ann an Caisteal Bhrathainn. Bha òigridh nan àrd uaislean 'gan cluich fhèin air a' bhlàr a muigh, air an àilean ghorm, timcheall a' chaisteil. Thubhairt cuideigin ann an èisteachd Choinnich gum b'ainneamh a chìteadh tional cho lìonmhor de chlann dhaoine uaisle. Fhreagair Coinneach gu sgallaiseach, "Is mò a th' ann de chlainn

One of the variants of the story says that the youngsters were dancing inside the castle, not on the meadow, when Kenneth spoke mockingly about them. His comments were passed on to Lady Seaforth, and she and the other ladies were angry with him for doubting the virtues and reputation of the gentlewomen of Ross and for disrespecting them in that way. She ordered that the seer be detained immediately. Though he went into hiding for a while he was eventually found. When he saw there was no hope of escaping from his enemies he put the stone of prophecy to his eye and said: "I can see far ahead, and I can see the judgement that the descendants of my oppressors will suffer. The old family of the Earl of Seaforth will be totally annihilated before many generations pass. I see a chief, the last of his family, both deaf and dumb, He will have four fine sons but they will all be in the grave before him. He will spend his life in anxiety and suffer a sad demise, mourning that the descendants of his race will be obliterated forever, and that no MacKenzie will ever again be the lord of Brahan Castle or Kintail. After grieving for the death of his last son, the most charming of them, he himself will die, and his estate will be inherited by a white-hooded girl from the east who is destined to kill her sister. As a sign that this will happen, there will be four contemporary lords sharing characteristics with the last Earl of Seaforth, who will be deaf and dumb. These are the broken-toothed Baronet MacKenzie of Gairloch, Chisholm with the harelip, gormless Grant, and stuttering MacLeod. When MacKenzie of Brahan sees these four he will understand that his sons are bound to die, that the estate will go to strangers, and that his family will be exterminated forever, without a male member to succeed him."

When the seer finished this prophecy he threw the stone into a pool, according to some, or into a cow's hoof-mark filled with water, saying: "Whoever gets that stone will also have the gift of prophecy," Some say that he added: "A child will be born with two navels, or twenty-four fingers, and will find this stone inside a pike-fish, giving him the power of prediction."

When Kenneth was brought out to be burned Lady Seaforth told him that he would never go to heaven. He turned round and replied: "*I* will go to heaven but *you* will never go there. Here is a sign by

ghillean-bùird, agus de chlainn ghillean-stàbaill, na th' ann de chlainn dhaoin' uaisle."

Tha beulràite eile ag ràdh gur h-ann a bha an òigridh a' dannsadh ann an lùchairt mhòir a' chaisteil an àite bhi 'gan cluich air an àilean, nuair a labhair Coinneach gu fanaideach umpa. Dh'aithriseadh briathran Choinnich do 'n Bhan-Iarla, agus ghabh i fhèin 's na baintighearnan eile fearg ris, air son a bhi cur an amharas deagh-bheusan agus teistealachd mhnathan uaisle Rois, agus a' toirt mì-chliù follaiseach orra mar sud. Dh'òrdaich i am fiosaiche a ghlacadh gun dàil; agus ged a theich e gu fhalach fhèin car tamaill, fhuaradh a mach mu dheireadh far an robh e. Nuair a chunnaic e nach robh dol às aige bho a naimhdibh chuir e clach na fiosachd ri shùil agus thubhairt e, "Chì mi fada romham, agus is lèir dhomh am breitheanas a thig air sliochd mo luchd-sarachaidh. Bidh seann teaghlach Iarla Shìophoirt air an dìtheachadh gu tur mun teid mòran linnean seachad. Chi mi ceann-feadhna, am fear mu dheireadh d'a theaghlach, araon bodhar agus balbh. Bidh ceathrar mhac àlainn aige, ach thèid iad uile roimhe fhèin do'n uaigh. Caithidh e a bheatha gu h-iomagaineach, agus gheibh e am bàs gu brònach, a' caoidh gum bi sliochd a shinnsear air an dubhadh a mach gu bràth, agus nach bi MacCoinnich tuilleadh ri fhaotainn 'na Thighearna air Caisteal Bhrathainn no air Ceann-Tàile. An dèidh dha bròn a dhèanamh air son an fhir mu dheireadh d'a chuid mhac, am fear bu taitniche dhiubh, siùbhlaidh e fhèin, a' dol do'n eug, agus bidh an oighreachd aige air a sealbhachadh le caileag air am bi currachd bàn, a thig bho 'n àirde 'n ear, d' am bi e 'n dàn a piuthar a mharbhadh. Mar chomharra gun tachair so, bidh ceathrar thighearnan air am bi suaicheantas 'nan comh-aoisean do Iarla Shìophoirt mu dheireadh, a bhios bodhar agus balbh; 's e sin Tighearna Storach (stor fhiaclach) Ghearrloch, an Siosalach le milleadh-maighich, an Granndach Gòrach, agus Mac-Gille-Chaluim Gagach no manntach. Nuair a chì MacCoinnich Bhrathainn a' cheathrar so, tuigear leis gu bheil am bàs an dàn da chuid mac; gun tèid an oighreachd gu coigrich agus gun dubhar às a theaghlach gu sìorraidh, gun fhireannach d'a shliochd a thogas 'ainm."

Nuair a chriochnaich am fiosaiche an fhàisneachd so thilg e clach na fiosachd ann an lochan uisge, no mar a their cuid, ann an lorg coise

which you can find out my circumstances in the world to come. A dove and a raven will fly toward each other from two sides of the sky, until they lie on the ashes of my body. If the raven arrives first you spoke the truth. If the dove comes first you lied, and my hope is well-founded."

Lady Seaforth ordered that Kenneth be bound, hand and foot, and carried to the Chanonry Point where he was thrown head first into a fiercely burning barrel of tar with long, sharp iron spikes that had been driven into it from the outside. This terrible thing was done by authorization of the Bishop of Ross and the clergy of the Episcopal Church, which had been established at that time by King Charles the Second as the kingdom's church in Scotland.

On the very day that Kenneth was taken from Brahan Castle the Earl of Seaforth came home from France, and they told him at once what Lady Seaforth had done to Kenneth, and that he was now on his way to Fortrose by order of the clergy, to be burned to death. The Earl was well aware of the vengeful nature of his wife and believed that the story was all too true. He didn't ask for or partake of food and drink, and he didn't summon a servant or stable-boy. He ran to the stable by himself, saddled the best horse, mounted it, and rode it at high speed, spurring it on as fast as possible. He hoped to reach Chanonry Point before the diabolical objective of his wife and the clergy was accomplished. The Earl of Seaforth never rode so fast. In a short time he was near Fortrose and saw thick black smoke rising from the headland down below. He was nauseated and broke out in a cold sweat. He spurred on the horse that was already about to give up, so that he would get to the place of execution and save the life of the seer. He was only a few yards from the place where the smoke was rising when the horse fell and breathed its last gasp, for it couldn't stand the exertion any more as the Earl urged him forward.

When he lost the horse the Earl ran quickly, shouting at the top of his voice to the crowd gathered on the headland, to save the life of the seer. But, sadly, he was too late. Whether or not the crowd heard the shouting of the Earl, Kenneth was thrown in the flaming barrel a few minutes before the Earl of Seaforth arrived to rescue him.

mairt a bha làn uisge, agus thubhairt e, "Cò sam bith a gheibh a' chlach sin bidh feart na fiosachd aige mar an ciadna." Thubhairt e a bhàrr air sin, mar a tha cuid ag ràdh, "Beirear leanabh le dà imleig, no le ceithir meòir fhichead a rèir cuid, gheibh e a' chlach so ann am broinn geadais, agus leis a' chloich thig buaidh na fiosachd thuige."

Nuair a thugadh a mach Coinneach gus a losgadh thuirt a' Bhan-Iarla ris nach rachadh e do Fhlaitheanas gu sìorraidh. Thionndaidh e mun cuairt agus thubhairt e rithe, "Thèid *mise* do Fhlaitheanas; ach cha tèid *thusa* ann gu sìorraidh. So dhuit comharradh leis am faigh thu fios ciod e mo chor san t-saoghal ri teachd. Thig calaman agus fitheach an coinneamh a chèile bho dhà thaobh an adhair, gus an seas iad os ceann agus an laigh iad air luaithre mo chuirp. Ma thig am fitheach an toiseach labhair thusa an fhìrinn, ach ma thig an calaman an toiseach labhair thu breugan, agus tha mo dhòchas air deagh bhunait."

· Dh' òrdaich a' Bhan-Iarla Coinneach a ghlacadh 's a cheangal, eadar làmhan 'us chasan, agus a ghiùlan gu Rudha na Cananaich, far an do thilgeadh e an coinneamh a chinn ann am baraille tearra bha dearg-losgadh, agus air an robh a thaobh a stigh làn spìcean fada iarainn, biorach, geur, a bhuaileadh troimhe bho 'n taobh muigh. Rinneadh an nì eagallach so le ùghdarras Easbaig Rois, agus clèir na h-Eaglais Easbaigich, a bha air a suidheachadh aig an àm ud, mar Eaglais na Rìoghachd an Albainn, le Rìgh Teàrlach a Dhà.

Air an dearbh latha air an do chuireadh Coinneach air falbh bho Chaisteal Bhrathainn thàinig Iarla Shìophort dhachaidh às an Fhraing, agus dh'innis iad da air ball an nì a rinn a' Bhan-Mhorair mu Choinneach, agus gun robh e nis air a thuras a dh'ionnsaidh na Cananaich le òrdugh na clèire, gu bhi air a losgadh. Bha deagh fhios aig a' Mhorair air nàdar dioghaltach na Ban-Iarla. Chreid e gun robh an sgeula fìor, seadh tuilleadh us fìor. Cha d' iarr 's cha do ghabh e biadh no deoch; cha do ghairm e air sgalaig no gille-stàbaill, ach chaidh e fhèin le cabhaig a dh'ionnsaidh an stàbaill, chuir e diollaid air an each a b'fheàrr a bha 'na ghreigh, leum e air a mhuin, agus dh' fhalbh e leis an each 'na dheann-ruith, 'ga ghreasad cho luath 's a b'urrainn dha, an dùil gun ruigeadh e Rudha na Cananaich mun rachadh an t-innleachd diabhlaidh a dheilbh a' Bhan-Iarla agus a' chlèir Easbaigeach a chur gu buil. Cha do mharcaich Iarla Shìophoirt riamh roimhe cho luath

In this way the seer's life came to an end. It is unlikely that the tragic tale of his death would be invented if it had not happened as told. If Kenneth had died a natural death in his bed, it is not credible that the sad story would have been concocted. But what can we say about church officials who condoned such a dreadful act and agreed to it? They certainly wanted to please Lady Seaforth, but in these dark days it was customary to burn witches and seers, and many were put to death on that indictment who had no more witchcraft than the grey mare.

We will now tell how Kenneth's prophecy about the Earl of Seaforth's family came to fruition, nearly 150 years after he had made the prediction.

We have seen what happened to the seer. Let us now look at what happened in relation to his prognostication about MacKenzie of Brahan. The earl who was there at Kenneth's time died in 1678. His son, the fourth earl, died and his heir, the fifth earl, lost the estate and the title because he supported the Jacobite cause in 1715. However, the estate was given back to him in 1726, and in 1771 his son was given the title Earl of Seaforth, but when he died in 1781 the title died with him. He didn't have an heir and a second-cousin got the estate. He had it for only two years, for he was killed in the East Indies in 1783. His brother took his place and was the last MacKenzie in Brahan, where the seer's prediction was consummated.

This Francis was born in 1764. When he was born he had all of his mental and physical faculties but he lost his hearing from scarlet fever when he was a young lad in school at the age of sixteen. When he grew up and got the Brahan estates on the death of his brother, he set up a regiment to fight Bonaparte in 1807, and became a general in 1808. He had four sons but one of them died in his youth. The other three reached adulthood but they died, one after the other. The last one was a handsome and promising young man with good mental qualities, but he was stricken by a severe disease and went for relief to the south of England, where he died. When the old MacKenzie heard of his son's death he became speechless. He was dumb and never spoke again, whether he was unable or unwilling to talk. He passed away on January 11, 1813, the last of his family.

no cho dian. Ann am beagan ùine bha e am fagus do 'n Chananaich, agus chunnaic e smùid dhubh thiugh ag èiridh suas bho 'n Rudha gu h-ìosal. Thàinig gairisinn na fheòil, bhrùchd am fallas fuar a mach troimh a chorp, chuir e spuir ris an each a bha cheana an impis toirt thairis, a chum gun ruigeadh e an t-àite bàis, gu beatha an fhiosaiche a shàbhaladh. Mar uidhe beagan shlat bho 'n àite far an robh an smùid ag èiridh, thuit an t-each air an làr agus thug e suas an deò, oir cha b'urrainn da a' chruaidh-spàirn a sheasamh na b'fhaide leis mar a bha an t-Iarla 'ga chur thuige 's 'ga sporadh air adhart.

Nuair a chaill e an t-each ruith an t-Iarla gu dian air a chois, ag èigheach a mach le àirde a ghuth ris an t-sluagh a bha cruinn air an Rudha, iad a theàrnadh beatha an fhiosaiche. Ach, mo thruaighe, bha e tuilleadh us anmoch. Cia dhiù a chuala no nach cuala an sluagh glaodhaich àrd an Iarla, bha Coinneach Odhar air a thilgeadh anns a' bharaille loisgeach beagan mhionaidean mun do ràinig Iarla Shìophoirt an t-àite gus a theasairginn.

Air an dòigh so chrìochnaicheadh beatha an fhiosaiche, agus chan eil e coltach gun rachadh an sgeula truagh ud a dheilbh mu 'bhàs mur tachradh an nì mar a chaidh aithris. Nan d'fhuair Coinneach bàs nàdarra 'na leabaidh, cha ghabh e creidsinn gun rachadh an sgeula truagh ud a dheilbh no chur air chois. Ach ciod a their sinn mu luchd-dreuchd Eaglais a thug gnùis da leithid sud de ghnìomh oillteil, agus a dh' aontaich ris? Bha iad air son a' Bhan-Iarla a thoileachadh gu cinnteach, ach anns na linnibh dorcha sin bha e 'na chleachdadh a bhi losgadh nam buidseach agus nam fiosaichean, agus is iomadh creutair truagh a chuireadh gu bàs fo 'n chùis-dhìtidh so, aig nach robh tuilleadh buidseachd na tha aig an làir-ghlais.

Bheir sinn cunntas a nise air mar a thàinig fàisneachd Choinnich Uidhir gu teachd mu thimcheall teaghlaich Iarla Shìophoirt, faisg air ciad gu leth bliadhna an dèidh bhi air a labhairt.

Chunnaic sinn mar a thachair do'n fhiosaiche. Rachamaid a nise agus faiceamaid ciod a thàinig gu buil de 'n fhiosachd mu dheidhinn MhicCoinnich Bhrathainn. Fhuair an t-Iarla a bha ann ri linn Choinnich am bàs air a' bhliadhna 1678; fhuair a mhac, an ceathramh Iarla, am bàs; chaill an còigeamh Iarla, mac an fhir so, an oighreachd agus an tiotal chionn gun d' èirich e ann an adhbhar Sheumais air a' bhliadhna

The oldest surviving daughter replaced her father as the owner of the Brahan estate. She was married to the Admiral, Sir Samuel Hood, head of the British navy in the West and East Indies, but he died in the East while still a young man, leaving a young widow. She came home from the Indies with a White Hood on her head; and her name was Hood. Later she married Mr. Stewart, grandson of the Earl of Galloway. He took the name MacKenzie along with his own surname and was therefore known as Stewart MacKenzie. In this way the Brahan estate passed from the men of the old Kintail family. Subsequently Mr. and Mrs. Stewart MacKenzie sold the Isle of Lewis to Sir James Matheson.

One day Mrs. Stewart Mackenzie was in a pony-drawn carriage. The ponies got scared and began to run at high speed. The lady was unable to stop them and she and her sister were thrown out of the carriage. They were hurt and sorely bruised. The Lady recovered soon but her younger sister died from her injuries. Therefore Kenneth's prophecy came to conclusion. The Lady of Brahan caused her sister's death, though she was not to blame for it. The other four aristocrats were MacKenzie's contemporaries: Sir Hector of Gairloch, the buck-toothed landlord; Chisholm with the hare-lip; Grant the fool; and stammering MacLeod.

We now bring this short history to an end. Without doubt many of Kenneth's predictions were literally accomplished and there are people who think that more of them will come to pass in the future. Be that as it may, many years and generations will go by before the Gaels will stop talking about his second-sight, the terrible death that he suffered, and how the dove came to rest on his ashes, as he himself had foretold, as an omen that his soul had been borne to Paradise.

1715. Ach dh'aisigeadh an oighreachd dha air a' bhliadhna 1726, agus air a' bhliadhna 1771 fhuair a mhac an tiotal Iarla Shìophoirt. Gidheadh bhàsaich an tiotal leis fhèin air a' bhliadhna 1781. Nuair a bhàsaich e cha robh oighre aige, ach fhuair ogha bràthar a shean-athar an oighreachd, a mheal e rè dhà bhliadhna, oir chaidh a mharbhadh 's na h-Innseachaibh an Ear air a' bhliadhna 1783. Thàinig a bhràthair na àite, am MacCoinnich mu dheireadh a bha ann am Brathainn, anns an do choilionadh fàisneachd an fhiosaiche.

Rugadh Fraing MacCoinnich so air a' bhliadhna 1764. Bha uile bhuadhan agus cheud-fàithean a chuirp agus 'inntinn aige gun deireas nuair a rugadh e, ach chaill e a chlaistneachd agus dh' fhàs e bodhar leis an Teasaich Sgàrlaid nuair a bha e 'na ghiullan òg a' dol do 'n sgoil aig sia bliadhna diag a dh'aois. Nuair a dh'fhàs e mòr agus a fhuair e oighreachdan Bhrathainn an dèidh bàis a bhràthar, chuir e rèiseamaid air a cois a chogadh ri Bonapart, air a' bhliadhna 1807, agus fhuair e bhi na Sheanalair air a' bhliadhna 1808. Bha ceathrar mhac aige, ach fhuair fear dhiubh bàs na òige. Dh'fhàs an triùir eile gu bhi nan daoinibh, ach fhuair iad bàs fear an dèidh fir, gus nach d'fhàgadh a h-aon diubh beò. Bha am fear mu dheireadh 'na òganach maiseach, gealltanach, aig an robh buadhan inntinn taitneach, ach bhuail eucail throm e agus chaidh e gu taobh deas Shasainn air son a shlàinte, far an d'fhuair e bàs. Nuair a fhuair seann MhacCoinnich sgeula bàis a mhic cha do labhair e riamh tuilleadh agus dh'fhàs e balbh, oir cha labhradh e facal, cia dhiùbh a bha e neo-chomasach no mi-thoileach air bruidhinn. Fhuair e am bàs air an aonamh latha deug de Ianuaraidh, 1813, am fear mu dheireadh de a theaghlach.

Thàinig an nighean bu shine dhiùbhsan a bha beò an àite a h-athar gu seilbh air oighreachd Bhrathainn. Bha i pòsta ris an Ard-mharaiche, *Sir Samuel Hood*, ceann-feadhna cabhlaich Bhreatainn anns na h-Innseachaibh an Iar 's an Ear, ach fhuair e am bàs san àirde 'n Ear 'na dhuine òg, agus mar sin bha a bhean 'na bantraich òig nuair a dh' eug a h-athair. Agus thàinig i dhachaidh às na h-Innseachan le *Currachd Bàn* na bantraich air a ceann, agus b'e *Hood* a b'ainm dhi. An dèidh sin phòs i Mr. Stiùbhart, ogha de Iarla Ghalloway, agus ghabh esan ainm MhicCoinnich an co-thaice ri ainm fèin, agus mar

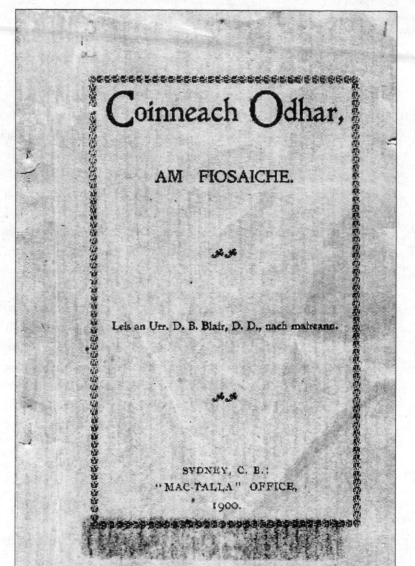

Coinneach Odhar,

AM FIOSAICHE.

Leis an Urr. D. B. Blair, D. D., nach maireann.

SYDNEY, C. B.:
"MAC-TALLA" OFFICE,
1900.

sin theirteadh Stiùbhart MacCoinnich ris. Air an dòigh so chaidh oighreachd Bhrathainn thairis bho shliochd nam fireannach ann an seann teaghlach Chinntàile. An dèidh sin reic Mr. agus Mrs. Stiùbhart MacCoinnich eilean Leòdhais ri Sir Seumas Mathanach.

Air latha àraid bha Mrs. Stiùbhart MacCoinnich ann an carbad sealtaidh no carbad pònaidh. Ghabh na sealtaidhean eagal agus ruith iad air falbh nan still 's nan deannaibh. Cha b'urrainn a' Bhaintighearna an casg, agus thilgeadh i fhèin agus a piuthar a mach às a' charbad. Chaidh an ciùrradh agus am bruthadh gu goirt; ach leighiseadh a' Bhaintighearna ann an ceann beagan ùine, gidheadh fhuair a piuthar a b'òige am bàs leis an dochann a rinneadh oirre. Mar so thàinig fàisneachd Choinnich gu crìch, agus dh'adhbhraich Baintighearna Bhrathainn bàs a peathar, ged nach robh coire aice ris. Bha na ceithir tighearnan eile 'nan comh-aoisibh do MhacCoinnich: Sir Eachann Gheàrrloch, an tighearna storach; an Siosalach, air an robh milleadh maighich; tighearna Ghrannda bha 'na amadan; agus Mac-Gille-Chaluim gagach.

Tha sinn a nise toirt na h-eachdraidh ghoirid so gu crìch. Chaidh, gun teagamh sam bith, mòran de dh'fhiosachdan Choinnich a choilionadh gu litireil, agus tha daoine ann a tha dhe 'n bharail gu 'm bi tuilleadh dhiubh air an coilionadh fhathast. Biodh sin mar a bhitheas, thèid iomadh bliadhna 's linn seachad mu 'n sguirear a bhi 'g aithris, am measg nan Gàidheal, gach fiosachd iongantach a rinn e, am bàs uamhasach a dh'fhuiling e, agus mar a thàinig an calaman 's a laigh e air a luaithre – an nì a thuirt Coinneach fhèin a bha gu tachairt, mar chomharradh air gu robh 'anam air a ghiùlan gu Flaitheanas.

OTHER ARTICLES

(15 April to 6 May 1893)

Sea Voyage to America 1846

*B*efore Duncan Blair emigrated to Canada he left "A Final Adieu to the Land of the Bens" as his farewell to his relatives and acquaintances. These were the sentiments and words that he articulated as he was preparing for his journey:

On Wednesday the 18th day of March 1846 I said goodbye to my father and mother, my brothers, and my sisters in Badenoch. I was reluctant to leave them. I had to part from the parish of Laggan where I had first heard the gospel in the days of my youth from the mouth of Dr. MacKay, and from the Rev. John Kennedy, minister of Castle Roy. I had to leave Kingussie where I had often listened to the joyful story of salvation from the mouth of Rev. Sheppard, the parish minister, and also from the Christian brethren who lived in that community. I had to leave the hills, the glens and remote dells, the branchy groves, the thickets, the streams, and the rumbling rivers around Loch Laggan where I used to wander alone wondering if I would ever return to see them.

Farewell to Loch Laggan whose banks I often traversed. Farewell to the woods and wildernesses of Geal-aghaidh where I often walked alone. Farewell to Lùb-liath where I used to contemplate the works of creation. Farewell to the river and strath of Palaig where I spent some of my younger days. Farewell to Aberarder where my father and mother live. Farewell to the hills and the glens where I used to roam happily and carefree. Farewell to the Christian brethren in Badenoch and Lochaber with whom I enjoyed heavenly fellowship. I now have to leave you and make my journey by sea to a distant foreign country. Perhaps we shall not see or meet each other again in the glen of tears on earth, but the day will come when the friends of Christ will meet each other around the throne in heaven, and there they will never part again. Until then I wish you farewell!)

TUILLEADH SGRIOBHAIDHEAN

(15 Giblean gu 6 Cèitean 1893)

Turas-Fairge do Aimeireaga 1846

Mus deach Donnchadh Blàrach air imrich gu Canada dh'fhàg e "Cead Deireannach do Thìr nam Beann" mar shoraidh aig a luchd-dàimh is a luchd-eòlais. Seo na smuaintean agus na briathran a bha 'na inntinn nuair a bha e ag ullachadh airson a thurais:

Air Diciadain an 18 là de'n Mhàrt 1846 ghabh mi slàn le m' athair 's mo mhàthair, le m' bhràithribh, 's le mo pheathraichean ann am Bàideanach. Is ann a dh' aindeoin a rinn mi am fàgail. B' èiginn dealachadh ri sgìreachd Lagain far an cuala mi an soisgeul air tùs ann an làithean m' òige o bheul an Ollaimh Mhic Aoidh, agus o Mhr. Iain Ceanaideach, ministear a' Chaisteal Ruaidh. B' èiginn dealachadh ri Cinne-Ghiubhsaich far am minig a dh' èist mi ri sgeul aoibhneach na slàinte o bheul Mhr. Sheppard, ministear na sgìreachd, agus mar an ceudna ris na bràithribh Crìosdaidh a bha fuireach san àite sin. B' fheudar dealachadh ris na cnuic, na glinn agus na lagan uaigneach, ris na doireachaibh geugach, na badain choille, na h-uillt, agus na h-aibhnichean tormanach mu thimcheall Loch-Lagain far am b' àbhaist domh siubhal leam fèin gun fhios am pillinn gu bràth 'gam faicinn.

Slàn le Loch-Lagain a 's tric a shiubhail mi, sìos agus suas a thaobh. Slàn le coilltibh agus le fàsaichibh Gheal-aghaidh air feadh am minig a thriall mi 'nam aonar. Slàn leis an Lùib-lèith far am b' àbhaist domh a bhi beachdachadh air oibribh a' chruthachaidh. Slàn le abhainn agus srath Phalaig far an do chaith mi cuid de làithibh m' òige. Slàn le Aberardair far am bheil m' athair agus mo mhàthair. Slàn leis na beanntaibh agus leis na gleanntaibh air feadh am b' àbhaist domh bhi triall gu h-aotrom sunndach. Slàn leis na bràithribh Crìosdaidh ann am Bàideanach agus an Lochabar maille ris am b' àbhaist domh comunn nèamhaidh a mhealtainn. Is èiginn dòmh-sa a nis bhur fàgail

In the afternoon of Wednesday April 1st we embarked in Glasgow on the ship *London* which was about to sail to Pictou in Nova Scotia, and about four o'clock on the morning of Thursday, April 2nd the anchors were lifted and we sailed from the harbour in Glasgow city.

We were towed out by a steamboat which took us to the mouth of the Clyde as far as the Isle of Arran. About nine in the morning we passed Greenock but didn't call at that port as we proceeded on our non-stop journey from Glasgow. About four in the afternoon we were off Arran and the steamboat returned. At that time we were within sight of the large rock known as Ailsa Craig. It sat opposite us like an old lady crouched above the waves, her grey hair down over her shoulders, and the seabirds warbling and wailing around her. Her speckled face had a senile complexion and it was obvious from her dismal countenance that many stormy blasts and winters had passed her head. Her age could be told from her brindled and craggy features. From the first day that she sat on the waves at the entrance to the Clyde she has seen many aeons and generations of mankind passing from the earth into eternity.

When the steamboat left we hoisted the ship's sails and a rising breeze from the northeast drove us quickly between Ireland and the Mull of Kintyre. At dusk we were between these two places. I went to my bunk about ten o'clock, but after midnight the wind got stronger and at dawn it was boisterous and surging into a heavy swell of grey-topped waves. Since it was blowing behind us we didn't take long to lose sight of land and twenty-four hours after we left Greenock we were more than a hundred miles west of Ireland. When I woke up on Friday morning I was being rocked and tossed by the waves from side to side of my bed, and I was very seasick. I could not eat any food since I was vomiting the contents of my stomach, even the green bile. However, about noon the captain gave me a glass of brandy and a biscuit. I was better after that and did not suffer any more seasickness until I reached America.

After I drank the brandy I went to the ship's upper deck to contemplate the weather and I looked around me at "the ocean bounding with ridges" rising up in grey mounds around the ship. The sea was "surging and churning in confusion" and at times the vessel

agus mo thuras a ghabhail air fairge gu tìr chèin fad air astar. Faodaidh nach faic agus nach coinnich sinn a chèile nas mò ann an gleann nan deur air thalamh, ach tha là a' tighinn anns an coinnich càirdean Chrìosd a chèile mu 'n cuairt do 'n rìgh-chathair air nèamh, agus an sin cha dealaich iad ri chèile gu bràth. Gus a sin slàn leibh!)

Air feasgar Diciadain a' cheud latha de April chaidh sinn air bòrd luinge d'am b'ainm "An Lunndainn" aig Glascho, a bha gu seòladh as an àite sin gu baile Phictou ann an Albain Nomha (Nova Scotia), agus mu cheithir uairean sa mhadainn Diardaoin an 2mh là April thog sinn ar n-acraichean, agus dh'fhuasgail sinn bhon chala aig baile Ghlascho; mar sin dh'imich sinn air ar n-aghaidh.

Thàirngeadh a mach sinn le bàta-toite a rinn ar tobhadh a mach gu beul Chluaidh cho fada ri Eilean Arainn. Mu naoidh uairean sa mhadainn chaidh sinn seachad air Grianaig ach cha do thadhail sinn aig a' phort sin, oir ghabh sinn dìreach air ar n-aghaidh à Glascho gun stad. Mu cheithir uairean san fheasgar ràinig sinn mu choinneamh Eilean Arainn, agus an sin thill am bàta-toite air a h-ais. Aig an àm sin bha sinn am fradharc na creige mòire sin ris an abrar *Ealasaid a' Chuain*. Bha i 'na suidhe thall mu'r coinneamh, cosmhail ri seann chaillich 'na gurradan air uachdar nan tonn, falt liathghlas a sìos m'a guailnibh, agus ianlaith na mara ri guileag agus sgriachail m'a timcheall. Bha neul na h-aoise air a gnùis bhric agus bu lèir a bhlàth air a h-aogas duaichnidh gun deach iomadh sìon agus stoirm us geamhradh thairis air a ceann. Ghabhadh a h-aois innseadh bho a h-aodann riabhach, leacach; agus bho'n a' chiad latha a shuidh i sìos air uachdar nan tonn ann an doras Chluaidh is iomadh linn agus ginealach de chlainn nan daoine a chunnaic i a' gabhail thairis bhon talamh a dh'ionnsaidh na sìorraidheachd.

Nuair thill am bàta-toite thog sinn na siùil ris an luing, agus air ball dh'èirich feochan de ghaoith ghreannaich bhon àirde 'n ear-thuath a rinn ar n-iomain a mach gu grad eadar Eirinn agus Maol Chinn-tire. Mu bheul an anmoich bha sinn eadar an dà àite so; chaidh mise a laighe mu dheich uairean; ach an dèidh mheadhan-oidhche shèid a' ghaoth na bu treise, agus mu bhriseadh na fàire bha i 'na greann-ghaoith làidir ag at suas na fairge 'na tonnaibh ceannghlas. A thaobh gu robh i a' sèideadh 'nar cùl cha robh sinn fada a' call seallaidh air fearann agus

rose to the top of the grey-topped ocean hills to the extent that the mastheads appeared to be touching the clouds. At other times she would drop down in one swallow in the dark blue mountains until you thought that her keel was going to hit the bottom of the ocean. The wind was blowing fiercely and loudly from the northeast and therefore propelled us quickly towards our desired destination. We had nothing to do but run before the wind and this is how we were driven forward.

The wind continued to blow in the same direction, from the northeast, until the tenth day of April; then a big calm came and the ship came to a standstill on Friday. At that time we were near Newfoundland, the first land we would reach in North America. After a few hours the wind veered to the northwest and began to blow against us. Then a wild and turbulent storm began, surprising everyone on the ship.

As it approached midnight, the sea swelled up into mountainous proportions, and the ship began to roll on the top of the waves. The sea was battering the sides of the ship and one blustery, violent wave hit the stern. It made her give a kick like a prancing horse. The chests which held my books and clothes went topsy-turvy, along with everything else in the ship's cabin. Everything in the captain's medicine-chest poured out. Some of the medicine bottles were broken and their entire contents lost.

I thought that the wild wave had broken in through the side of the ship and that we would soon be at the bottom of the ocean. I called to the Lord for mercy and to save us from the danger confronting us. The day will never come when I will forget how alarmed I was by that violent breaker that hit the ship. The captain shouted to everyone to come to the upper deck. Every sailor, cook and steward was called to help in this time of need. All of them hurried to assist and in a short time they took down the top-sails and mid-sails and wrapped them around the masts. They did not leave a sheet or sail unfurled and only the stripped masts were seen standing. When they took down the sails the ship was driven and greatly tossed around by the hurricane. We remained in that state until daybreak.

an ceann ceithir uairean fichead bhon a dh'fhàg sinn Grianaig bha sinn còrr agus ciad mìle an iar bho Eirinn. Nuair a dhùisg mise anns a' mhadainn Dihaoine bha mi 'gam thulgadh agus 'gam thonn-luasgadh bho thaobh gu taobh, air mo leabaidh, agus bha mi anabarrach tinn leis an tinneas-mhara. Cha b'urrainn mi biadh sam bith itheadh, do bhrìgh gu robh mi dìobhairt a h-uile nì a bha 'nam chom, gu ruig an domblas uaine. Ach, mu mheadhan-latha, thug an caiptean dhomh glainne de bhranndaidh agus briosgaid; an dèidh sin chaidh mi am feobhas, agus cha do dh'fhairich mi tuilleadh de thinneas-mara gus an do ràinig mi Aimeireaga.

Nuair a dh'òl mi am branndaidh chaidh mi air clar-uachdair na luinge a bheachdachadh air an t-sìde, agus thug mi sùil mun cuairt domh air "cuan meamnach nan dronnag" a bha ag èirigh suas 'na bheanntaibh liathghlas mu thimcheall na luinge. Bha an "fhairge 'ga sloistreadh 's 'ga maistreadh troimhe chèile", agus air uairibh dh'èireadh an long air uachdar nan cnoc ceannghlas, ionnas gu robh mullach nan crann a' beantainn ris na neòil. Air uairibh cile thuiteadh i sìos le aon slugadh anns na beanntaibh dubhghorm ionnas gun saoilteadh gum buaileadh a sàil air an aigeal. Bha a' ghaoth a' sèideadh gu cruaidh, sgalanta, bho'n ear-thuath, agus mar sin rinn i ar greasad air n-adhart a chum na tìre ris an robh ar n-aire. Cha robh nì againn ri dhèanamh ach ruith roimh 'n ghaoith agus mar so dh'iomaineadh sinn air ar n-adhart.

Mhair a' ghaoth a' sèideadh, às an aon àirde, bho'n ear-thuath, gus an deicheamh latha de'n mhìos April; an sin thàinig ciùine mhòr agus sheas an long air Dihaoine. Bha sinn aig an àm sin am fagus do'n Tìr-Nomha, a' cheud fhearann air an tigeamaid do Aimeireaga tuath. An ceann beagan uairean thionndaidh a' ghaoth ris an iar-thuath agus thòisich i air sèideadh 'nar n-aghaidh. An sin dh'èirich gu h-obann stoirm ghailbheach, ànrathach, a chuir gach duine san luing 'nan cabhaig.

Nuair a bha e a' dlùthachadh ri meadhan-oidhche, dh'at an fhairge suas 'na beanntaibh, agus thòisich an long ri luasgadh air bharraibh nan tonn. Bha an cuan a' slachdraich air taobhan na luinge, agus thàinig aon tonn aintheasach, gailbheach, agus bhuail e i air a deireadh. Thug

At first I was so frightened that I couldn't sleep. However, when the ship had been put right I got the courage to lie down in bed and I fell asleep. I pledged my spirit to the hands of the Lord, and when I woke up in the morning I gave thanks to the King of the Elements, because we were still safe and he had brought us unscathed from the peril of the night to the joyous light of the morning. I then got up cheerfully, ate food and seized courage.

This was the first terrible storm that I had experienced at sea and therefore it frightened me more. But this storm was only the beginning of our distress, for the wind continued to blow from the northwest for three full weeks. It rolled us back and forth during that time on the Grand Banks of Newfoundland, and we had six or seven nights that were even stormier than that one.

On Saturday the 25th day of April a terrible storm raged against us. The sea could be seen erupting into mountainous rollers. When the ship was in the troughs between the breakers the huge grey waves could be seen hanging high above our heads, threatening to come down fast and sink the ship. Nobody could stay on his feet on the upper deck. Everyone was stumbling like an intoxicated man. That day we saw large mounds called icebergs. They were like the Hill of Rannoch or Ben Cruachan, sitting like Ailsa Craig on the waves, swimming on the surface of the ocean. We did not go near them since we had the light of day to avoid them.

It was dangerous if the ship hit one of the icebergs. They would smash her into smithereens in the twinkling of an eye. We passed this hazard safely because the Lord is gracious to us.

On Thursday April 30th the wind stopped blowing from the northwest and turned to the southwest. At that time we were at the back of Cape Breton and the southwest wind was in our favour since we intended to sail around the north of that island, having heard from ships we met that the Canso Strait was full of ice. We had originally intended to sail through the Strait. Therefore we had to turn around to the north, but now there was another risk facing us. That night we got word that there was ice ahead of us and that we were getting close to it. We then took the sails down and stopped where we were for the night.

e oirre breab a thoirt cosmhail ri each meanmnach; thilgeadh bun os cionn na cisteachan anns an robh mo leabhraichean agus m'aodach, maille ris gach nì a bha ann an seòmar na luinge, agus thaomadh a mach gach nì a bha ann an ciste nan cungaidhean leighis, a bhuineadh do'n Chaiptean, ionnas gu robh cuid de na soireachan-leighis air am bristeadh, agus gach nì a bha annta air chall.

Shaoil leam gun do bhrist an tonn gailbheach so a stigh troimh chliathaich an t-soithich agus gum bitheamaid an grunnd a' chuain a thiota. Dh'èigh mi ris an Tighearna air son tròcair, gun teasairgeadh e sinn bho'n chunnart anns an robh sinn. Cha tig an latha a dhiochuimhnicheas mi an clisgeadh a chuireadh orm leis an tonn aintheasach ud a bhuail air an luing. Dh'èigh an Caiptean a mach ris gach aon a bhi air clar-uachdair na luinge; chaidh gach seòladair, us còcaire, us stiùbhard a ghairm a mach gu cobhair a dhèanamh an àm na h-èiginn; chaidh gach duine 'na chabhaig agus gach làimh 'nan tarraing; agus an tiota beag leag iad na siùil mhullaich us mheadhain, us rinn iad am pasgadh ris na crainn. Cha d'fhàg iad sgòd no brèid gun tarraing a stigh, agus cha robh ri fhaicinn ach na crainn rùisgte 'nan seasamh. Nuair thug iad a nuas na siùil dh'iomaineadh an long, agus bha i gu mòr air a luasgadh thuige agus bhuaithe leis an doininn. Bhuanaich sinn anns a' chor so gu briseadh na fàire.

Air tùs bha eagal cho mòr orm agus nach b'urrainn mi dol a chadal; ach, an dèidh mheadhan oidhche, nuair a chuireadh an long air dòigh, ghabh mi misneach gu dol am shìneadh san leabaidh agus an sin thuit mi thairis ann am chadal. Thiomainn mi suas mo spiorad ann an làmhan an Tighearna, agus an uair a dhùisg mi 's a' mhadainn thug mi buidheachas do Rìgh nan Dùl, a chionn gu robh sinn fhathast sàbhailte agus gun tug e gu tèarainte sinn bho ghàbhadh na h-oidhche gu solas aobhach na maidne. An sin dh'èirich mi suas le subhachas, dh'ith mi biadh, agus ghlac mi misneach.

B'i so a' chiad stoirm uamhasach anns an robh mi air fairge agus mar sin chuir i am barrachd eagail orm. Ach cha robh anns an stoirm so ach toiseach ar n-ànraidh oir mhair a' ghaoth a' sèideadh bho'n iar-thuath rè trì seachdainean iomlan; bha sinn air ar luasgadh a null agus a nall leatha fad na h-ùine sin air na h-Oitiribh Mòra aig an Tir-Nomha

When dawn broke the next day, the first day of May, we were surrounded by a thick dark fog. When it lifted we looked out and, lo and behold, the ice was encircling us. The hazard that we were afraid of had arrived. Facing us we saw the hills and rocks of Cape North on Cape Breton Island, for we were close to Ingonish Cove. Paul's Island was a short distance north of us, about ten miles from Cape North. At this time we were about thirty miles from Paul's Island.

This island is about three miles long and one mile wide. Because many ships have been wrecked here the government of the province built a lighthouse at each end of the island in order to help sailors when they encountered stormy weather on a dark night. To differentiate between the two lights at night, the south light rotates and the north light remains static. We stayed close to this island for six days, from Friday morning to Wednesday evening, for we couldn't move because of the ice. We made many attempts to get out of the prison where we were trapped but we failed for six days. However, God was favourable to us and kept the wind down, for hardly a breath of air blew during that time. On Tuesday night a strong wind came from the northwest and pushed the ship and the ice back and fore. When the ship would hit a big chunk of ice I thought that it was going to break into splinters quickly.

On the morning of Wednesday, May 6th, the ice began to disperse. Before evening it was pushed past by the strong current that comes from the Gulf of St. Lawrence and continues to flow out between Cape North and Newfoundland. In this way we escaped from the danger of the ice and met very little of it until we reached the end of our journey.

While we were held captive by the ice I saw many small boats with two masts among the ice, waiting to catch seals. When the seals emerged from the sea during the warmth of the day, and lay down to sun themselves on a chunk of ice, they would fall asleep. The men jumped on them with sticks, clubs and guns and killed them when they found them sleeping. Then they took off their skins and blubber. I saw the ice red with the blood of the seals.

When we were in the ice at Cape North I looked around me on all sides, and all I could observe was a wide expanse of ice on the

(Banks of Newfoundland); agus bha sia no seachd a dh'oidhchibh
againn na bu stoirmeile na an oidhche ud.

Air Disathairne an 25mh là April bha stoirm uamhasach a'
sèideadh 'nar n-aghaidh. Chìteadh an fhairge a' bòchdadh suas 'na
beanntaibh àrda, agus nuair a bhiodh an long anns na glinn eadar na
tuinn, chìteadh na stuadhan mòra liathghlas an crochadh gu h-àrd
os ar cionn, a' bagairt taomadh a nuas oirnn gu grad, gus an long a
chur fodha. Cha b'urrainn do dhuine a chasan a chumail air a' chlar-
uachdair, ach bha gach neach a' tuisleachadh mar dhuine air mhisg.
Chunnaic sinn air an latha sin mill mhòra, agus beanntan àrda, ris
an abrar *cruachan-deigh,* cosmhail ri Cruach Rainneach no Beinn-
chruachan, 'nan suidhe mar "Ealasaid a' Chuain" air na tuinn, a' snàmh
air uachdar na fairge, ach cha deachaidh sinn am fagus daibh, bhrìgh
gun robh solas an latha againn son an seachnadh.

Bha cunnart ann nam buaileadh an long air aon de na cruachan-
deigh; dheanadh iad a cur as a chèile 'na sgealbaibh ann am prioba na
sùla. Ach chaidh sinn tèarainte seachad air a' chunnart so, oir bha an
Tighearna gràsmhor dhuinn.

Air Diardaoin an 30mh là April sguir a' ghaoth bho'n iar-thuath
do shèideadh, agus thionndaidh i ris an iar-dheas. Bha sinn aig an àm
sin a mach air cùlaibh Cheap Breatainn agus bha a' ghaoth an iar-dheas
ro fhàbharach dhuinn do bhrìgh gun robh sinn a los seòladh timcheall
air ceann a tuath an eilein sin, oir fhuair sinn fios bho longan ris an do
choinnich sinn, gun robh Caolas Chànso làn deighe, ged a bha sinn a'
rùnachadh an toiseach seòladh troimh 'n Chaol. B'èiginn duinn uime
sin tionndadh mun cuairt ris an àirde tuath; ach bha a nise cunnart
eile am fagus duinn, oir air an oidhche sin fhuair sinn fios gun robh
an deigh romhainn, agus nach robh i fada bhuainn. Thionndaidh sinn
mun cuairt an long le cabhaig agus thill sinn air ar cùrsa. An sin thug
sinn a nuas na siùil agus stad sinn rè na h-oidhche anns an àite sin.

Nuair a shoillsich a' mhadainn an ath latha, a' cheud latha de'n
Mhàigh, bha ceò mòr tiugh dùinte m'ar timcheall, agus cho luath 's
a thog an ceo suas dh'amhairc sinn a mach, agus feuch bha an deigh
air iathadh mun cuairt duinn. Thàinig an t-olc sin oirnn roimh an
robh eagal againn; chunnaic sinn thall mu'r coinneamh beanntan agus
creagan an Rudha Thuathaich de Eilean Cheap Breatainn; oir bha sinn

surface of the ocean, as far as my eyes could see. I then remembered the words of the Psalmist: "He will throw out his ice like morsels: who can stand against his cold?" At that time I saw the ice spread on the surface of the sea like large morsels, for it was an accumulation of thick lumps spread around the ship. There I saw the power and majesty of the Supreme Being who made the ice and threw it out in fragments, like bites of bread or cubes of a big oatmeal bannock. I also understood that He who splintered it into bits was capable of saving us from any harm that it could inflict upon us.

After six days on the ice, watching the summits of Cape North and the grey appearance of the rugged rocks that served as a wall of defence around its foundation, to save it from being knocked down by the buffeting of the tempestuous waves that incessantly struck its base, we raised the sails to the wind and sailed onward to the southwest.

The following day we passed the Magdalene Islands, seven small islands in the Gulf of St. Lawrence, opposite Cape St. Lawrence in Cape Breton. On Friday we came close to Prince Edward Island, or Prince Ivor's Island, a name derived from Prince Ivor, Duke of Kent, the queen's father, for the French had called it John's Island, after John the Baptist. None of the names is appropriate, and this proves how poor and deficient in vocabulary today's people are in regard to place names compared with the old Gaels, who had a particular name for every island, loch, hill, river, glen and moor that they knew. I believe that they would have called Prince Edward Island the Long Island, because it is 140 miles long and 40 miles wide. We sailed past the east end of the island, between it and Cape Breton. This name is not apt for this island either. The old Gaels would have given it a much more pertinent name. The Isle of Lakes would have been more appropriate, since it is full of lochs and inland seas.

I was eager to be in Pictou on Saturday night so that I could preach in the parish on the Sunday, but because the wind was against us we could not get into port earlier than Sunday evening. Therefore we didn't disembark until Monday. On the tenth day of May we went into the port of Pictou and anchored there. We had been at sea for

mu choinneamh Camus Ionganais. Agus bha Eilean Phòil beagan gu tuath oirnn, mu'n cuairt de dheich mìle mach bho'n Rudha Thuath. Bha sinn aig an àm so mu thuaiream deich mìle fichead bho Eilean Phòil.

Tha an t-eilean so mu thimcheall trì mìle air fad agus mìle air leud; agus do bhrìgh gun do thachair mòran calla do longaibh aig an àite sin chuir luchd-riaghlaidh na Mòr-Roinn suas taigh-solais air gach ceann de'n eilean, a chum an t-slighe fheuchainn san oidhche dhuirche do na maraichean a bhios a' fulang ànradh-cuain. Gu dealachadh a chur eadar an dà sholas anns an oidhche, tha an solas deas a' dol mun cuairt, agus tha an solas tuath a' seasamh gun charachadh. Dh'fhan sinn am fagus do'n eilean so sia làithean, bho mhadainn Dihaoine gu feasgar Diciadain, oir cha b'urrainn sinn dol a null no nall leis an deigh. Thug sinn iomad ionnsaigh agus oidhirp air faotainn a mach as a' phrìosan anns an robh sinn ach dh'fhairtlich oirnn fad shia làithean. Gidheadh, bha an Tighearna fàbharach ruinn, agus chùm e a' ghaoth 'na laighe, oir is gann a bha osag a' sèideadh rè na h-ùine sin. Air oidhche Dimàirt dh'èirich gaoth làidir bho'n iar-thuath agus dh'iomain i an long agus an deigh a null 's a nall, agus nuair a bhuaileadh an long air meall de'n deigh, shaoilinn gum biodh i na sgealbaibh ann an tiota.

Air madainn Diciadain an 6mh là de Mhàigh, thòisich an deigh ri sgaoileadh, agus mun d'thàinig am feasgar ghabh i seachad leis an t-sruth mhòr a bha tighinn a mach bho Fhairge Labhrainn agus a' sruthadh a mach eadar an Rudha Tuath agus an Tìr-Nomha. Mar so fhuair sinn fuasgladh bho chunnart na deighe, agus cha do thachair a' bheag tuilleadh dhith oirnn gus an d'ràinig sinn ceann ar turais.

Am feadh a bha sinn dùinte anns an deigh chunnaic mi mòran de longaibh beaga dà-chrannach a measg na deighe, agus daoine air bòrd annta, a' feitheamh ris na ròin a ghlacadh. Nuair thigeadh na ròin às an fhairge ri teas an latha, agus a laigheadh iad sìos 'gan grianadh air meall de'n deigh, thuiteadh iad an sin 'nan cadal. Bha na daoine a' leum orra le bataichean, le cuaillibh agus le gunnaichibh, agus 'gam marbhadh nuair a thigeadh iad orra 'nan cadal, agus an sin bheireadh iad dhiubh am bian agus an t-saill. Chunnaic mi an deigh dearg le fuil nan ròn.

39 days, for we had left Glasgow on April 2nd. We suffered plenty of distress and storm on our journey, but the Lord was favourable and he brought us to the port that we desired.

Because of that our hearts were full of joy, since He had delivered us from every peril.

Nuair a bha sinn dùinte anns an deigh aig an Rutha Thuath, bha mi a' sealltainn mun cuairt air gach taobh dhomh, agus cha'n fhaicinn ach aon raon farsainn de dheigh air uachdar na fairge, cho fada 's a ruigeadh mo shealladh. Chuimhnich mi an sin air briathraibh an t-Salmadair: "Tilgidh e mach a dheigh mar ghreamannan: cò a dh'fhaodas seasamh fa chomhair 'fhuachd?" Bha mi a' faicinn aig an àm sin na deigh sgaoilte mach air uachdar na mara mar ghreamannaibh mòra; oir bha i 'na mìribh tiugh sgapta mu thimcheall na luinge. Chunnaic mi an sin cumhachd agus mòrachd an Tì a rinn an deigh, agus a thilg a mach i 'na bloighdibh, cosmmhail ri greamannaibh arain, ceathramhnaibh de bhonnach mòr arain coirce. Thuig mi mar an ceudna gun robh esan a sgealb 'na mìribh i as a chèile comasach air sinne theasairginn bho dhochann sam bith a b'urrainn i dhèanamh oirnn.

An dèidh dhuinn a bhi sia làithean anns an deigh, a' beachdachadh air bideanaibh mullaich an Rudha Tuath, agus air aogas liathghlas nan creagan grìomach, a bha mar bhalla-dìon mun cuairt d'a bhonn, gus a theasairginn bho bhi air a leagail sìos le slachdraich nan tonn gailbheach a bha a' sìor bhualadh gun sgur ris an iochdar, thòg sinn na siùil ris a' ghaoith agus sheòl sinn air n-aghaidh ris an iar-dheas.

Air an latha màireach chaidh sinn seachad air Eileanaibh Mhagdalain, seachd eileanan beaga a tha a' seasamh ann am Muir Labhrainn, mu choinneamh Rudha Labhrainn (Cape St. Lawrence) an Ceap Breatann. Air Di-haoine thàinig sinn am fagus do Eilean Prionnsa Eideard, no Eilean Phrionnsa Iomhair, ainm a thugadh air bho Phrionnsa Iomhar, Diuc Kent, athair na Ban-righinn oir b'e an t-ainm a thug na Frangaich air, Eilean Eòin no Eilean Iain, air son Eòin Baiste. Chan eil aon de na h-ainmibh freagarrach, agus tha so a' dearbhadh cho bochd, gann-bhriathrach 's a tha muinntir an latha 'n diugh air son ainmean àite ann an coimeas ris na seann Ghàidheil, aig an robh ainm fa leth air son gach eilean us loch, us cnoc us abhainn us gleann us monadh, a chitheadh iad. Tha mi creidsinn gu math gun tugadh iad an t-Eilean Fada mar ainm air, oir tha e seachd fichead mìle air fad agus dà fhichead air leud. Sheòl sinn seachad air a' cheann sear de'n Eilean eadar e fèin agus Ceap Breatann. Cha'n eil an t-ainm so freagarrach air an eilean so, nas mò na ainm an eilein eile. Bheireadh

Air a Bhliadhna 1846.

Nuair a bha sinn duinte anns an deigh aig an Rutha Thuath, bha mi a' sealltuinn mun cuairt air gach taobh dhomh, agus cha-n fhaicinn ach aon raon farsuinn de dheigh air uachdar na fairge, cho fada 's a ruigeadh mo shealladh. Chuimhnich mi an sin air briathraibh an t-Salmadair, "Tilgidh e mach a dheigh mar ghreamannan: co a dh'fhaodas seasamh fa chomhair 'fhuachd?' Bha mi a' faicinn aig an am sin na deigh sgaoilte mach air uachdar na mara mar ghreamannaibh mora; oir bha i 'na miribh tiugh sgapta na thimchioll na luinge. Chunnaic mi an sin cumhachd agus morachd an Ti a rinn an deigh, agus a thilg a mach i 'na bloighdibh. cosmuil ri greamannaibh arain, ceathramhnaibh de bhonnach mor arain coirce. Thuig mi mar an ceudna gun robh eazn a sgeath 'na miribh i as a cheile comasach air sinne theasairginn bho dhochann sam bith a b'urrainn i dheanamh oirnn.

An deigh dhuinn a bhi sia laithean anns an deigh, a' beachdachadh air shideanaibh wullaich an Rutha Tuath, agus air aogus liaghlas nan creagan griomach, a bha mar bhalla-dion mun cuairt d'a bhonn, gus a theasairginn bho bhi air a leagail sios le slachdraich nan tonn gailbheach a bha a' sior bhualadh gun sgur ris an iochdar, thog sinn na siuil ris a' ghaoich agus sheol sinn air n-aghaidh ris an iar-dheas. Air an latha mairach chaidh sinn seachad air Eileanaibh Mhagdalain, seachd eileanan beaga a tha a'seasamh ann am Muir Labhrainn, mu choinneamh Rutha Labhruinn (Cape St. Lawrence) an Cape Breatunn. Air Di-haoine thainig sainn am fagus do Eilean Prionnsa Eideard, no Eilean Phionnsa Iomhair, ainm a thugadh air bho P. rionnsa Iomhair, Diuchd Kheat, athair na Ban-righinn air b'e an t-ainm a thug na Frangaich air, Eilean Eoin no Eilean Iain, air son Eoin Baiste, Chan'eil aon de na h-ainmibh freagarach, agus tha so a'dearbhadh cho boobd, gann-bhriathrach 's a tha muinntir an latha 'n diugh air son aiamean aiteann an coimeas ris na seann Ghaidheil, aig an robh ainm fa leth air aon gach eilean ua loch, us cnoc us abhainn us gleann us monadh, a chicheadh iad. Tha mi creidsinn gu math gun tugadh iad an t-Eilean Fada mar ainm air, oir tha e seachd fichean mile air fad agus da fhichead air leud. Sheol sinn seachad air a' cheann ear de'n Eilean eadar e fein agus Ceap Breatunn. Cha-n 'eil an t-ainn so freagarrach air an eilean so, nas mo na ainm an eilein eile. Bheireadh us seann Ghaidheil ainm air morau na bu fhreagarraiche. Se an t-Eilean Loch Iunnach ainm bu fhreagarraich, oir tha e lan lochan agus lionnsachan visge. Bha mise re dheonadh a bhi staigh ann an caladh Phictou air oidhche Di-sathurna, a chun gun searmonaichinn anns a' bhaile air an t-sabaid; ach a chionn gun robh a' ghaoth 'nar n-aighaidh cha b'urrainn duinn am port a dheanamh a mach na bu luaithe na feasgar na Sabaide. Uime sin cha deachaidh sinn air tir gu Di-luain. Air an deicheamh la de Mhaigh, chaidh sinn a staigh do phort Phictou agus thilg sinn a mach ar n-acraichean anns a' chala. Bha sinn naoi laithean deug thar fhicload air a chuan, oir d'a 'fheg sinn Galaacho air an dara latha de April. Fhuair sinn auradh agus stoirm gu leor air an turus, ach bha an Tighearna fabharach, agus thug e sinn gu tearuinte do'n chala bu mhiannach leinn. Uime sin lionadh ar cridhe le subhachas, a chionn gun do theasaaig e sinn as gac cunnart.

D. B. B.

TURUS A MHARAICHE.

LE EOBHAN MAC LAOMUIN, M. A., D. D.

Ach, tiomchioll an naodhamh uair de'n latha, dhorchaicheadh a ghrian, agus bha a ghsalach air a tiunndadh gu fuil, thuit reul an bho Neamh mar a hi g a o aobhfhige a tigean an-abaich; agus sheas singeal cumhachdach eu cionn a bhaile ag eigheach, Thuit, thuit Babilon! Thigibh a mach aisde mo phobull, chum nach bi sibb comhpairteach d'a peacaibh. Thuit samhchair a bhais air a bhaile. Ghlac moradhoilghios a Ban-righinn Scarlaid; chonndaich i a h-aghaidh.

Theich daoine cumhachdach agus comhairlichean chum iad fein fhalach ann an uamhaibh agus ann an slochdaibh na talmhainn, ag radh ris na sleibhtibh agus ris na creagaibh. "Tuitibh oirnne agus folaichibh sinn o ghnuis an ti a tha na shuidhe air an righ-chaithir, agus o fheirg an Uain, oir thainig la mor fheirge-san; agus co a dh'fheudas seasamh?"

Nuair a thog a Bhan-righ suas a suilean feuch! air balla a tigh-cuirne an sgriobhadh so. "Tha thu air do thomhas air a' mheigh, agus fhuaireadh easbhuidheach thu." Tha am fion nuadh ri caoidh, tha an fhionan lag, tha luchd a chridhe aobhin uile ag osnaich. Sguir fuaim aighireach nan tiompan; thoirig luath ghaire na muinntir a bha ri gairdeochas; sguir aighir na clarsaich, dhorchaicheadh gach aighir; dh'fhagadh leir-chreach anns a bhaile agus le buaireas bhriseadh sios an geata. Chriothanaich bunaitean na talmhainn, sheaig na sluagh as agus chrion iad air falbh.

Cha robh fuaim r'a chluinninn, ach a mhain tuireadh agus eu-dochas.

Nuair thainig an oidche, bha eagal orta roinh 'n mhaduinn. Ach anns a mhadninn dh'eirich a ghrian, bha na ballachan na'n seasamh, an turaite agus an teampuill, agus lionmhoireachd an luchairtean nochatharraichte; thainig an sluagh a mach, aon as deigh aou, chosanaich iad gach a cheile, agus gu'n aon air dosgunn thuilang, dhichuimhnich iad briathran an aingil, agus bha iad ri malairt, mealltaireachd agus toibheum; "phill am madadh air ais chum a sgeith fein; agus a' mhue a chaidh nighsadh, chum a h-aoirneagan san lathaich."

(Ri Leantuinn.)

Tha J. B. Thompson, Toronto, Ont., a sgriobhadh. Bha mi tinn le drochstumaig fad da bliadhna dheug, agus bha mi gle dhona air uairibh. Dh'fheuch mi iocshadh gus an d'fhuair mi K. D. C. mi faochadh gua an d'fhuair mi K. D. C. Tha mi 'n diugh na's fhearr na bha mi o chionn iomadh bliadhna.

na seann Ghàidheil ainm air mòran na bu fhreagarraiche. Se an t-Eilean Loch Linneach ainm bu fhreagarraiche, oir tha e làn lochan agus linneachan uisge.

Bha mise ro dheònach a bhi stigh ann an caladh Phictou air oidhche Di-sathurna, a chum gun searmonaichinn anns a' bhaile air an t-Sàbaid; ach a chionn gun robh a' ghaoth 'nar n-aghaidh cha b'urrainn duinn am port a dhèanamh a mach na bu luaithe na feasgar na Sàbaide. Uime sin cha deachaidh sinn air tìr gu Diluain. Air an deicheamh là de Mhàigh, chaidh sinn a stigh do phort Phictou agus thilg sinn a mach ar n-acraichean anns a' chala. Bha sinn naoi làithean deug thar fhichead air a' chuan, oir dh'fhàg sinn Glascho air an dara latha de April. Fhuair sinn ànradh agus stoirm gu leòr air an turus, ach bha an Tighearna fàbharach, agus thug e sinn gu tèarainte do'n chala bu mhiannach leinn.

Uime sin lìonadh ar cridhe le subhachas, a chionn gun do theasairg e sinn às gach cunnart.

(25 December 1869 and 15 January 1870)

Travels in Nova Scotia, Prince Edward Island and Cape Breton 1846-1847

As soon as I came ashore in Pictou I visited the house of Donald Ferguson, one of the church elders, for I had a letter for him from a minister in Scotland. He directed me to a boarding house where I could stay. On Wednesday May 13th I went about eight miles into the country and there I met Mr. Stewart, minister of New Glasgow, and Mr. Sutherland and Mr. Campbell, two of my companions at the College or University of Edinburgh, who were now ministers of the gospel in Nova Scotia's presbytery of Pictou. I greatly rejoiced when they met me, and they were very glad to see me in good health.

I was in the town of Pictou on the Sabbath, and the sentiments that arose in my mind when I heard the sound of the Gaelic Psalms being sung in a strange land were profound. I remembered the days gone by when I used to listen to the melodies of the Psalms in my native land. I thought I was at home in the Highlands, and I could hardly believe that I was now two thousand miles from the land where I was brought up. My mind was filled with melancholy and sad thoughts that overwhelmed me with emotion. However, I remembered that I was under the eye of the omnipresent Supreme Being here as I was in Scotland, and I saw the eternal majesty of the Almighty who is present in every part of the universe that He created.

I stayed in the district of Pictou until the last month of summer and on Monday the 6th day of that month I joined Mr. Murdoch Stewart and Mr. Wilson, two ministers from Cape Breton who were going to Halifax to the Synod that was to meet on Wednesday. The ministers from Pictou were also with us and we reached Halifax on Tuesday evening. The Synod met the following day, and there I met Mr. MacTavish who had just returned from Canada, a meeting that gave me great pleasure, for we had known each other in Scotland. I returned to Pictou on Saturday. Mr. MacTavish arrived the following week and he and I went across to find out how the Gaels were getting on in Prince Edward Island. We stayed for about fourteen days in

(25 Dùbhlachd 1869 agus 15 Faoilleach 1870)

Tursan Air Feadh Nuadh-Albainn, Eilean Prionnsa Eideard Agus Eilean Cheap Breatainn 1846-1847

Cho luath 's a thàinig mi air tìr aig Pictou thadhail mi aig tigh Dhòmhnaill MhicFhearghais, aon de sheanairibh na h-eaglaise, oir bha litir agam d'a ionnsaidh o mhinisteir ann an Albainn. Sheòl esan mi gu tigh-chairtealan far an gabhainn còmhnaidh. Air Diciadain an 13mh là de Mhàigh, chaidh mi mach do'n dùthaich mu ochd mile agus thachair mi an sin air Mr. Stiùbhart, minister Ghlascho Nomha, agus Mr. Sutharlan agus Mr. Caimbeul, dithis de na companaich a bh' agam ann an Colaisde no Oilthigh Dhùn-Eidinn, a bha nise 'nam ministeiribh an t-soisgeil ann a Nuadh Albainn, ann an clèir Phictou. Rinn mi gàirdeachas mòr nuair a choinnich iad mi, agus bha iadsan ro shubhach nuair a chunnaic iad mise slàn fallain.

Bha mi ann am baile Phictou air an t-Sàbaid, agus b' iongantach na faireachdainnean a dhùisg ann am inntinn nuair a chuala mi fuaim nan Salm Gàidhealach 'gan seinn air tùs ann an tìr aineoil. Chuimhnich mi air na làithibh a chaidh seachad nuair a b'àbhaist domh a bhith ag èisteachd ri fonn nan Salm ann an tìr mo dhùthchais. Tharr leam gun robh mi aig an tigh 'sa Ghàidhealtachd, agus 's gann a chreidinn gun robh mi nise dà mhìle de mhìltibh air astar o'n tìr anns an deachaidh m' àrach. Lìonadh m' inntinn le smuaintibh tiamhaidh, muladach, agus thàinig reachd 'nam chliabh. Ach chuimhnich mi gun robh mi fo shùil an Tì Uile-làthairich an so an aon nì us an Albainn, agus chunnaic mi Mòrachd neo-chriochnach an Uile-chumhachdaich a tha làthair anns gach ionad de 'n Chruitheachd a dhealbh e.

Dh'fhuirich mi ann an dùthaich Phictou gus an d'thàinig mìos mu dheireadh an t-samhraidh agus air Diluain an 6mh là de'n mhìos chaidh mi maille ri Mr. Murchadh Stiùbhart agus Mr. Wilson, dithis mhinisteirean à Ceap Breatainn a bha dol gu Halifax a chum an t-Seanaidh a choinnich air Diciadain. Bha ministeirean Phictou maille ruinn mar an ceudna agus ràinig sinn Halifax air feasgar Dimàirt. Air an latha màireach choinnich an Seanadh, agus an sin thachair orm Mr. MacThàmhais an dèidh dha pilltinn o Chanada, nì a chuir aoibhneas

different parts of the island, preaching in each place. On the Sunday Mr. MacTavish preached in Charlottetown, the island's capital, and on Monday the twentieth day of the month he and I went our separate ways until we met again in New London on Thursday.

After that we returned to Charlottetown. Mr. MacTavish stayed there to preach on the Sunday, but I continued on to Brown's Creek, where there were many Gaels who had come from Skye, Mull and Colonsay. On Tuesday Mr. MacTavish came to Brown's Creek, preached there, and baptized more than twenty children at the same time. There were between eight and nine hundred people present that day and they were thrilled to hear the gospel in their own language, for they had been without a service for a long time. Indeed, throughout the whole island they were very happy that we had come to preach to them. They earnestly pleaded with us to stay with them for some time, but it was not possible for us to stay because Mr. MacTavish was going to sail from Halifax to Britain by steamboat on Tuesday the 4th day of August. For that reason we bade farewell to the Gaels of Prince Edward Island and sailed to the town of Pictou. Mr. MacTavish left Pictou for Halifax where he boarded a ship bound for Britain, leaving me homesick in a strange land.

At the beginning of September I returned to Prince Edward Island along with Mr. Stewart and Mr. Sutherland. We left on Tuesday the first day of the month and went ashore that night on the Little Sands opposite Pictou. The following day, after church services, we continued on our journey around the east side of the island until we reached Brown's Creek. Mr. Stewart and I proceeded onward to Charlottetown, but Mr. Sutherland stayed on at Brown's Creek to preach there on Sunday. Mr. Stewart preached in the city and I went about fourteen miles further to Strathalbyn where there was a Highland congregation of immigrants from the Isle of Skye. At the beginning of the week Mr. Stewart and Mr. Sutherland continued their journey and we met in New London. From there we returned to Strathalbyn where we served the Sacrament of the Lord's Supper on the Sabbath, when about two thousand people assembled. They were despondent when we left, because they were like a flock without a

mòr orm, oir bha sinn eòlach air a chèile ann an Albainn. Phìll mise
gu Pictou air Disathairne agus thàinig Mr. MacThàmhais air adhart an
ath sheachdain agus chaidh e fèin 's mise thairis a dh'fhiosrachadh cor
nan Gàidheal ann an Eilean Prionns' Eideard. Dh'fhuirich sinn mu
thimcheall ceithir latha deug air feadh an Eilein, a' searmonachadh
anns gach àite. Air an t-Sàbaid shearmonaich Mr MacThàmhais
ann am baile Charlotte, ceann-bhaile an Eilein, agus air Diluain, an
20mh là de'n mhìos, chaidh e fèin 's mise mach air dà rathad eadar-
dhealaichte gus an do choinnich sinn aig Nuadh Lunnainn Diardaoin.

An dèidh sin phìll sinn air ar n-ais gu baile Charlotte. Dh'fhan
Mr. MacThàmhais gu searmonachadh anns a' bhaile air an t-Sàbaid,
ach chaidh mise air m' adhart gu Geodha a' Bhrùnaich, far an robh
mòran Ghàidheal a thàinig às an Eilean Sgitheanach, à Muile agus
à Colosaidh. Air Dimàirt thàinig Mr. Mac Thàmhais air adhart gu
Geodha Bhrùnaich, shearmonaich e an sin, agus bhaist e còrr 'us
fichead leanabh aig an aon àm. Bha eadar ochd 'us naoi ceud sluaigh
cruinn an là sin, agus rinn iad gàirdeachas ro mhòr nuair a chuala iad
an soisgeul 'nan cànain fèin, oir bha iad iomadh latha gun searmoin,
seadh air fad an Eilein bha iad ro aoibhneach a chionn gun deachaidh
sinn g' am fiosrachadh. Ghuidh iad oirnn gu dùrachdach fantainn
beagan ùine maille riutha, ach cha robh e comasach dhuinn fantainn,
do bhrìgh gun robh Mr. Mac Thàmhais a' dol a sheòladh à Halifax do
Bhreatainn air an Stoth-Bhàta (*Steam-boat*) air Dimàirt an 4mh là de
August. Air an adhbhar sin ghabh sinn ar cead do na Gàidheil ann an
Eilean Prionns' Eideard agus sheòl sinn gu baile Phictou. Dh'fhalbh
Mr. MacThàmhais à Pictou gu Halifax às an do ghabh e long do
Bhreatainn agus dh'fhàg e mise cianail às a dhèidh ann an tìr aineoil.

Mu thoiseach mìos September chaidh mi air m' ais a rìs gu Eilean
Prionns' Eideard maille ri Mr. Stiùbhart agus Mr. Sutharlan. Dh'fhalbh
sinn air Dimàirt a' cheud là dhe'n mhìos, agus chaidh sinn air tìr an
oidhche sin aig na Tràghannan beaga mu choinneamh Phictou. Air
an là màireach, an dèidh searmoin, chùm sinn romhainn air ar turas
timcheall ceann sear an Eilein gus an d' ràinig sinn Geodha Bhrùnaich.
Chaidh Mr. Stiùbhart agus mise air ar n-adhart gu baile Charlotte, ach
dh'fhuirich Mr. Sutharlan aig Geodha Bhrùnaich gu searmonachadh

shepherd. We parted with them in sorrow since we could not fill their void and we returned home to Pictou.

On the 19th day of September I went down to Barney's River, to be there on the Sabbath. I stayed with the people for the whole week, and on the following Sunday the Sacrament of the Lord's Supper took place there. Mr. Stewart and Mr. Campbell were with me at the service. We returned to Pictou on Monday, and next Sunday, the 4th day of October, the Sacrament was served at Matheson Mountain, eight miles from Pictou, where about three thousand people gathered. On the second Sunday of the month, October 11, I was preaching on the Blue Mountain. It was my first time there, and we held a prayer meeting on the Monday. I was very well pleased with this congregation. I did not meet many congregations in the woodlands that were as aware of their role as they were. They and the people of Barney's River asked me to remain with them as their pastor, but I did not wish to stay permanently at that time.

Since Mr. Stewart had gone to Scotland I stayed in his place for the winter and at the end of the season I went over to Lochaber to see Mr. Campbell. From there I returned to Barney's River, where I was on the 7th day of February, and then I went back to New Glasgow where I met my friend Mr. Alasdair MacIntyre from Sunart, a minister who had been sent to serve in Prince Edward Island that winter. I rejoiced when I saw him. We travelled together preaching in different places until I moved on to Cape Breton.

On Friday 12th March (*1847*) I left Antigonish and reached the Canso Strait about nightfall. I went over to the Island (*Cape Breton*) on the ice, for the channel was closed with the ice that was drifting throughout the ocean at this time. I stayed here until the Sabbath was over and on Monday 15th March I travelled about twenty miles to the Black River. On Tuesday I preached at the Black River Church from Verses 1-4 of Chapter 15 of the Gospel according to John. Mr. Stewart, the minister, was not at home since he was in Scotland at this time.

I left Black River on Wednesday and travelled on the ice for about fifteen miles on the lake that is called the Bras d'Or. It was frozen at

an sin air an t-Sàbaid. Shearmonaich Mr. Stiùbhart anns a' bhaile mhòr, agus chaidh mise mach mu cheithir mile deug gu Srath nan Albannach far an robh coithional Gàidhealach de mhuinntir an Eilein Sgiathanaich. Mu thoiseach na seachdain thàinig Mr. Stiùbhart agus Mr. Sutharlan air an adhart, agus choinnich sinn a chèile aig Nuadh Lunnainn. Phìll sinn air ar n-ais o sin gu Srath nan Albannach far an do fhritheill sinn Sàcramaid Suipear an Tighearna air an t-Sàbaid, nuair a chruinnich mu dhà mhìle sluaigh. Bha iad brònach nuair a dh'fhàg sinn oir bha iad mar chaoraich gun bhuachaille. Dhealaich sinn riutha le cianalas a chionn nach b' urrainn sinn an uireasbhaidh a leasachadh agus phìll sinn dhachaidh gu Pictou.

Air an 19mh là de September chaidh mi sìos gu Abhainn Bhàrnaidh gu bhi an sin air Shàbaid. Dh'fhan mi maille ris an t-sluagh fad na seachdain, agus air an ath Shàbaid bha Sàcramaid Suipear an Tighearna air a fhrithealadh an sin, agus bha Mr. Stiùbhart 's Mr. Caimbeul maille rium aig an t-seirbhis. Phìll sinn gu Pictou air Diluain, agus air an t-Sàbaid an dèidh sin, an 4mh là de October, bha Sàcramaid na Suipearach air a fhrithealadh air Beinn nam Mathanach ochd mile o Phictou far an do chruinnich mu thrì mile sluaigh. Air an dara Sàbaid de mìos October, an 11mh là, bha mi air a' Bheinn Ghuirm a' searmonachadh, a' cheud uair a bha mi riamh ann, agus chùm sinn coinneamh ùrnaigh air Diluain. Thaitinn an sluagh so rium gu h-anabarrach maith. Cha do thachair mi ri mòran de choithionalaibh feadh nan coilltean aig an robh uibhir de thuigse mu thimcheall an dleasdanais. Thug iad fèin agus muinntir Abhainn Bhàrnaidh gairm dhomh gu fantainn aca mar aodhaire, ach cha b'àill leam fuireach aig an àm sin.

Do bhrìgh gun deachaidh Mr. Stiùbhart do Albainn dh'fhuirich mi na àite air a' gheamhradh agus mu dheireadh a' gheamhraidh chaidh mi nunn do Lochabar a dh'fhaicinn Mhr. Caimbeul. Phìll mi à sin gu Abhainn Bhàrnaidh far an robh mi air an 7mh là dhe Februaraidh agus thàinig mi a rìs air ais gu Glascho far an do thachair mi air mo charaid Mr. Alasdair Mac an t-Saoir o Shuaineart, ministear a chuireadh a mach air son Eilean Prionns' Eideard air a' gheamhradh so. Rinn mi gàirdeachas nuair a chunnaic mi e. Shiubhail sinn cuideachd air feadh

the time from end to end and it was approximately sixty miles long and twenty-five miles wide. I reached Malagawatch that day and on the following day I preached in the Church. Although the day was bitterly cold, with the wind blowing from the northwest, half of the windows broken, and not a spark of fire in the building, the people endured the cold and listened patiently until the end. After that I went to a place called Little Narrows and preached at Patrick Channel Church on Friday. On Saturday I continued on to Whycocamagh in order to be there on Sunday.

On March 21st I preached in a church at a place called the Indian Village to a large crowd of people who had gathered from all of the communities around. They listened to the word with rapt attention and sat quietly until the service was over. They had a yearning to hear the gospel at that time and the power of godliness could be seen among them. It is evident that the gospel was preached here in times gone by and that people had noticed its power of revitalization in time of need. The toil and labour of love of Mr. Peter MacLean had been greatly blessed for the people. To this day the icons of grace that he established can be seen in every corner of the land. The footprints of the Heavenly Messenger can be seen among the woods and rocks and throughout the groves and glens of Whycocomagh. "So beautiful are the feet of those who preach the gospel of peace."

Whycocomagh is truly a lovely and precious spot like an oasis in the desert. The natural appearance of the place is appealing and wild; but there is a much better aspect to it. The Spirit of the Lord has been working among the people and has changed the old complexion of the place from being an arid and barren wilderness to being a productive and fertile pastureland. At that time Whycocomagh and the places around it were abandoned like sheep without a shepherd. When I was with them the people were eagerly waiting for Mr. Peter MacLean, something which gave great joy to those who had heard him preaching. I was sad leaving these people. I did not wish to leave them. It was with difficulty that I pulled myself away from them, for I was happy while I was with them. But since I had decided to go to Upper Canada, I had to leave.

na dùthcha a' searmonachadh gus an deachaidh mi air m' adhart gu Ceap Breatainn.

Air Dihaoine, an 12mh de 'n Mhàrt (1847), dh'fhàg mi Antigonish agus ràinig mi Caolas Chanso mu bheul an anmoich. Chaidh mi nunn air an deigh gu ruig an t-Eilean (Ceap Breatainn), oir bha an caolas air a dhùnadh suas leis an deigh a bha snàmh air feadh a' chuain aig an àm so. Dh'fhuirich mi aig an àite so gus an deachaidh an t-Sàbaid seachad, agus air Diluain, an 15mh là de'n mhìos, dh'fhalbh mi nunn gu ruig an Abhainn Dubh mu thimcheall fichead mile air astar. Shearmonaich mi ann an Eaglais na h-Aibhne Duibhe air Dimàirt o'n xv. Caib. 1-4 de Shoisgeul Eòin. Cha robh Mr. Stiùbhart, am ministear, aig an taigh oir bha e ann an Albainn aig an àm so.

Dh'fhàg mi an Abhainn Dubh air Diciadain agus shiubhail mi air an deigh mu chòig mile deug air an loch ris an abrar am Bras d'Or. Bha e reòta aig an àm so o cheann gu ceann agus bha e tuaiream trì fichead mìle air fad agus fichead mìle air leud. Ràinig mi Malagawatch an là sin agus air an là màireach shearmonaich mi anns an Eaglais. Ged a bha an latha goiniteil fuar, a' ghaoth a' sèideadh o 'n iar-thuath, dàrna leth nan uinneag briste, agus gun srad theine san tigh, gidheadh ghiùlain an sluagh am fuachd agus dh' èisd iad le foighidinn gus a' chrìoch. An dèidh sin chaidh mi nunn gu ruig àite ris an abrar na Caoil Bheaga agus shearmonaich mi ann an Eaglais Caolas Phàdruig air Dihaoine, agus air Disathairne chaidh mi air m' adhart gu ruig Uaichocomah a chum gum bithinn an sin air Shàbaid.

Air an 21mh là de'n Mhàrt shearmonaich mi ann an Eaglais an àite d' an goirear Cùl nan Innseanach do dhòmhladas mòr sluaigh, a chruinnich às gach taobh mun cuairt. Dh' èisd an sluagh ris an fhocal le geur aire, agus shuidh iad gu socrach gus an do chriochnaicheadh an t-adhradh. Bha tart orra air son èisdeachd an t-soisgeil aig an àm ud agus bha cumhachd na diadhachd ri fhaicinn 'nam measg. Faodar aithneachadh gun robh an soisgeul air a shearmonachadh an so anns na làithibh a chaidh seachad agus gun do mhothaich an sluagh a chumhachd beothachaidh ann an tomhas èiginn. Chaidh obair agus saothair ghràidh Mhr. Phàdruig MhicIlleathain a bheannachadh gu mòr do'n t-sluagh. Gus an latha 'n diugh chithear na comharran cuimhne

On Monday, the 22nd day of the month, I left Whycocomagh and made my way to River Denys where I spent two nights with Mr. Donald Cameron, a Lochaber man whose family came from Clunes on the side of Loch Lochy. He and his family showed me unstinting hospitality in keeping with the traditional generosity of the old Gaels. On Wednesday I left Donald Cameron's house and journeyed on until I reached the Strait of Canso on Friday evening. Here I met Mr. Alasdair MacIntyre, my preacher friend and colleague, who was on his way to Whycocomagh. He kept going and I went across the strait on a boat and returned to Pictou where I made preparations to go to Canada.

gràis a chuir e suas anns gach oisinn de'n tìr. Agus faodar lorg chos an Teachdaire Nèamhaidh fhaicinn am measg nan coilltean agus nan creag, air feadh nan doireachan agus nan gleann ann an Uaichocomah. "Cia sgiamhach cosan na muinntir sin a ta searmonachadh soisgeil na sìthe."

Tha Uaichocomah gu fìrinneach na bhall bòidheach lurach mar innis (oasis) fhàsaich anns an dìthreabh. Tha aogas nàdarra an àite maiseach agus fiadhaidh; ach nì a ta mòran na's feàrr bha Spiorad an Tighearna ag oibreachadh am measg an t-sluaigh agus thug e caochladh air tuar modhannail na tire o bhi na fàsaich tioram neo-thorrach gu bhi na machair thorraich tharbhaich. Aig an àm ud bha Uaichocomah agus na h-àitean mun cuairt da air an dìobradh mar chaoraich gun bhuachaille. 'Nuair a bha mise 'nam measg bha fiughair aig an t-sluagh ri Mr. Pàdruig MacIllEathain, nì a chuir mòr aoibhneas orrasan a chuala e roimhe a' searmonachadh. Bha mi cianail a' dealachadh ris an t-sluagh, is gann a dhùraiginn am fàgail, 's ann air èiginn a spìon mi mi fèin air falbh uatha, oir bha mi sona fhad 's a dh'fhuirich mi 'nam measg. Ach o'n a chuir mi romham dol do Chanada Uachdarach b' èiginn domh falbh.

Air Diluain, an 22mh là de'n mhìos, dh'fhàg mi Uaichocomah agus thàinig mi air m' adhart gu ruig Abhainn Dennis far an do leig mi dà oidhche tharam maille ri Mr. Dòmhnall Camshron, fear de mhuinntir Lochabar de theaghlach nan Cluainean taobh Loch-lòchaidh. Nochd e fèin agus a theaghlach caoimhneas nach bu ghann domh a rèir gnàth fiùghantachd nan seann Ghàidheal. Air Diciadain ghabh mi mo thuras o thigh Dhòmhnaill Chamshroin agus chum mi romham gus an d'ràinig mi Caolas Chanso air feasgar Dihaoine. Thachair orm aig an àite so Mr. Alasdair Mac an t-Saoir, mo charaid fear-searmonachaidh an t-soisgeil, air a thuras gu Uaichocomah. Chaidh esan air adhart dìreach roimhe agus chaidh mise nunn air aiseag a' chaolais air bàta agus phìll mi gu Pictou far an d'rinn mi ullachadh air son falbh do Chanada.

Trip to Upper Canada, Now Called Ontario - 1847

When summer began I got ready to leave Pictou, after living there for a year. On the 8th day of May I went aboard a ship that belonged to Carmichael of New Glasgow and was going up to Québec. When we left the port of Pictou we sailed northwest between Prince Edward Island and Nova Scotia. We passed the west side of the island and came to open waters in the sea of St. Lawrence opposite Miramichi.

We decided not to stop as we passed Gaspé until we reached close to the Big River on the 18th of May. On the evening of that day we brought aboard a French skipper to be our pilot to Québec. About ten o'clock in the evening we all went to sleep except the French pilot and the helmsman. Eventually the French pilot himself went to bed and left the helmsman and another man on deck. They allowed the ship to stray from its course and about midnight it went aground at Matane, two hundred miles northeast of Québec.

All those who were asleep were suddenly wakened. They woke from their slumber with fear, and got up quickly and full of panic. I was roused from my sleep by the noise made when the ship hit the rock, my heart palpitated in my body, and I jumped immediately out of bed; I stood in a daze for a while and put on my clothes. The sailors went to the boats to lower them. I went out to the upper deck of the ship and jumped into the small boat, taking with me everything that I could carry in my hand. They lowered the boat, and when she was close to the water they cut the ropes that were holding her and we dropped on to the surface of the sea. There were three others with me in the little boat. The sailors and the captain went into the big lifeboat, taking with them everything they could carry from the ship.

We left the ship and stayed all night on the surface of the deep waters, rowing out from the land until dawn broke and the morning light showed us where we could safely go ashore.

On the morning of Wednesday the 19th we turned the boats toward the shore. When we were close to land we made a valiant

(20 agus 27 Cèitean 1893/)

Turus do Chanada Uachdarach, Ris an Abrar a nis Ontario - 1847

Nuair a thàinig toiseach an t-samhraidh rinn mi deas airson Pictou fhàgail, an dèidh dhomh fuireach ann fad bliadhna. Air an 8mh là de Mhàigh chaidh mi air bòrd luinge le Mac-Gille-Mhicheil ann an Glascho Nomha, a bha dol an àird gu Quebec. Nuair a dh'fhàg sinn port Phictou sheòl sinn ris an iar-thuath eadar Eilean Prionnsa Eideard agus Albainn Nodha. Chaidh sinn seachad air ceann siar an eilein agus thàinig sinn a dh'ionnsaidh farsainneachd fairge ann am Muir Labhrainn mu choinneamh Miramichi.

Chuir sinn romhainn gun stad a' dol seachad air Gaspé gus an d'ràinig sinn faisg air beul na h-Aibhne Mòire air an 18mh de Mhàigh. Air feasgar an là sin thug sinn air bòrd sgiobair Frangach a chum an t-iùl a dhèanamh dhuinn gu Quebec. Mu dheich uairean feasgar chaidh sinn uile chadal ach an sgiobair Frangach agus an stiùradair. Mu dheireadh thall chaidh an sgiobair Frangach fhèin a chadal agus dh'fhàg e an stiùradair agus fear eile air an cois. Leig iadsan an long bharr a cùrsa, agus mu mheadhan-oidhche bhuail i air grunnd a' chladaich aig Matane, dà chiad mile an ear-thuath air Quebec.

Dhùisgeadh gu h-obann gach duine a bha 'na chadal. Mhosgail iad às an suain le eagal, agus dh'èirich iad ann an cabhaig làn uamhainn. Dhùisg mise às mo chadal leis an sgailc a thug an long air a' chreig, chlisg mo chridhe ann am chom, agus leum mi gu grad às an leabaidh; sheas mi ann am boile rè seal, agus chuir mi umam m' aodach. Thug na seòladairean làmh air na bàtaichean a chum an leigeil sìos, chaidh mi mach air clàr-uachdar na luinge agus leum mi a stigh anns a' bhàta bheag, a' toirt leam na b'urrainn mi ghiùlan ann am làimh. Leig iad sìos am bàta, agus nuair a bha i am fagus do'n uisge gheàrr iad na cùird ris an robh i an crochadh, agus thuit sinn air uachdar na fairge. Bha triùir eile anns a' bhàta bheag maille rium. Chaidh na seòladairean agus an caiptean anns a' bhàta mhòr, a' toirt leotha a h-uile nì a b'urrainn dhaibh às an luing.

effort to get out of the boat as fast as we could. The boisterous surging billows were rolling on top of each other and thrashing on the shoreline. The water could be seen rising in grey circles, as the sand swirled on the shore in the raging waves. The large, fierce, surging breakers were rising so high on the shore that it was too dangerous to go on land. One big wave came in over the stern of the boat, poured down over our heads like a cataract, half-filled the boat with water, and soaked me and my companions to the skin. When the keel of the boat hit solid ground one of the soldiers jumped quickly into the water and pulled her to shore with a strong rope. We all left the boat and stood on the sand on the shore.

It was about three in the morning when we stood on dry land. The daylight was bright enough for us to notice a small hut above us and we went there to kindle a fire that would dry us. We found ourselves thrown ashore among the French of Lower Canada. The Frenchman who lived in the hut got up and let us in. He put some fuel on the fire so that we could warm ourselves, and he showed us great kindness. He directed us to the house of another Frenchman who spoke English well, since he himself had no English. When we reached that house they put on a big wood fire so that we could dry ourselves and the clothes that the big wave had soaked. In this way the people showed us great hospitality, as was shown to the Apostle Paul when he went ashore on the island of Mélita. We all got ashore safely, and there was no loss except that of the ship, for the Lord was gracious to us and delivered us from the danger.

When the sailors had dried themselves they went out to see the ship, which was lying almost dry on the shore after the tide had ebbed. They brought back all they could manage. Among other things they brought two chests of mine, containing my clothes, but they left on the ship three chests or boxes containing my books, and they refused to go back to fetch them. I was very indignant about that, since we were staying in this place for a couple of days. Then we boarded a damaged ship, full of wood, that was going to Québec to be repaired, but I left behind a young fellow called Alasdair Ross, of Sutherland extraction. He undertook to stay where the wrecked ship was, so that

Dh'fhàg sinn an long agus dh'fhuirich sinn fad na h-oidhche air uachdar nan uisgeachan domhainn, ag iomradh a mach bho'n chladach gus an d'thàinig briseadh na fàire, agus an d'fhoillsich solas na maidne dhuinn far an cuireamaid gu tìr ann an tèarainteachd.

Air madainn Diciadain an 19mh thionndaidh sinn na bàtaichean ris a' chladach. Nuair a bha sinn fagus do thìr thug sinn oidhirp thapaidh air faotainn a mach cho luath 's a b'urrainn duinn. Bha na sumainean gailbheach, atmhor, a' roladh air a chèile muin air mhuin, agus a' slachdainn na tràgha. Chìteadh an t-uisge ag èirigh suas 'na chuibhleachan glasa, agus a' ghainneamh a' ruidhleadh air a' chladach le onfhadh nan tonn. Bha na bòchd-thonnan mòra, garbh, ag èiridh cho àrd ris a' chladach as gun robh e ro chunnartach a dhol gu tìr. Agus thàinig aon tonn mòr a staigh air deireadh a' bhàta, thaom e thar mullach ar cinn mar steall aonaich, lion e am bàta gus a leth le uisge, agus fhliuch e mise agus na bha maille rium gu ruig an craiceann. Nuair a bhuail druim a' bhàta air a' ghrunnd leum fear de na seòladairibh a mach gu h-ealamh anns an uisge, agus tharrainn e i gu tìr le còrd làidir. Chaidh sinn uile mach às a' bhàta agus sheas sinn air a' ghainmhich air tràigh na fairge.

Bha e mu thrì uairean 's a' mhadainn nuair a sheas sinn air an tràigh, agus bha an latha air fàs soilleir gu leòr ionnas gun d'thug sinn an aire do bhothan beag os ar cionn a chum an deachaidh sinn gu teine fhadadh los ar tiormachadh. Fhuair sinn sinn-fèin air ar tilgeil air tìr am measg nam Frangach ann an Canada Iochdarach. Dh'èirich am Frangach a bha còmhnaidh 's a' bhothan agus leig e a stigh sinn; chuir e beagan connaidh air an teine chum gun garamaid sinn fèin, agus nochd e caoimhneas nach bu bheag dhuinn. Sheòl e sinn a dh'ionnsaidh taigh Frangaich eile a labhradh Beurla gu math oir cha robh Beurla aige fhèin, agus nuair a ràinig sinn an taigh sin chuir iad air teine mòr fiodha a chum gun tiormaicheamaid sinn fèin agus ar n-aodach a fhliuch an tonn mòr. Mar so nochd an sluagh caoimhneas duinn, mar a nochd iad do'n Abstol Pòl nuair a chaidh e air tìr air Eilean Mhelita. Fhuair sinn uile tèarainte gu tìr, agus cha robh call sam bith ann ach a mhàin call na luinge, oir bha an Tighearna gràsmhor dhuinn, agus shaor e sinn às a' chunnart.

he could take my books when he got a chance to board another ship going to Québec.

The ship that we were on was open at the keel, for the keel-board had been damaged when she went ashore in the storm, but she was full of wood and therefore floated like a raft. We reached Québec on the 28th day of May, after a journey lasting more than a week. I stayed in Québec until Monday the 31st and then boarded a steamship called "John Munn" that was going to Montréal.

I reached that town on the morning of Tuesday the first day of June and I continued on my way, without stopping, in a steamboat going to Bytown, a town on the bank of the big Ottawa River, near the waterfall called the Great Chudiere. This town is now called Ottawa, the capital city of Canada, where the country's Parliament meets and the Prime Minister stays. At that time it was only a small backwoods town with a population of about eight thousand. We reached the town on Wednesday morning, but I stayed there for a week until someone came to take me to Beckwith, my destination. After a week Alasdair MacEwen came with a carriage to fetch me and I carried on to Beckwith. On the 29th day of June the young fellow Alasdair Ross came with my books. He had stayed at Matane until he got a ship that took him up to Québec. I paid him eighteen dollars for his trouble and I was very grateful to him since he had saved my books, for one could not buy them for a hundred dollars.

Nuair a thiormaich na seòladairean iad fèin, chaidh iad a mach a dh'fhaicinn na luinge, a bha 'na laighe air a' chladach, ach beag tioram, nuair a thràigh a' mhuir, agus thug iad gu tìr gach nì a b'urrainn daibh; am measg nithean eile thug iad gu tìr dà chiste leam-sa, anns an robh mo chuid aodaich, ach dh'fhàg iad air bòrd na luinge trì bocsaichan, no trì cisteachan anns an robh mo leabhraichean, agus dhiùlt iad dol air an ais gus an toirt air tìr. Bha mi ro dhiombach air son sin, ged a bha sinn là no dhà a' feitheamh aig an àite. Chaidh sinn an sin air bòrd luinge briste, làn fiodha, a bha dol an àird gu Quebec gu bhi air a càradh, ach dh' fhàg mise gille òg d'am b'ainm Alasdair Ros de mhuinntir Chataibh, a ghabh os làimh fuireach aig an luing, a chum gun tugadh e leis mo leabhraichean nuair a gheibheadh e cothrom air long sam bith eile a' dol gu Quebec.

Bha an long air an robh sinn a' dol an àird fosgailte air a druim, oir bhriseadh an t-slat droma no an t-sail-dhroma dhith nuair a chaidh i air a' chladach leis an stoirm ach bha i làn fiodha agus mar sin shnàmhadh i mar gum bu ràth a bhiodh ann. Ràinig sinn Quebec air an 28mh là de Mhàigh oir bha sinn còrr agus seachdain air ar turas. Dh'fhuirich mise ann an Quebec gu Diluain an 31mh là; agus an sin chaidh mi air bòrd bàta-toite, no smùid-long d'am b'ainm "Iain Munna" (John Munn), a bha dol gu Montreal.

Ràinig mi am baile sin air madainn Dimàirt a' cheud là de Iune, agus ghabh mi dìreach air m' aghaidh gun stad le bàta smùid a bha dol gu By-town, baile a bha air bruaich na h-Aibhne Mòire, Ottawa, làimh ris an Eas, d'am b'ainm an Coire Mòr *(Great Chudiere)*. Theirear Ottawa ris a' bhaile so a nise, ceann-bhaile Ard-thighearnais Chanada, far am bheil an Ard Phàrlamaid a' coinneachadh agus an t-Ard Riaghladair a' fuireach. Cha robh ann ach baile beag cùil aig an àm ud, anns an robh mu ochd mìle sluaigh a' gabhail còmhnaidh. Ràinig sinn am baile air madainn Diciadain, ach dh'fhan mise seachdain anns a' bhaile a' feitheamh gus an tigeadh cuideigin gu m'iarraidh à Beckwith an t-àite gus an robh mi a' dol. An ceann seachdain thàinig Alastair MacEoghain le inneal giùlain gus mo thoirt leis, agus mar sin chaidh mi air m'adhart gu Beckwith. Air an 29mh là de mhios Iune, thàinig an gille òg, Alasdair Ros, leis na leabhraichean agam; dh'fhuirich e

Air a Bliadhna 1847.

Bha e mu thri uairean as' mhaduin nuair a sheas sinn air an traigh, agus bha an latha air fas soilleir gu leor ionnus gun d'thug sinn an aire do bhothan beag os ar ceann a chunn an deachaidh sinn gu taine fhadadh los ar tiormachadh. Fhuair sinn sinn-fein air ar tilg'il air tir am measg nam Frangach ann an Canada Iochdarach. Dh'eirich au Frangach a bha chonaigh sa' bhothan agus leig e a staigh sinn; chuir e beagan connaidh air an teine chun gun' garamaid sinn fein, agus nochd e caoimhneas nach bu bheag dhuinn. Sheol e sinn a dh-ionnsuidh taigh Frangaich eile a labhradh Beur'a gu math oir cha robh Beurla aige fhein, agus nuair a rainig sinn an taigh sin chuir iad teine mor fiodha a chum gun tiormaich-eamaid sinn fein agus ar n-aodach a thilgeadh air tonn mor. Mar so nochd an sluagh caoimhneas duinn, mar a nochd iad do'n' Abstol Pol nuair a chaidh e air tir aig Eilean Mhelita. Fhuair sinn uile tearuinte gu tir, agus cha robh call sam bith ann ach a mhain call na luinge, oir bha an Tighearna grasmhor dhuinn, agus shaor e sinn as a' chunnart.

Nuair a thiormaich na seoladairean iad fein, chaidh iad a mach a dh'fhaicinn na luinge, a bha 'na laidhe air a' chladach, ach beag tioram, nuair a thraigh a 'mhuir, agus thug iad gu tir gach ni a b'urrainn daibh; am measg nithean eile thug iad gu tir da chiata leam-ra, sinn an robh mo chuid aodaich, ach dh'fhag iad air bord na luinge tri bocsaichan, no tri ciateachan anns an robh mo leabhraichean, agus dhiult iad dol air an ais gus an toirt air tir. Bha mi ro dhiombach air son sin, ged a bha sinn la mo dha a' feitheamh aig an aite. Chaidh sinn an sin air bord luinge briste, lan fiodha, a bha dol auaird gu Quebec gu bhi air a caramh, ach dh'fhag mise gille og d'an b'ainm Alastair Ros de mhuinntir Chataoibh, a ghabh os laimh fuireach aig an luing, a chum gun rag'dh e leis mo leabhraichean nuair a ghuibheadh e cothrom air long sam bith eile a' dol gu Quebec.

Bha an long air an robh sinn a' dol auaird fosgailte air a druim, oir bhriseadh an t-slat droma no an t-sail-dhroma dhith nuair a chaidh i air a' chladach leis an steirn sch bha i lan fiodha agus mar sin shnamhadh i mar gun bu rath a bhiodh ann. Rainig sinn Quebec air an 28mh la de Mhagh oir bha sinn corr agus seach-duin air ar turus. Dh'fhuirich mise ann an Quebec gu Diluain an 31mh la: agus an sin chaidh mi air bord bata-toite, no smuid-loug d'an b'ainm, "Iain Muena." (John Munn)- a bha dol gu Montreal. Rainig mi an baile sin air maduin Di-nuair a cheud la de Iune, agus ghabh mi direasch air m' ag'aidh gun stad le bata

smuid a bha dol gu By-town, bail a bha air brusich na h-Aibhne Moire, Ottawa, laimh ris an Eas, d'am L'ainm an Coire Mor (Great Chudiers).Theirear Ottawa ris a' bhaile so a nise, ceann bhaile Ard-thig-hearuais Chanada, far am bheile an Ard Pharlamaid a' coinneachadh agus an t-Ard riaghladair a' fuireach. Cha robh ann ach baile beag cuil aig an am ud,anns an robh mu ochd mile sluaigh a' gabhail conaigh. Rainig sinn am baile air naaduin Di-Ciaduin, ach dh'fhan mise seach-duin anns a bhaile a' feitheamh gus an tigeadh cuid eigin gu m'iarraidh a Beck-with an t-aite gus an robh mi a dol. An ceann seachdain thainig Alastair Mac Eoghain le inneal giulain gus mo thoirt leis, agus mar sin chaidh mi oir m'adhart gu Beckwith. Air an 29mh la de mhios Iune, thainig an gille og Alastair Ros, leis na leabhraichean agam; dh'fhuirich e aig Matane gus an d'fhuair a long a thug auaird e gu Quebec. Phaigh mi dha ochd d'elair dhieg air son a dhragh, agus air chul air bha mi ro thaingeil da a chionn gun do shabhail e mo leabhraichean, oir cha choannaicheadh chad 'dollar na bha ann diubh.

D. B. B.

TURUS A MHARAICHE.

Bha na sraidean air an domhlachadh. Bha Talamh Dearg ann an ianna-chomh-airle ciod air an smuainicheadh e; bha fiaghar aig gu'n tsomadh na eteuran nuas teine,ach bha na speuran cirain agus soileir. Dh'fosgail e'n dorus agus thug e eanais do Sgriobhan-an-Oir, ach fhreagair eann: nuair a bhitheas uine agam thig mi a t-ionnsuidh. Thug airgiod bonn"shiubhail na'm baltean" gliong air bord buth Sgrioban-an-Oir. Chuir Talamh Dearg stad air daoine araidh air an teraidh, a dh'fhaigneach mu ghuth an aingil. Fhreagair iad; "Bitheamaid dichiclach ann an gnothuichibh." Phill e gu tursach da thigh, an iomachombairle eadar dha bharail; bha briathran an aingil a sior sheirm sa chluasan, chreid e iad, agus bha eagal ro mhor air. Ach ciamar a dh'fhagadh o 'm taile. Bha e beartach, agus air fas ann an saoibhreas. Nan rach-adh o nach chailleadh e so uile. Bha i la so uile bha e mar dhuine air mhi-cheil. Bha pheacaidhean os a chionn mar neul dubh, ullamh gu briseadh ann am breitheanas air a cheann.

Bha e ri urnuigh agus trasgadh a latha agus a dh-oidche, bhuanaich e ann an trioblaid chraiteach gus fadheoidh an robh e na bhall sgeig da choimhearanich agus na oran daibh fad an latha. Shearg e as gu taileas le tinneas cridhe, gidheadh sann bu mho bha e ri uruaigh "O Thigh-earn, greas chun mo chuideachaidh!" An sin chualas enap aig an dorus aig marbh-antachd na oidhche: "Feuch, tha mi a'm shoasainh aig au dorus, agus a' bualadh; ma dh'eisdeas neach aam bith ri m' ghuth

agus gu'na fosgail e'n dorus thig mi a steach d' a ionnsuidh, agus gabhaidh mi mo shuiper mailla ris, agus esan maille rium-sa. Ged bha e cho lag ris a chée, chrub Talamh Dearg dh'ionnsuidh an dorus agus dh'fhosgail se e. Sheas ann a muigh sgendaichte le falluinn a rainig sios gu 'shailibh agus crioslaichte le crios oir mu chiochaibh. Bha a cheann agus 'fholt geal mar oluinn ghil, mar shneachda agus a shuilean mar lasair theine.

(Ri leantuinn.)

AM BOPHAR A CLUINNTINN.—Bha mi fad bhliadhnichean leth bhodhar agus air a gheambradh s'a chaidh, 's gann a chluin-ninn dieg. Ach an deigh Hagyard's Yel-low Oil fheuchinn leighis e mi gu buileach. Mrs. Turtle Cook, Weymouth, N. S.

Bha Montreal air a bhualadh an la roimhe le stoirm, a rinn troimhe-cheile mhor fhad sa mhair i, ach cha robh call mor sam bith aic a dheanamh.

A. J. PEUTAN,

FEAR-ADHLACIDH.

aig Matane gus an d'fhuair e long a thug an àird e gu Quebec. Phàigh mi dha ochd dolair dhiag air son a dhragh agus air chùl sin bha mi ro thaingeil da a chionn gun do shàbhail e mo leabhraichean, oir cha cheannaicheadh ciad dolair na bha ann diubh.

(3 September 1892)

The Potato Bugs, or the Striped Beetle

These horrible little insects have become abundant in the country and they are destroying the potatoes, doing great damage to the fields where they are planted. It is said that they originated in that district called Colorado and that they have been moving eastward from there at a distance of eighty miles per year; and it would indeed be a cause for joy if they kept going further east until they go out into the big Atlantic Ocean where they would all be drowned. Nobody would miss them or be sad that they are gone. All the farmers would rejoice if they heard that they had sunk in the sea.

Because of their source of origin they are known as the red Colorado Beetles, and the name is appropriate because when they are larvae they are brown in colour, very like the lice on sheep and lambs. It is when they are at this stage that they damage the potatoes by eating the green leaves. After a certain time they get scaly and streaky wings with yellow and dark grey alternating stripes. They then produce thousands of eggs which come alive in the heat of the sun and grow to become the red larvae which eat the potato leaves. In addition to the scaly wings the red beetles have smooth wings that are as thin and soft as silk, and since each beetle has two pairs of wings like this they fly from place to place. But it would be preferable if a destructive device could be found to eliminate them.

(3 September 1892)

Uamhagan a' Bhuntàta, no na Daolagan Striamach

Tha na meanbh-bhiastagan gràineil so air fàs lìonmhor anns an dùthaich agus tha iad a' milleadh a' bhuntàta, a' dèanamh mòr chall air na raointibh anns am bheil iad air an cur. Tha e air a ràdh gun do thàrmaich iad so an toiseach anns an tìr sin ris an abrar "Ciul-Ruada" (Colorado), agus bho'n àite sin gum bheil iad air bhi triall an ear aig ruith ceithir fichead mile sa bhliadhna, agus gu dearbh bu taitneach an nì e nan gabhadh iad air an aghaidh rompa a' sìor dhol an ear gus an rachadh iad a mach air a' chuan mhòr Atlasach, far am biodh iad uile air am bàthadh. Cha bhiodh duine sam bith 'gan ionndrainn no brònach às an dèidh. Ach is ann a dhèanadh na tuathanaich uile gàirdeachas nan cluinneadh iad gun deachaidh iad fodha sa mhuir.

A thaobh an àite às an d'thàinig iad air tùs theirear na *Daolan Ruadathach* riutha mar ainm, agus is freagarrach an t-ainm dhaibh e, oir an uair a tha iad 'nan uamhagan tha iad ruadh ann an dath, glè choltach ri uamhagan nan caorach 's nan uan. Is ann nuair a tha iad aig an inbhe so a nì iad call air a' bhuntàta le bhi ag itheadh nan duilleagan uaine. Ann an ceann ùine àraid gheibh iad sgiathan sligneach, striamach, buidhe agus dubh-ghlas, striam mu seach buidhe agus glas. Beiridh iad sin uighean 'nam mìltibh a thig beò le teas na grèine gu bhi 'nan uamhagan ruadha ag itheadh duilleagan a' bhuntàta. A thuilleadh air na sgiathan sligneach, tha sgiathan sròlach aig na daolan ruadha cho tana, mìn ri sìoda, agus a chionn gu bheil dà phaidhir sgiathan mar so aig gach daol, tha iad a' sgiathalaich bho àite gu àite. Ach b'fheàrr gu d'fhuaras a mach culaidh-sgrios èifeachdach gu cur às doibh.

(13 June 1896)

The Old Gaels

George Buchanan wrote a History of Scotland in Latin and in it he tells about Britain's first settlers. He was of the opinion that they were the same people as those who lived in France, Spain, Germany and Holland, that they spoke the same language, and that the name by which they were known to the Romans was *Galli* or *Celtae*. They had previously been races or tribes that differed from each other in their mode of speech, though they had the same native language.

According to George Buchanan, the first settlers of the south of Britain came from the north coast of France, an area called Armorica; the first settlers of Ireland came from Spain; and the first inhabitants of the north of Britain came from Germany or Scandinavia. Though they came from these different countries they spoke the same Gaelic language with minor differences, since the same race occupied the mainland of Europe at this time.

This apparently happened long before the emergence of the people who became the ancestors of today's Englishmen, Scandinavians and Germans. Those who came from Armorica in France were known as the old Britons; they were the ancestors of those who live in Wales, and they spoke a language that is spoken in that country to this day. Those who came to north Britain were called the Caledonians or the Picts and they spoke Gaelic like the Gaelic that is now spoken in Scotland. However, the people who came from Spain to Ireland were known as the *Scoti* and they spoke Gaelic like today's Irish Gaelic. A tribe of these went across from Ireland to Argyll and lived among the inhabitants that had been there for a long time. From them came the royal family that ruled the whole of Scotland when the country was put under single sovereignty.

Buchanan also says that the people of Scotland were called Caledonians because they lived in a land that was full of hazel forests; that Dùn-challtainn (Hazel Fort), or Dunkeld, was the capital of the kingdom and that it got its name for the same reason. Therefore the name "Caledonians" means the Hazel Folk. From this we see that

(13 Ogmhios 1896)

Na Seann Ghàidheil

Sgrìobh Seòras Buchanan Eachdraidh na h-Albainn ann an Laidinn agus tha e labhairt innte mu thimcheall a' cheud luchd-àitich a ghabh còmhnaidh ann am Breatann. B'i a bharail-san gum b'e an t-aon sluagh a bha còmhnaidh anns na tìribh ris an abrar a nis an Fhraing, an Spàinn agus a' Ghearmailt no an Olaind, gun do labhair iad an aon chànain agus gum b'e an t-ainm leis an robh iad aithnichte do na Ròmanaich *Galli* no *Celtae*. Bha iad roimhe 'nam fineachan no 'nan treubhan eadar-dhealaichte o chèile anns an dòigh labhairt, ged a bha an aon chànan aca a thaobh dùthchais.

A rèir beachd Sheòrais Bhuchanain is ann o oirthir thuath na Frainge ris an abairteadh Armorica a thàinig a' cheud luchd-àitich do cheann deas Bhreatainn; thàinig na ceud dhaoine às an Spàinn do Eirinn; agus thàinig a' cheud sluagh do cheann tuath ·Bhreatainn às a' Ghearmailt no Lochlainn. Ach ged a thàinig iad a nall às na tìribh so fa leth gidheadh labhair iad an aon chànain Ghàidhealach le beagan dealachaidh a thaobh gum b'e an aon sluagh a bha còmhnaidh air tìr-mòr na Roinn-Eòrpa aig an àm so.

Thachair na nithean so a rèir coslais fada mun do thog an sluagh sin an ceann o'n d'thàinig na Sasannaich, na Lochlannaich agus Gearmailtich an là an diugh. Theirteadh na seann Bhreatannaich ris an t-sluagh a thàinig a nall o Armorica às an Fhraing; b'iad so sinnsearan nam fineachan a tha còmhnaidh ann an dùthaich *Wales*, agus labhair iad cainnt a labhrar anns an tìr sin air an là an diugh. Theirteadh na Caledonaich no na Pictich ris an fheadhainn a thàinig gu ceann tuath Bhreatainn agus labhair iad Gàidhlig coltach ris a' Ghàidhlig a labhrar an diugh ann an Albainn. Ach theirteadh *Scoti* mar ainm ris an t-sluagh a thàinig às an Spàinn do Eirinn agus labhair iad Gàidhlig cosmhail ris a' Ghàidhlig Eireannaich. Chaidh dream àraidh dhiubh so a nunn à Eirinn do Earraghàidheal agus ghabh iad còmhnaidh am measg an luchd-àitich a bha an sin o chian. B' ann dhiubh so a bha an teaghlach rìoghail a thàinig gu bhi rìoghachadh os ceann Albainn gu lèir nuair a chuireadh an rìoghachd fo aon riaghladh.

George Buchanan believed that the *Picti* were Gaels and that they and the *Scoti* were related to each other. He shows that Bede was of the same opinion when he said that the Picts gave the Scots the part of their own territory that had few people or was empty. He also says that before the Saxons arrived one language was spoken by virtually all of the inhabitants of the British Isles.

Na Seann Ghaidheil.

Sgrìobh Seoras Buchanan Euchdraidh na h-Alba ann an Laidinn agus tha e labhairt innte mu thimchioll a' chead luchd-àitich a ghabh còmhnuidh annam Breatunn. B'i a bharail sa gun b'e an t-aon sluagh a bha chòmhnuidh anns na tiribh ris an abrar a nis an Fhraing, an Spainn agus a' Ghearmailt no an Ollaind, gun do labhair iad an aon chànain, agus gum b'e an t-ainm leis an robh iad aithnichte do na Romanaich *Galli* no Celtae. Bha iad roinnte 'nam fineachan no 'nan treubhan eadar-dhealaichte o cheile anns an doigh labhairt, ged a bha an aon chanain gca thaobh dùthais. A reir beachd Sheoruis Bhuchanain is ann o oirthir thuath na Frainge ris an abairteadh Armorica a thàinig a cheud luchd-àitich do cheann deas Bhreatuinn; thàinig na ceud dhaoine as an Spainn do Eirinn; agus thàinig a cheud sluagh do cheann tuath Bhreatuinn as a' Ghearmailt no Lochluinn. Ach ged a thàinig iad a nall as na tiribh so fa leth gidheadh labhair iad an aon chànain Ghaidhealach le beagan dealachaidh a thaobh gum b'e an aon sluagh a bha a chòmhnuidh air tir-mor na Roinn-Eorpa aig an am so. Thuchair ni nithean so a reir coslais fada mun do thog an sluagh iris an ceann o'n d' thàinig na Sasonnaich, na Lochlunnaich agus Gearmailtich an la an diugh. Theirteadh na seann Bhreatunnaich ris an t-sluagh a thàinig a nall o Armorica as an Fhraing; b'iad so sinnsearan nam fineachan a tha chòmhnuidh ann an Duthaich *Wales*, agus labhair iad' cainnt a labhrar anns an tir sin air an la an diugh. Theirteadh na Caledonich no na Pictich mar ainm ris an fheadhuinn a thàinig gu ceann tuath Bhreatuinn agus labhair iad Gailig còmhuil ris a' Ghailig a labhrar an diugh ann an Albainn. Agus theirteadh *Scoti* mar ainm ris an t-sluagh a thàinig as an Spainn do Eirinn agus labhair iad Gailig còmhuil ris a' Ghailig Eirionnaich. Chaidh dream araidh dhiubh so a nunn a Eirinn do Earraghael agus ghabh iad còmhnuidh ann measg an luchd-àitich a bha an sin o chian. B' ann diu so a bha an teaghlach rìoghail a thàinig gu bhi rìoghachadh os ceann Albainn gu leir 'nuair a chuireadh an rìoghachd fo aon riaghladh. Tha Buchanan mar an ceudna ag radh gun d' thugadh Caledonaich mar

ainm air an t-sluagh a bha ann a Albainn a chionn gun robh iad a chòmhnuidh ann an tir a bha lan de choille chaldainn; gun b'e Dun-challdainn no Dun chailleann ceann-bhaile na rìoghachd aca agus gun d'fhuair e an t-ainm so o'n uabhar cheudna. A reir sin tha an t-ainm Caledonaich a' cialluchadh Calldainnich. Mar so chì sin gun robh Seoras Buchanan a' creidsinn gum bu Ghaidhil na Picti, agus gun robh iad fein agus na Scoti càirdeach d'a cheile. Tha e a' nochdadh gun robh Bede dhe 'n bheachd cheudna 'nuair a tha e ag radh gun d'thug na *Picti* do na *Scoti* pairt de 'n tir aon fein anns an earrainn sin a bha air bheag sluaigh no falamh. Tha e ag radh mar an ceudna roimh theachd nan Sasannach gun robh ach beag an aon chanain air a labhairt le uile luchd-àitich an eilein Bhreatunnaich.

— D. B. B.

ELIAH.

(Air a leanntuinn.)

Co-mhail ri Samuel a chaidh roimhe tha ath-leasachadh mor aige ri dheanamh. Tha eath cruaidh, deuchainneach aige r'a chur; tha an t-spairn nach faoin a' feitheamh air. Tha feum aig 'unan air neart 'us treubhantas 'us mor-ghaisge. 'Na aonar gun chuideachd laidir no mheanmnach, no aghartach air a chùl, tha aige ri seasamh suas as leth urrainn an àrdrigh a tha nis air a dhi-chuimhneachadh gu mor le luchd-tuinidh na tire. Ceart mar nach do dhiobair Dia mhuinntir fein aig àm air bith. ceart mar shin a 'ghairtean cuabhachdach a 'dol a thogail a lainnhe dè'n chinneach bhrochd so, 's a' dol a chur pailteis a rithist anns na sruthan agus anns na h-achaidhean. Tha Eliah a' faotuinn an òrduigh so,—Falbh, nochd thu fein do Ahab, agus bheir mise uisge air aghaidh na talmhainn. Ach mun teid an run so choillonadh, tha gniomb treubhach mor—tha euchd cunnartach aig Eliah an Iisbhitheachd r'a dheanamh. Tha guilit us uamhas ann an cridhe Ahaib, ged a tha e 'g oidheirpeachadh air sgaile tharruing air, agus tha e caladh gu stiaradh an fhaidh, an duine molach, aigeannach, a leantuinn. Is ann air Sliabh Charmeil a tha faidhean Bhaail agus faidhean nan doire 'us faidh aonarach àrd-chridheach an Dia mhoir ri 'chéile chòmhlachadh. Ged nach 'eil earaid cumhachdach maille ris, ged dh-fheumas e cogadh a dheanamh an aghaidh feachd an nàmhaid a tha

sil dealt air talamh agus nach toit uisge air na h-achaidhean re bliadhna no dha. Crionaidh mar so gach lus 'us preas 'us cinneas as cugmhais taise-achaidh us ùrachaidh an uisge; tìormaichear suas na sruthan tormanach, fuaisneach, agus bithidh goirne lòin us uisge 's an tir. Mar thachras gu minic ann an dòighean cumanta 'n t-saoghail, coisnidh droch-dheanadas 'us mibheus aon neach mor thriobhaid 'us ànbhleadh 'us àmhghar dhaibhsan a tha ann an dlùth-dhàimh ris, ged dh-fhaodas iad fein a bhi gu tur neo-lochdach, neo-chronail, agus neo-choireach; mar dh-fhàgus gu minic comhluadar aimhreiteach us mi-stuama neach inocheist 'us maoladh 'us càirseadh ann an cridheachan a chairdean, is ann air a mhodh cheudna 'chuir gràdh Ahaib do iodholan talbha nan Sidonach, do Bhaal 'us do Astaroth bruaillean us buairean air an t-sluagh gu h-iomlan. An dèigh do Ahab agus d' a dhaoine bhi gu trom air an smachdachadh air sgàth an easurraim agus an tàmailt a chàruich iad air ainm 'us feartan Iehobhah, bha Eliah aig iarrtus an Ti ghlòireanbhoir d' an robh e 'deannamh scirbhis, a' treigsinn an ionaid iomallaich uaignich anns an d' fholuich e e fèin bho ghnùis 's bho chorruich an righ bhuirb, aineasaich. Tha Eliah 'g a nochdadh fèin a rithist le cridhe gaisgeil, calma, do'n righ. Tha 'n ròn a bha aig Dia ann an sogas na talmhainn a dheanamh tartumhor agus tiorann, criochnaichte 's riaraichte. Le mor chaoineheas 'us tairiseachd tha a' dol a thogail a lainnhe de'n chinneach bhrochd so, 's a' dol a chur pailteis a rithist anns na sruthan agus anns na h-achaidhean. Tha Eliah a' faotuinn an òrduigh so,—Falbh, nochd thu fein do Ahab, agus bheir mise uisge air aghaidh na talmhainn. Ach mun teid an run so choillonadh, tha gniomb treubhach mor—tha euchd cunnartach aig Eliah an Iisbhitheachd r'a dheanamh. Tha guilit us uamhas ann an cridhe Ahaib, ged a tha e 'g oidheirpeachadh air sgaile tharruing air, agus tha e caladh gu stiaradh an fhaidh, an duine molach, aigeannach, a leantuinn. Is ann air Sliabh Charmeil a tha faidhean Bhaail agus faidhean nan doire 'us faidh aonarach àrd-chridheach an Dia mhoir ri 'chéile chòmhlachadh. Ged nach 'eil earaid cumhachdach maille ris, ged dh-fheumas e cogadh a dheanamh an aghaidh feachd an nàmhaid a tha

Tha Buchanan mar an ceudna ag ràdh gun d'thugadh Caledonaich mar ainm air an t-sluagh a bha ann an Albainn a chionn gun robh iad a' còmhnaidh ann an tìr a bha làn de choille challtainn; gum b'e Dùn-challtainn no Dùn-chailleann ceann-bhaile na rìoghachd aca agus gun d'fhuair e an t-ainm so o'n adhbhar cheudna. A rèir sin tha an t-ainm Caledonaich a' ciallachadh Calltainnich. Mar so chì sinn gun robh Seòras Buchanan a' creidsinn gum bu Ghàidheil na Picti, agus gun robh iad fèin agus na Scoti càirdeach d'a chèile. Tha e a' nochdadh gun robh Bede dhe'n bheachd cheudna nuair a tha e ag ràdh gun d'thug na Picti do na Scoti pàirt de 'n tìr aca fèin anns an earrainn sin a bha air bheag sluaigh no falamh. Tha e ag ràdh mar an ceudna roimh theachd nan Sasannach gun robh ach beag an aon chànain air a labhairt le uile luchd-àitich an eilein Bhreatannaich.

(27 October 1899)

The Coming of Christianity

We are not sure when the gospel first came to the Highlands, but it appears that when the disciples of Christ were persecuted by the rulers of Rome they were prone to escape to the north over the borderline between the Romans and the tribes of Caledonia. No doubt they would be eager to spread the gospel among the Gaels who welcomed them and protected them from the callousness of their enemies, and in this way they were a blessing to the land and a means of bringing the gospel into it. Since they had been given shelter from the storm of persecution they steered the people who helped them toward the Supreme Being who is the haven from the wind and the refuge from the tempest.

We have no proof of when the first Christian missionaries came to the country but, about the year 209 AD, Tertullian said: "In those parts of Britain which the Romans couldn't occupy the gospel is advancing to the extent that they have submitted to Christ; and the name and kingdom of Christ is reaching places that challenged the Roman forces." Origen mentions this also in an account that he wrote around the year 230 AD. From the testimony of these writers we see that knowledge of the gospel was spread to Caledonia about the end of the 2nd century or the beginning of the 3rd, but we do not have a definitive account of the first missionaries who explained the joyful story of salvation to our ancestors.

Ninian is the first person about whom we have any information. He was one of the old Britons. He was born around 360 AD and came to preach in the south of Scotland about 400 AD. The historian Bede says that "the southern Picts were converted from idolatry and brought to knowledge of the truth by Ninian, a holy man of the Britons." The southern Picts were the Gaels who lived south of the Grampian Hills in the land that comprises the county of Fife, part of the county of Perth, Stirling and Angus. It was in these places in particular that Ninian preached the gospel. However, it is likely that

(27 Dàmhair 1899)

Inntreachdain an t-Soisgeil

Cha 'n 'eil fios cinnteach againn cuin a thàinig an soisgeul do'n Ghàidhealtachd an toiseach, ach a rèir coslais an uair a bha deisceaball Chrìosd air an geur-leanmhainn leis an uachdaranachd Ròmanach, bha e dualach dhaibh teicheadh gu tuath thar a' bhalla a bha eadar na Ròmanaich agus fineachan *Chaledonia*. Gun teagamh bhiodh iad sin eudmhor a chum an soisgeul a chraobh-sgaoileadh am measg nan Gàidheal a ghabh riutha agus a thug dìdean dhaibh o an-iochd nan naimhdean; agus mar so bha iad 'nam beannachd do'n tìr agus 'nam meadhon air an t-soisgeul a thoirt a steach innte. Do bhrìgh gun d'fhuair iadsan fasgadh o stoirm na geur-leanmhainn, threòraich iad an sluagh a thug so dhaibh a dh'ionnsaidh na Tì sin a tha mar ionad fasgaidh o'n ghaoith agus mar dhìdean o'n doinneann.

Cha 'n 'eil dearbhadh sam bith againn mu thimcheall an àm anns an d' thàinig na ceud theachdairean soisgeulach do'n tìr, ach, mu 'n bhliadhna A.D. 209, tha *Tertullian* ag ràdh: "Anns na h-àitibh sin de Bhreatann far nach b' urrainn na Ròmanaich teachd tha an soisgeul a' buadhachadh ionnas gu'n do ghèill iad do Chrìosd; agus tha ainm agus rìoghachd Chrìosd a' ruigsinn a dh'ionnsaidh àitean a thug dùbhlan do fheachd na Ròimhe." Tha *Origen* a' toirt fianais air an nì so mar an ceudna agus sgrìobh esan mu'n bhliadhna A.D. 230. A rèir teisteanas nan ùghdar so chì sinn gu'n robh eòlas an t-soisgeil air a chraobh-sgaoileadh gu ruig *Caledonia* mu dheireadh na dara linne no mu thoiseach na treas linne, ach cha'n 'eil cunntas cinnteach againn mu na ceud theachdairean so a chuir an cèill sgeul aoibhneach na slàinte do ar sinnsearaibh.

Is e *Ninian* a' cheud neach air am bheil iomradh sam bith againn, aon de na seann Bhreatannaich a rugadh mu'n bhliadhna A.D. 360 agus a thàinig a shearmonachadh do cheann deas na h-Alba mu'n bhliadhna A.D. 400. Tha an t-Eachdraiche *Bede* ag ràdh "Gu'n deachaidh na *Pictich dheas* iompachadh o iodhol-aoraidh agus an toirt gu eòlas na fìrinn le *Ninian*, duine naomh de na Breatannaich." B'iad

he made journeys farther north, since there are many churches or chapels named after him, some of them in the north of the Highlands.

After Ninian, Palladius arrived around the year 430 AD. He had originally been preaching in Ireland but from there he came over to Scotland, where he preached the gospel and died in the county of Kincardine, in the land of the Picts, among the Old Gaels. However, according to the testimony of ecclesiastical historians, before these people there were missionaries among the Gaels who preached the gospel, taught the faith, and served the sacraments to them though their names are not remembered today. For two hundred years before the arrival of Ninian the Christian creed was among the Gaels, according to Tertullian. Probably because these preachers settled in bothies and lonely, deserted hideouts, the native inhabitants called them "The Hermits," possibly in derision just as the name "Puritans" was introduced centuries later.

The Hermits were godly, educated men who spent their time rewriting the holy Scriptures, praying and fasting. They preached to the Gaels in the southern Highlands but the Gaels in the north, in the area now called the shires of Inverness, Ross, Sutherland and Caithness, along with the northern and western isles, were shrouded in darkness and ignorance, and in the thick fog of idolatry, until Columba came with the joyous story of salvation.

The north of the Highlands was cloaked in the deep darkness of idolatry, and unaware of the Road of Salvation through Christ until Columba came. Around 563 AD he left Ireland to preach the gospel to the Scottish Gaels. At that time he was about 42 years of age. Twelve other men came with him to be his helpers in spreading the gospel. These men were his relatives and it is likely that they were stimulated and guided by the same Spirit.

Columba himself belonged to the royal family of Ireland. He was the son of Feilim, son of Fergus, son of Conall, son of Niall of the Nine Hostages who was head of the O'Neill clan and overlord of Ireland. He was also related to the royal family of the Scoti in Argyll, since Feilim, son of Fergus, had been the king of Argyll; and at that time his own friend Conall, son of Comhal, son of Domhanairt, was

na *Pictich dheas* na Gàidheil a bha fuireach air taobh deas nan Garbh-bheanntan (Grampians) anns an tìr a tha dèanamh suas siorramachd Fìofa, pàirt de shiorramachd Pheairt, Shruithleadh agus Aonghais. B' anns na h-àitibh so gu sònraichte a bha *Ninian* a' searmonachadh an t-soisgeil, gidheadh is cosmhail gu'n robh e dol air thurasaibh na b' fhaide gu tuath, do bhrìgh gu'm bheil mòran eaglaisean no chilltean air an ainmeachadh airsan agus cuid diubh sin an ceann tuath na Gàidhealtachd.

An dèidh *Ninian* thàinig *Palladius* mu'n bhliadhna A.D.432. Bha esan air tùs a' searmonachadh ann an Eirinn ach à sin thàinig e nall do dh'Albainn far an do shearmonaich e an soisgeul agus fhuair e bàs ann an siorramachd Chinn-Chàrdainn, ann an tìr nam *Picteach,* am measg nan Seann Ghàidheal. Gidheadh, a rèir teisteanais nan seanchaidhean eaglaiseach bha teachdairean am measg nan Gàidheal roimh na daoine so a shearmonaich an soisgeul, a theagaisg an creideamh agus a fhritheil na sàcramaidibh dhaibh ged nach 'eil an ainmean an diugh air an cumail air chuimhne. Rè fad dà cheud bliadhna roimh theachd *Ninian* bha an creideamh Crìosdaidh am measg nan Gàidheal a rèir briathran *Thertulliain* agus is cosmhail do bhrìgh gu'n robh an luchd-teagaisg so a' tuineachadh ann am bothanaibh agus an cùiltibh uaigneach, fàsail gu'n d' thugadh "Na Cùiltich" mar ainm orra le luchd-àiteachaidh na tìre, ma dh'fhaodaite ann an sgeig mar a thàinig an t-ainm "Puritans" ann an linnibh an dèidh so.

Bha na Cùiltich 'n an daoine diadhaidh, foghlaimte; agus chuir iad seachad an ùine ann an ath-sgrìobhadh nan Sgriobtaran naomha, ann an ùrnaigh agus ann an trasgadh. Bha iad a' searmonachadh do na Gàidheil a bha ann an taobh deas na Gàidhealtachd ach bha na Gàidheil 's an àirde tuath, anns an dùthaich ris an abrar a nis siorramachdan Inbhirnis, Rois, Chataibh agus Ghallaibh, maille ris na h-eileanaibh mu thuath agus an iar, air an còmhdachadh le dorchadas an aineolais, agus le tiugh cheò an iodhol-aoraidh, gus an d' thàinig Calum-cille d' an ionnsaidh le sgeul aoibhneach na slàinte.

Bha taobh tuath na Gàidhealtachd còmhdaichte le tiugh-dhorchadas an iodhal-aoraidh, agus aineolach air Rathad na Slàinte troimh Chrìosd gus an d' thàinig Calum-cille. Mu'n bhliadhna A.D.

king of the Scoti. This king was the great-grandson of a brother of Columba's great-grandfather.

Columba and his companions left Ireland in a coracle or skiff made of woven rods of willow covered with hides. They sailed a long way on the ocean until they went ashore in Iona, at a place afterward called Coracle Harbour. Venerable Bede the historian says that Brude, king of the Picts, gave Columba the right to have sole possession of the island of Iona for the use of the church. Others say that he got possession of the island from Conall, king of the Scoti, his own friend. It might be that these two Highland kings both played a part in ensuring that Columba and the church had a right to ownership of the island, that it was situated on the boundary between them, and useful to each of the two kingdoms.

After Columba had settled on Iona he went on a trip to see Brude, king of the Picts, who was then living at the west end of Loch Ness, where the River Ness joins the loch. This journey took him 150 miles from Iona. At that time the route was rough, difficult to travel, with hills and rivers, as well as channels when there were no roads, and ferry boats were hard to find. He went through the Great Glen of Scotland, past Appin, Corran Ardgour, Inverlochy and Letterfinlay, and he stopped in Glenurquhart where there was an old man who had been converted and baptized. He then went onward to Bona at the east end of Loch Ness where the king's castle was, in the place that is now called Castle of Spirits. Here he met Brichean, chief of the Druids, the pagan priests of the Old Gaels, who tried to prevent him from converting the king to the Christian faith. But he did not succeed, for Columba overcame him eventually and the king was persuaded to believe the gospel. After that the gospel flourished among the people, for they followed the example of their overlord and complied with his religion, something the Old Gaels were accustomed to doing. In a short time the Druids were driven from the land; their religion was completely abandoned; and Columba got control from the king of the places of worship that the Druids had previously possessed.

Columba established a centre of education in Iona, where many young people received instruction in the Scriptures and were prepared

563 dh'fhàg e Eirinn a chum an soisgeul a shearmonachadh do na Gàidheil Albannach agus aig an àm sin bha e mu thimcheall dà bhliadhna agus dà fhichead de dh'aois. Thàinig dà fhear dheug eile maille ris a chum a bhi 'nan luchd-cuideachaidh aige ann an craobh-sgaoileadh an t-Soisgeil. Bha na daoine so càirdeach dha fhèin agus is coimhail gu'n robh iad air an dùsgadh suas agus air an stiùireadh leis an aon Spiorad cheudna.

Bhuineadh Calum-cille fèin do theaghlach rìoghail na h-Eireann, oir b'e Feilim, mac Fhearghais, mhic Chonail, mhic Nèill naoigheallaich, a bha 'na cheann-taighe chlann Nèill agus 'na rìgh air Eirinn, a b' athair dha. Bha e mar an ceudna càirdeach do theaghlach rìoghail nan Scuiteach ann an Earraghàidheal, oir b'e Feilim, mac Fhearghais a bha 'na rìgh an Earraghàidheal; agus aig an àm sin bha Conall, mac Chomhail, mhic Dhomhanairt, mhic Fhearghais, a charaid fèin 'na rìgh air na Scuitich. Bha an rìgh so 'na iar-ogha bràthair sinn-seanar do Chalum, mac Fheilim.

Dh'fhàg Calum agus a chompanaich Eirinn ann an curach no eathar de shlataibh caol air am figheadh agus air an còmhdach a muigh le seicheannan. Sheòl iad astar fada air a' chuan gus an d' thàinig iad air tìr ann an Ì-Chaluim-chille, aig àite ris an abrar o'n àm sin Port-a'-churaich. Tha an t-Eachdraiche urramach *Bede* ag ràdh gu'n d' thug Bruidhi, rìgh nam *Picteach,* còir do Chalum air Eilean Ì gu bhi mar sheilbh aige fèin air son feum na h-eaglais. Tha feadhainn eile ag ràdh gu'n d' fhuair e còir air an eilean o Chonall, rìgh nan Scuiteach, a charaid fèin. Faodaidh e bhi gu'n robh làmh aig an dà rìgh Ghàidhealach so le chèile anns an eilean a dhaingneachadh mar sheilbh do Chalum agus do'n eaglais, gu'n robh e mar gu'm b'ann 's a' chrìch eatarra, agus goireasach do gach aon de'n dà rìoghachd.

An dèidh do Chalum-cille e fèin a shocrachadh ann an Ì, chaidh e air thuras gu Bruidhi, Rìgh nam *Picteach* a bha aig an àm so a' còmhnaidh aig ceann an iar Loch Nis far am bheil an abhainn Nis a' fàgail an Loch. Bha an turas so ceud gu leth mile air astar bho Ì-Chaluim-chille. Aig an àm sin bha an t-slighe garbh, deacair ri 'siubhal, le beanntaibh agus le aibhnichibh, maille ri caolasan-mara 'n uair nach robh rathaidean-mòra sam bith ann, no bàtaichean-aisig ach

to go to preach the gospel throughout the land. He spent thirty-four years preaching in every place throughout the Highlands until the Gaels or the northern Picts all came to believe in the truth. It is said that he built more than three hundred Cells or Churches in different parts of Scotland. These places of worship are called Cilltean (Cells), as Columba called them, to this day. He and his companions toiled tirelessly among the people until they drove the heresy of the Druids completely out of the land and the entire country began to admit to believing in Christ. "The Hermits" was the name given to those who worked with Columba in spreading the gospel.

Columba died in 597 AD on the night of Saturday June 9th. About midnight he went into the church to pray, as he was accustomed to doing. He went down on his knees in front of the altar. A short while later his servant Diarmad followed him and shouted: "Where are you, father?" He found him lying near the altar, looking as if the end was nigh. All of the brethren then came in and began to weep and wail when they saw their spiritual father looking as if he was about to die, but he waved to them with his hand since he was unable to speak, meaning that he was bidding them farewell. Shortly after that he took his last breath. After three days he was buried in Reilig Orain (Oran's Burial Ground).

Many godly men helped Columba in spreading the gospel amongst the Old Gaels. When he first came across from Ireland he brought twelve companions with him. Among them was Diarmad, his servant, and Beathan son of Brendan, who was made Abbot of Iona after his own death. Brendan was Columba's uncle and his two sons, Beathan and Conan, came with the missionary to the Highlands. Apparently Strathconan, a place in the county of Ross, was named in memory of Conan. Kenneth was another man who worked with Columba. After the death of Beathan he was made Abbot of Iona, about the year 600. Kenneth's name is remembered in different parts of the Highlands, such as Kilkenneth in Kintyre, Kilkenneth at the east end of Loch Laggan in Badenoch, Inchkenneth in Loch nan Ceal in the Isle of Mull, Kilkenny in Ireland, and other places in Ireland and Scotland. Kenneth was a native of Ireland and belonged to the clan Ruadhraidh in Ulster.

gann ri'm faotainn. Chaidh e air a thuras troimh Ghleann-mòr-na-h-Alba, seachad air an Apainn, Coran-àirde-gobhar, Inbhir Lòchaidh agus Leitir-Fhionnlaigh; agus thadhail e an Gleann-Urchadain far an robh seann duine air iompachadh agus air a bhaisteadh. Ghabh e an sin air adhart gu ruig am Ban-àth aig ceann an ear Loch Nis far an robh caisteal an rìgh, 's an àite ris an abrar an diugh Caisteal Spioradan. Aig an àite so choinnich e ri Brichean, ceannard nan Druidhneach, sagartan pàganach nan Seann Ghàidheil, a thug ionnsaidh air cur 'n a aghaidh a chum an Rìgh a thionndadh o'n chreideamh Chrìosdaidh. Ach cha deachaidh so leis, oir thug Calum buaidh air mu dheireadh, agus dh' iompaicheadh an Rìgh gus an Soisgeul a chreidsinn. An dèidh sin bhuadhaich an Soisgeul am measg an t-sluaigh oir lean iad eisimpleir an Uachdarain, agus lean iad ris a' chreideamh aige-san, nì a bha dualach do na Seann Ghàidheil a dhèanamh. Ann an ùine ghoirid bha na Druidhnich air am fuadachadh às an tìr; chuireadh an creideamh aca gu buileach air cùl; agus fhuair Calum còir o'n Rìgh air na h-àiteachan aoraidh a bha roimhe sin aig na Druidhnich.

Shuidhich Calum Tigh-foghlaim ann an Ì, far an robh mòran dhaoine òga air an teagasg ann an eòlas nan Sgrioptar agus air an uidheamachadh gu dol a mach a shearmonachadh an t-soisgeil air feadh na tìre. Bhuannaich e rè ceithir bliadhna deug thar fhichead a' searmonachadh anns gach àite air feadh na Gàidhealtachd gus an d' thàinig na Gàidheil no na *Pictich* thuathach gu lèir gu bhi a' creidsinn na fìrinn; agus tha e air aithris gun do thog e còrr agus trì cheud *Ceall* no Eaglais air feadh na h-Alba ann an caochladh àitean. Theirear "Cilltean" ris na h-àitibh aoraidh so gus an là an diugh mar a dh'ainmicheadh iad air tùs le Calum. Bha e fèin agus a chompanaich a' saoithreachadh gun sgìos am measg an t-sluaigh gus an d' fhuadaich iad saobh-chreideamh nan Druidhneach gu buileach a mach às an tìr agus an d' thàinig an dùthaich gu h-iomlan gu bhi ag aideachadh a bhi creidsinn ann an Crìosd. Theirteadh "Cùildich" mar ainm ris an dream a bha 'n an co-luchd-oibre maille ri Calum-cille ann an craobh-sgaoileadh an t-soisgeil.

Fhuair Calum-cille bàs anns a' bhliadhna A.D. 597, air oidhche Disathairne, an 9mh là d' an Og-mhios. Mu mheadhan oidhche chaidh e steach do'n eaglais mar bu ghnàth leis a dhèanamh ùrnaigh. Chaidh

Ciaran, son of the carpenter, was another of Columba's contemporaries. He was born in 515 AD and died in 549 at the age of thirty-four. Ciaran was an educated and holy man whose renown was widespread throughout Ireland and Scotland. It was in his memory that Kilkerran in one of the districts of Kintyre, Kilkerran in Arran, and in other parts of Scotland, were named. The cave in which he used to live can be seen near the Head of Kilkerran Loch (Campbeltown), in the rocks near the sea at the south end of the town.

Donnan was another of Columba's companions. This man's name is commemorated in Kildonan in the Isle of Eigg and Kildonan, a district in the north of Sutherland. It is said that Donnan was the only man to be put to death for Christ's testimony in spreading the gospel among the Old Gaels. Some say that he and fifty others were killed in the Isle of Eigg. According to others he lost his life in Kildonan in Sutherland in the year 617.

These first Christian missionaries were learned, godly, hard-working men who travelled far and wide through the Highlands and the Islands of Scotland declaring the happy tale of salvation to uncivilized and uninformed natives. The work of their faith and their labour of love was often thwarted by the bloody wars that took place between the Highland tribes, the Scoti and the Picti, but despite every injustice and obstacle in their way they succeeded in their struggle until all of the Gaels yielded to the gospel of Christ. The missionaries of Christ went to every part of the Highlands – to Sutherland, Caithness and the Orkney Islands, and to the Isle of Skye, Lewis, Uist, Barra and the other islands of the west of Scotland.

Iona was famous for education and erudition, and from there learned people went out to preach the gospel on the mainland of Europe. The gospel flourished among the Old Gaels. Christ had a lively and spiritual church in the land, which was assiduous in promoting the gospel among the Saxon pagans, in Britain and in Germany. We do not have much historical information about them, but their life story is written on high in the presence of the heavenly throne.

e sìos air a ghlùinibh aig beulaibh na h-altarach. An ceann beagan ùine lean a sheirbhiseach, Diarmad, a stigh às a dhèidh, agus ghlaodh e a mach: "C'àit' am bheil thu, athair?" Fhuair se e 'na shìneadh an làthair na h-altarach agus e cosmhail ris a' chrìch dheireannaich. Thàinig na bràithrean uile a stigh an sin agus thòisich iad ri gul agus caoineadh an uair a chunnaic iad an athair spioradail cosmhail ri dol a chum a' bhàis, ach smèid esan riutha le 'làimh o nach b'urrainn e labhairt, a' ciallachadh gu'n robh e a' guidhe beannachd orra, agus goirid an dèidh sin thug e suas an deò. An ceann trì làithean chaidh 'adhlacadh ann an Reilig Orain.

Bha mòran de dhaoinibh diadhaidh 'nan luchd-cuideachaidh aig Calum-cille ann an craobh-sgaoileadh an t-soisgeil am measg nan Seann Ghàidheal. An uair a thàinig e air tùs a nall à Eirinn thug e leis dà fhear dheug 'nan companaich. 'Nam measg so bha Diarmad, a sheirbhiseach, agus Beathain mac Bhreanain, a rinneadh 'na Abba air Ì-Chaluim-chille an dèidh a bhàis fèin. B'e Breanan bràthair athar Chaluim, agus thàinig a dhithis mac, Beathain agus Conan, còmhladh ris an teachdaire do'n Ghàidhealtachd. A rèir coslais 's ann mar chuimhneachan air Conan so a thugadh Srath-Chonain mar ainm air àite ann an Siorramachd Rois. B'e Coinneach aon eile dhiubhsan a bha 'nan co-luchd-oibre le Calum, agus an dèidh bàs Bheathain rinneadh e 'na Abba air Ì, mu'n bhliadhna 600. Tha ainm Choinnich air a ghleidheadh air chuimhne ann an àiteachaibh air leth air feadh na Gàidhealtachd mar tha Cill-Choinnich an Cinntìre, Cill-Choinnich aig ceann sear Loch-Lagain am Bràighe Bhàideanach, Innis-Choinnich ann an Loch nan Ceal an Eilean Mhuile, Cille-Choinnich (Kilkenny) an Eirinn, agus àitean eile an Eirinn 's an Albainn. Is ann de mhuinntir Eirinn a bha Coinneach agus bhuineadh e do Chlann Ruadhraidh ann am mòr-roinn Ulladh.

B'e Ciaran mac an t-saoir aon eile de chomhaoisibh Chaluim-chille. Rugadh e anns a' bhliadhna A.D. 515 agus fhuair e bàs anns a' bhliadhna 549 'n uair a bha e 34 bliadhna dh'aois. Bha Ciaran 'na dhuine foghlaimte agus diadhaidh agus bha a chliù air a sgaoileadh am fad 's am farsainn air feadh Eirinn agus Albainn. Is ann mar chuimhneachan airsan a thugadh an t-ainm Cill-Chiarain air aon

(air a leantainn o thaobh 188.)

Naoimh bha an creideamh Criosdaidh am measg nan Gaidheal a reir briathran *Thertullian* agus is cosmhuil do bhrigh gu'n robh an luthd-teagaisg so a' teiseachadh ann am bothanaibh agus an cuiltibh uaigneach, fasail gu'n d' thugadh "Na Cuiltich" mar ainm orra le luchd-aiteachadh na tire,—uas dh' fhaodaite ann an geug mar a thainig an t-ainm "Puritans" ann an linnibh an deigh so.

Bha na Cuiltich 'o ni daoine diadhaidh, foghluimte; agus chair iad seachad an uine ann an ath-sgriobhadh nan Sgriobturan naomha, ann an urnuigh agus ann an trasgadh. Bha iad a' searmonachadh do na Gaidheil a bha ann an taobh deas na Gaidhealtachd; ach bha na Gaidheil 'g an airde tuath—anns an duthaich ris an abrar a nis siorramachdan Inbhirnois, Rois, Chataobh, agus Ghailaobh, maille ris na h-eileanaibh mu thuath agus an iar, air an comhdach le dorchadas an ain-eolais, agus le tiugh cheo an daibholaraich gus an d' thainig Calum-cille d' an ionnsuidh le ageul soisbheuach na slainte.

Bha taobh tuath na Gaidhealtachd comhdaichte le tiugh dhorchadas an toibhol-aoraidh, agus aineolach air Rathad na Slainte troimh Chriosd gus an d' thainig Calum-cille. Ma's bliadhna A.D. 563, dh' fhag o Eirinn a chum an Soisgeul a shearmonachadh do na Gaidheil Albannach agus aig an am sin bha o mu chinnthioll de bhliadhna agus da fhichead de di'aois. Thainig da Rone dheug eile maille ris a chum a bhi 'n an luchd-cuideachaidh aige ann an craobh-sgaoileadh an t-Soisgeil. Bha na daoine so cairdeach dha fhein agus is cosmhuil gu'n robh iad air an dugadh suas agus air an sliaradh leis an aon Spiorad chendna. Bhuineadh Calum-cille fein do theaghlach rioghail bu h-Eirionn, oir b'e Feilim, mac Fhearghuis, mhic Chonuill, mhic Neill naoigheallaich, a bha 'n a chean-tighe chlann Neill agus 'na righ air Eirinn, a b' athair dha. Bha e mar an ceudna cairdeach do theaghlach rioghail nan Scuiteach ann an Earraghaidheal, oir b'e Feilim, mac Fhearghuis a bha 'na righ an Earraghaidheal; agus aig an am sin bha Conall, mac Chomhaul, mhic Dhomhnauilt, mhic Fhearghuis, a charaid fein 'n a righ air na Scuitich. Bha an righ so 'na iar-ogha brathair sinn-seanar do Chalum, mac Fheilim.

Dh' fhag Calum agus a chompanaich Eirinn ann an curach no cuthar do shleatsibh caoil air am fighsadh agus air an comhdach a mnigh le seich-eachan. Sheol iad astar fada air a' chuan gus an d'thainig iad air tir ann an I-Chaluim-chille aig aite ris an abrar o'n am sin, Port-a'-churaich. Tha an t-Eachdraiche urramach, Bede ag radh gu'n d' thug Bruidh, righ nam *Pietsach*, oir do Chalum air Eilean I gu bhi mar sheilbh aige fein

air son fronn na h-eaglais. Tha fendh-ain eile ag radh gu 'n d'fhuair e coir air an Eilean o Chonall, Righ nan Scuiteach, a charaid fein. Faodaidh e bhi gu'n robh bauh aig an da righ Ghaidhealach so le cheile anns an eilean a dhaingneachadh mar sheilbh do Chalum agus do'n eaglais, do bhrigh gu 'n robh o mar gu'm b' ann 's a' chrich eatorra, agus goireasach do gach aon do'n da rioghachd.

An deigh do Chalum-cille o fein a shocrachadh ann an I, chaidh e air thuras gu Bruidhi, Righ nam *Pietsach* a bha aig an am so a chomhnuidh aig ceann an iar Loch-Nis far am bheil an ablaisinn Nis a' fagail an Loch. Bha an turas so ceud gu leth mile air astar bho I-Chaluim-chille. Aig an am sin bha an t-slighe garbh, deacair ri siubhal, la beanntaibh agus le aibhnichibh, maille ri caolsan-mara 'n uair nach robh rathaidean mora ann bith ann, no bataichean-aisig ach gann ri'n faotainn. Chaidh e air a chursa troimh Ghleann-mor-na-h-Alba, seachad air an Apuinn, Ceann-airde-gobhar, Inbhir-Lochaidh agus Leitir-Fhionn-laith. Chaidh e troimh Lagan-achadrome agus Cille-Chuimein; agus thaoghail e an Gleaun-Urchadain far an robh uaan duine air iompachadh, agus air a bhaisteadh. Ghabh o an ain air 'aghart gu ruig an Ban-ath aig ceann an iar Loch-Nis far an robh caisteal an righ 'n an aite ris an abrar an diugh Caisteal-Spioradan. Aig an aite so choluniloch e ri Brichean, ceannard nan Druidhnoach, sagartan Paganach nan Seann Ghaidheil, a thug ionnsaidh air cur 'a a sgiurith a chuar an Righ a thionndaidh o'n chreideamh Chriosdaidh. Ach cha deachaidh so leis, oir thug Calum buaidh air ma dheireadh, agus dh' iompaicheadh an Righ gus an Soisgeul a chreidsinn. An deigh an bhuaidh-aidh an Soisgeul am measg an t-sluaigh oir lean iad eisimpleir an Uachdarain, agus ghabh iad ris a chreideamh aige san, ni a bha dualach do na Seann Ghaidheil a dheanamh. Ann an uile ghuirid bha na Druidh-nich air an fuadachadh as an tir; choireadh an creideamh aca gu bailnach air eul; agus fhuair Calum cuir o 'n Righ air na h-aiteachan soraidh a bha roimhe sin aig na Druidhinich. Sluidhich Calum Tigh foghluim aon an I, far an robh moran dhaoine oga air an teagasg ann an eolas nan Sgriobtur agus air an uidheamachadh air t-soisgeil air feadh na tire. Bhuaa-sich e re coithir 'bliadhns deug thar fhichead a' searmonachadh anns gach aite air feadh na Gaidhealtachd gus an d' thainig na Gaidheil no na *Pietish* thoathach gu leir gu bhi a' creidsinn na firinn; agus tha o air 'aithris gu 'n do thug o cuir agus tri 'cheud *Ceall* no Eaglais air feadh na h-Alba ann an caochladh aitean. Theirear "Cilltean" ris na h-aitibh-soraidh so gus an la an

diugh mar a dh'ainmichesadh iad air tus le Calum. Bha o fein agus a chompanaich a' saoithreachadh gun ujoa am measg an t-sluaigh gus an d' fhuadaich iad mòbh-chreideamh nan Druidhneach gu buileach a mach as an tir agus an d'thainig an dothaich gu h-iomlan gu bhi ag aideachadh a bhi 'creidsinn ann an Criosd. Theireadh "Cuiltich" mar ainm ris an dream a bha 'n an co-luchd-oibre maille ri Calum-cille ann an craobh-sgaoileadh an t-soisgeil.

Fhuair Calum-cille bas anns a' bhliadhna A.D. 597, air oidhche Di-Sathuirne, as linn la d' an Og-mhìos. Mu mheadhon oidhche chaidh o ataoch do'n Eaglais mar bu ghnath leis a dheanamh urnuigh. Chaidh e sios air a ghlùinibh aig bealachn na h-altrach. An ceann beagan uine bha a sheirbh-iseach, Diarmad, a chlag a lor gu 'n gul agus ghlaodh e a mach "O ait' an bheil thu, athair?" Fhuair so o 'n a sluaeadh an lathair na h-altarach agus a comhuil ris a' chrich dheir-eannaich. Thaisig na breithrean air a stigh an eix agus thionndaidh iad ri gul agus cuineadh un uair a chunnaic iad an athair spioradail cosmhuil ri dol a chum a' bhais; ach sineid esan riutha lo 'laimh o nach b'urralan a labhairt, a' cialhochaidh gu'n robh e a' guidhe

beannachd orra, agus goirid an deigh sin thug e auas an deo. An ceann tri laithean chaidh 'adhlacadh ann an Reilly Orain.

Bha moran de dhaoinibh diadhaidh 'n an luchd-cuideachaidh aig Calum-cille ann an craobh-sgoileadh an t-soisgeil am measg nan Seann Ghaidheal. An uair a thainig e air tus a nall a Eirinn thug o lais da fheur dheug 'n an companaich. 'N am measg so bha Diarmad, a sheirbhiseach, agus Baothain mac Bireanain, a' rinneadh 'n a Abba air I-Chaluim-chille an deigh a bhais fein. B'e Breanan brathair 'athar Chalaim, agus thainig a chaithis mac, Beathain agus Conan, comhlaidh ris an teachdaire do'n Ghaidhealtachd. A reir coolais ris ann mar chuimuheadh an air Conan so a thogadh Strath-Chonain mar ainm air aite ann an Siorramachd Rois. Bu Coinneach aon eile dhiubhean a bha 'nan co-luchd-oibre le Calum; agus an deigh bais Bheathain rinneadh e 'n a Abba air I, mu'n bhliadhan 600. Tha ainm Choinnich air a ghleidheadh air chuimhne ann an aiteachaibh air leth air feadh na Gaidhealtachd mar tha Cill-Choinnich an Cinntire, Cill-Choinnich aig ceann tear Loch-Lagain am Braighe Bhaideanach, Inns-Choinnich ann an Loch nan Ceal an

de sgìreachdaibh Chinntìre agus Cill-Chiarain (Kilkerran) ann an siorramachd Ara maille ri àitibh eile air feadh na h-Alba. Chithear an uamh anns am b' àbhaist da bhi 'tàmh am fagus do Cheann-Loch-Chill-Chiarain, anns na creagan làimh ris a' mhuir air taobh deas a' bhaile.

B'e Donnan aon eile de chompanaich Chaluim-chille. Gheibhear ainm an duine so air chuimhne ann an Cill-Donnain an Eilean Eige, agus Cill-Donnain, sgìreachd an taobh tuath Chataibh. Tha e air aithris gum b'e Donnan an t-aon neach a chuireadh gu bàs air son fianais Chrìosd ann an craobh-sgaoileadh an t-soisgeil am measg nan Seann Ghàidheal. Tha cuid ag ràdh gun do mharbhadh e fèin agus leth-cheud eile ann an Eilean Eige, agus a rèir beachd muinntir eile, chaill e a bheatha ann an Cill-Donnain an Cataibh. Thachair so mu'n bhliadhna 617.

Bha na ceud theachdairean soisgeulach so 'nan daoine foghlaimte, diadhaidh, saoithreachail agus thriall iad a bhos agus thall air feadh na Gàidhealtachd agus Eileanan na h-Alba a' cur an cèill sgeul aoibhneach na slàinte do'n luchd-àitich borb agus aineolach. Bha obair an creidimh agus saothair an gràidh gu minig air a bacadh leis na cogannaibh fuilteach a b'àbhaist a bhi eadar na fineachan Gàidhealach, na *Scuitich* agus na *Pictich*, ach a dh'aindeoin gach ana-cothrom agus cnap-starra a bha 's an rathad bhuannaich iad 'nan saothair gus an do ghèill na Gàidheil gu h-iomlan do shoisgeul Chrìosd. A mach à Ì-Chaluim-chille chaidh na teachdairean Crìosdaidh a chum gach ceàrna dhe'n dùthaich gu ruig Cataibh, Gallaibh, agus Eileanan Arcaibh, agus gu ruig an t-Eilean Sgitheanach, Leòdhas, Uibhist, Barraidh agus a' chuid eile de eileanaibh na h-Airde 'n Iar an Alba.

Bha Ì-Chaluim-chille ainmeil air son foghlam agus àrd-sgoilearachd, agus às a sin bha daoine foghlaimte a' dol a mach a shearmonachadh an t-soisgeil air tìr-mòr na Roinn-Eòrpa. Bhuadhaich an soisgeul am measg nan Seann Ghàidheal; bha Eaglais bheò, spioradail aig Crìosd anns an tìr, a bha ro-ghnìomhach ann an craobh-sgaoileadh an t-soisgeil am measg nam Pàganach Sasannach, ann am Breatann, agus anns a' Ghearmailt. Cha'n 'eil mòran cunntais againn mu'n deidhinn ann an eachdraidh, ach tha iomradh am beatha air a sgrìobhadh 's na h-àrdaibh ann an làthair na rìgh-chathrach.

(30 November 1895)

The Poems of Ossian

The poems of Ossian have every appearance of antiquity. When people enter society the first communal stage that they establish is Hunting. The next stage is Herding, followed by Agriculture or Farming. The fourth stage is Commerce.

Everyone who reads the poems of Ossian sees that he lived during the first stage; there is nothing in his poems but stalking and deer-hunting. It is likely that the Herding stage had begun, for there is reference to sharing the flock when a husband and wife separate from each other, but there is no mention of Farming or Commerce in any of the poems. From this one may conclude that Ossian was living when the Gaels were becoming acquainted with herding and cattle. This happened about the beginning of the 5th century.

At that time the Gaels began to differentiate between their own property and the property of others. They began to build durable dwellings for themselves and filled these big houses with plunder from the south Britons who had been under the yoke of the Romans. In the year 426 the Romans left Britain, and then the Britons were bereft, unprotected and booty for the Gaels. They sent word to the Romans for help, and when the Romans were unable to do this they sent a message to the Saxons in Germany. The Saxons came over to help them, and the Gaels returned to their own land. Then the Scoti and the Picts, the two Gaelic tribes, began to fight against each other and raid for loot. Now, Ossian doesn't mention any of these things. It is unlikely, then, that possessions were shared and that everybody had their own belongings in those days. It can therefore be reasonably assumed that Ossian lived before the Gaels began to share their goods about the beginning of the 5th century.

From the things that we have mentioned one can believe that Ossian composed his poems around the end of the 3rd or the beginning of the 4rth century. His account of the Romans could not have been given after this time by a Gaelic bard researching the history of Rome. After this century the Gaels were so ignorant and

(30 Samhain 1895)

Dàin Oisein

Tha na h-uile coslais aosmhaireachd air Dànaibh Oisein. Nuair a dh'inntrinneas daoine ann an comunn is i staid na Scalgaireachd a' cheud seòrsa cuideachd a chuireas iad suas, An dèidh sin thig staid na Buachailleachd; agus a rìs staid an Treabhachais no na Tuathanachd; agus an ceathramh staid, staid na Co-mharsantachd.

A nise chì gach neach a leughas Dàin Oisein gur h-i a' cheud staid anns an robh esan an làthair; cha'n 'eil nì air feadh a chuid dàn ach sealg is fiadhach. Is cosmhail gu'n robh staid na Buachailleachd a' tòiseachadh oir gheibhear iomradh air roinn na treuda 'n uair a dhealaicheas fear agus bean o chèile; ach cha'n 'eil guth sam bith air Tuathanachd no air Co-mharsantachd air feadh nan Dàn uile. Faodar a cho-dhùnadh o'n nì so gu'n robh Oisean beò 'n uair a bha na Gàidheil a' tòiseachadh ri eòlas 'fhaotainn air buachailleachd agus sprèidh. Thachair so mu'n cuairt do thoiseach na còigeamh linn.

Aig an àm sin thòisich na Gàidheil ri dealachadh a chur eadar an cuid fèin agus cuid an coimhearsnaich. Air an àm so thòisich iad ri àitean-còmhnaidh seasmhach a thogail doibh fèin, agus lìon iad na taighean mòra so le creach nam Breatannach deas a bha fo chuing nan Ròmanach. Anns a' bhliadhna 426 dh'fhàg na Ròmanaich Breatainn, agus an sin bha na Breatannaich rùisgte, gun dìdean, mar chreich do na Gàidheil. Chuir iad fios a chum nan Ròmanach air son cobhair, agus an uair nach b'urrainn do na Ròmanaich so a dhèanamh chuir iad teachdaireachd a dh'ionnsaidh nan Sacsonaich 's a' Ghearmailt. Thàinig na Sacsonaich a nall gu'n còmhnadh, agus phill na Gàidheil dhachaidh gu'n tìr fèin. Thòisich an sin na Scuitich agus na Pictich, an dà fhine Gàidhealach, air cogadh ri chèile, agus air togail na creach. A nise cha'n 'eil Oisean a' dèanamh luaidh sam bith air aon de na nithibh so. Uime sin cha'n 'eil e cosmhail gu'n robh maoin air a roinn, agus a chuid fèin aig gach neach r'a linn-san. Uime sin faodar a cho-dhùnadh gu reusanta gu'n robh Oisean ann mu'n do thòisich an t-eadar-dhealachadh ann am maoin am measg nan Gàidheal mu thoiseach na còigeamh linne.

had grown so barbaric that it was impossible for them to do such a thing. However, one may ask why the poems were remembered if they were composed as early as the 3rd century. First, let us answer by saying that when the matter is left to oral tradition it is as easy to remember something for two thousand years as it is for two hundred years, for the father must teach it to the son, and the son to the grandson, and so on. Since it is a feat of memory it is as easy for the son to learn it from his father, whether it was his father himself who composed it, or whether he had got from his grandfather or great-grandfather what other people had composed in centuries long past. The memory can retain one thing as well as another. And it must be understood that every clan chief among the Gaels had his own bard, whose customary role was to recite these poems in the presence of the establishment, for this pleased the clan chiefs, since every one of them believed that the champions mentioned by Ossian were their own ancestors.

The chiefs encouraged the bards to memorize their poems by giving a prize to the one who could recite more of them. Therefore the bards competed with each other to see who could remember most poems; and they had specific times when they would recite them to a gathering of the chiefs. In this way the poems were remembered, and because of the pleasure that the Gaels got from them it was not easy to forget them. In addition to this we should be aware that the memory of those who cannot read or write is much stronger than the memory of those who rely on these props to help them. When the bards did nothing else during their lives but sing and recite these poems they could not possibly lose them. This also proves that Gaelic was the language spoken by the inhabitants of the land at that time, for they could only be remembered in the language of the people among whom they were composed in the first place.

O na nithean a chaidh ainmeachadh faodar a chreidsinn gu'n robh Oisean a' seinn a dhàn mu dheireadh na treis no toiseach na ceathramh linne. An t-iomradh a tha e a' dèanamh air na Ròmanaich cha b'urrainn bàrd Gàidhealach an dèidh an àm so a dhèanamh le bhi rannsachadh eachdraidh na Ròimhe; oir an dèidh na linne so bha na Gàidheil cho aineolach agus air fàs cho fiadhaich 's nach robh e comasach dhoibh a leithid a dhèanamh idir. Ach, their neach, ciamar a chaidh na Dàin a ghleidheadh air chuimhne ma rinneadh iad cho tràth ris an treas linn? Air tùs freagramaid, an uair a thèid a' chùis fhàgail aig beul-aithris, tha e cheart cho furasta rud a chumail air chuimhne fad dà mhìle bliadhna agus a tha e fad dà cheud bliadhna. Oir feumaidh an t-athair a theagasg do'n mhac, agus am mac do'n ogha, agus mar sin air adhart. Agus 'n uair is gnìomh cuimhne a tha ann tha e an t-aon chuid cho soirbh do'n mhac ionnsachadh o athair, cia dhiubh is e athair fèin a rinn e, no is ann a fhuair esan o shean-athair no o a shin-sean-athair an nì a rinneadh le daoinibh eile an linnibh o chian. Gleidhidh a chuimhne an dara nì cho math ris an nì eile. Agus a rithist feumar a thuigsinn gu'n robh a bhàrd fèin aig a h-uile Ceann-cinnidh am measg nan Gàidheal, agus gu'm b'i a dhreuchd ghnàthaichte a bhi ag aithris nan Dàn so air beulaibh nan uachdaran, oir bha so taitneach do na Cinn-fheadhna, a chionn gu'n robh gach aon dhiubh a' creidsinn gu'm b'iad na gaisgich a tha air an ainmeachadh le Oisein an sinnseara fèin.

Bha na cinn-fheadhna a' misneachadh nam bàrd gus an dàin a ghleidheadh air chuimhne le bhi toirt duais do'n neach bu mhò a dh'aithriseadh dhiubh. Mar sin bhiodh na bàird a' strì ri chèile a dh'fheuchainn cò dhiubh bu mhò a ghleidheadh air chuimhne de na Dànaibh; agus bhiodh amannan suidhichte aca anns am biodh iad 'gan aithris air cuideachd de na cinn-fheadhna. Air an dòigh so bha na Dàin air an cumail air chuimhne, agus leis an tlachd a bha na Gàidheil a' gabhail annta cha b'fhurasta leo' an leigeil air dio-chuimhne. A thuilleadh air so faodar a thoirt fainear gu'm bheil a' chuimhne mòran na's treise aig an dream sin nach urrainn leughadh no sgrìobhadh idir, na tha i aig an dream sin a tha ag earbsadh ris na treosdain sin gu an cuideachadh. Agus an uair nach robh na bàird a' dèanamh nì sam bith eile fad làithean am beatha ach a' seinn nan Dàn so cha b'urrainn

ORAN GAOIL.

LE IAIN DOMHNALLACH.

B' og 'bha mis' is Mari
'M fasichean Ghlinn Smeoil,
Nuair 'chuir macan Bhenuis
Saighead gheur 'am fheoil.
Tharruinn sinn ri 'cheile
Ann an aud cho beo,
'S nach robh air an t-saoghal
A thug gaol cho mor.

LUINNEAG.
Ho, mo Mhari laghach,
'S tu mo Mari bhian;
Ho, mo Mhari laghach,
'S tu mo Mhari ghriun;
Ho, mo Mhari laghach,
'S tu mo Mhari bhian;
Mhari bhoidheach, turach,
Rugadh ann aun glinn.

'S tric 'bha mis' is Mari
Falbh nam fasach fial,
Gun smaointinn air fal-bheirt,
Gun obail gu droch ghniomh;
Cupid ga n-ar taladh
Ann an cairdeas dian;
'S barr nan craobh mar sgail dhuinn,
Nuair a b' aird' a ghrian.

Ged bu leamsa Alb',
A h-airgiod is a maoin,
Ciamar 'bhithinn sona,
Gun do chomunn gaoil.
B' annsa 'bhi gaol phòsadh
Le deagh choir dhomh fein,
Na ged gheibhinn storas
Na Roinn-Eorp' gu leir.

Tha do bhroilleach soluis
Lan de shonas graidh;
Uchd a's gille 'shealas
Na 'n sad' air an t-snamh.
Tha do mhin shlios fallain
Mar chanach a chair;
Muineal mar an fhaoilean
Fo 'n aodunn a's aillt'.

Tha t' fhalt bachlach, dualach,
Mu do chluais a fas;
Thug nadar gach buaidh dha
Thar gach gruag a bha.
Cha n-fheil dragh no tuairgne
'Na chur 'suas gach la;
Chas gach ciabh mu 'n cuairt dheth
'Se na dhuail gu 'bharr.

Tha do chaile-dhead snaidhte
Mar shneachda nan ard;
T' anail mar an caineal,
Beul bho 'm banail failt;
Gruaidh air dhreach an t-airis,
Min raisg chioualt', chlath;
Mala chaol gun ghruaman,
Gnuis gheal 's cuach fhalt ban.

Thug ar n-uabhar barr,
Air aigheas t-ghrean mor';
B' iad ar leabn stata
Duilleach 's barr an fheoir;
Flurichean an fhasich
Toirt dhuinn cail is treoir,
Is sruthain ghlan nan ardibh
'Chuireadh slaint 's gach por.

Cha robh inneal-ciuil
A thoradh riamh fo 'n ghrein,
'Dh' aithriseadh air choir
Gach ceol 'bhiodh againn fein.
Uiseag air gach loman,
Smeorach air gach geig,
Cuthag is gug-gug aic'
Maduinn chubhridh Cheit'.

ORAN D'A LEANNAN.

LE DOMHNULL DOMHNULLACH.

O, ciamar 'a urrinn mi bhi beo,
'S cho mor 's a thug mi speis dhuit?
No ciamar dh' fhaodas mi bhi stoilt'
Is gun mo choir air t' fheudinn!
Ged fhaighinn airgiod na Roinn-Eorpa
Agus or na h-Eiphait,
Cha chumadh sin mi 'suas oar uair'
Is tu bhi bhuam gun sgeul ort.

Ma 'a e 's gun d' chuir thu rium do chul
'S tu ann an dull mo threigsinn,
Gus an cuir iad mi 'san uir
Cha deanar torn 'ad dheidh leam.
Ciamar dh' fhaodas mi bhi saor
'S nach clean an saoghal feum dhomh;
Mo chridh' fo smalan le do ghaol,
'S gun duil a chaoidh ri t' fheudjnu.

Tha gaol nan boirionnach o'n oige
Mar an ceo 'sa cheitein:
Laighidh e ri madinn dhriuchd
A bhan cho dluth 's nach leir dhuinn.
Chi mi 'n t-adhar leis 's na beanntan
'Dol an ceann a cheile;
Ach sgaoilidh e ri uin' ro ghearr
Gun fhios cia 'n t-ait an deid e.

Chan fheil mo chadal domh ach ciuirt',
'S cha n-fheil mo dhuisg ach cjanail;
Cha n-fheil an obir dhomh ach cradh,
'S cha n-fheirrde mi bhi diamhain.
Cha dean laighe dhomh ach cruachdan
'S cha doir oirigh dhiom iad;
Cha doir asdar mi gu slaint';
'S cha n-fhasa tamh no gniomh dhomh.

SMEORACH NAN LEODACH.

LE DOMHNALL NAN ORAN.

LUINNEAG.
Uilibh i na u ri o,
Uilibh u na u ri u o,
'S smeorach mise mach o'n tur a's
Gloodhrach cuiru mu 'bhuird le feusda.

'S mise smeorach òg a ghrinnis
Sheinneas ceol mar organ mllis;
Feadan ordail fo mo ribheid,
'S foad mo mheoir air comhradh fileant'.

'S mear mo ghreann a danns' air crannaig,
Broaladh bhonn le fonn gun ainnis,
Bleith nan toll 's gach trannsa darais,
Meallladh rann o cheann mhic-talla.

Seinneam fonnmhor, pongail, m' calsin,
Air a chom nach trom mar callach;
Cha dig tonn mn bhonn mo thalla,
'Ni mo chall no ganntas m' arain.

Taghail aig D. J. Domhnullach, agus
faic na brògan agus na clecannan
bèin a th'aige ri chreic. Tha na cleoc-
annan gu teirgsinn. Gheoblair deagh
bhargain aige daonnan.

iad an leigeil air chall. Tha so a' dearbhadh mar an ceudna gur h-i a' Ghàidhlig a labhair luchd-àitich na tìre aig an àm ud, oir cha ghabhadh iad gleidheadh air chuimhne ach ann an cainnt an t-sluaigh am measg an do chuireadh iad ri chèile o thoiseach.

(30 October 1903)

Resurrection of the Highlands

"The Gaels will rise again,
They will not be in torment anymore,"
Bereft under the feet of mercenaries,
As weak powerless wretches;
People will traverse the hills,
And the straths of many glens;
Women and children will be seen
Revelling in dance and music.

The sheep and deer will flee
When they hear the shouts of the people,
They will run and not look behind them
As they all take flight;
The big shepherds of the flocks
Will gape in confusion;
And the lazy inept foresters
Will leap quickly over the stacks.

The land is long empty
With no one to cultivate it;
The people were driven away
And banished overseas;
White hornless sheep
Are on the straths and hills,
And lambs are romping and jumping
On the knoll where children were happy.

BARDACHD

(30 Dàmhair 1903)

Aiseirigh na Gaidhealtachd

"Togaidh na Gàidheil an ceann,
Cha bhi iad am fang na 's mò,"
Rùisgte fo chasaibh luchd sannt,
 Na 'n truaghanaibh fann gun treòir;
Bidh daoin' a' siubhal nam beann,
Air srathaibh nan gleann gu leòir;
Chithear ann mnathan is clann
A' mireadh le dannsa 's ceòl.

Teichidh na caoirich 's na fèidh
Nuair chluinneas iad èibh an t-sluaigh,
Ruithidh 's cha seall iad 'nan dèidh
'S iad uile gu lèir 'nan ruaig;
Theid cìobairean mòra nan treud
Nam breislich a' spleuchdadh suas;
'S forsairean luinnseach, gun fheum,
Na 'n deannaibh a' leum nan cruach.

Tha fearann fada na thàmh
Gun duine gu àiteach ann;
Chuireadh an sluagh às an àit'
Air fògradh thar sàile thall;
Tha caoirich mhaol-cheannach bhàn
Air srathaibh is àird nam beann,
Is uain a' mireadh 's a' leum
Mu 'n tulaich 's am b'èibhinn clann.

Where the gospel of grace
Was sung to us in fellowship,
As people gathered at prayer-time
Together on the Sabbath,
You can only hear the hollering of deer
As they bellow on every slope and hill,
And the barking of dogs on the moor
Where psalms used to be sung.

The wheels of providence will go round,
·The top end will be down,
And the bottom side will be raised
By the eternal justice of the Trinity.
The old sites will be rebuilt,
The places abandoned long ago,
Villages deserted and empty
That are now full of heather and birds.

Friends of the Gaels are happy
Wherever they might be,
To seek an opportunity for the people
North and south without delay,
Hoping they will be given back
The land they themselves lost
When they were thanklessly evicted
With cruelty and bitter oppression.

All the children of the Gaels
Will gather shoulder to shoulder,
As happened in days of yore
When brave Calgacus and the heroes
Fought the fierce Agricola
And the might of the Roman army
In a bloody and bitter conflict
On the slopes of Mons Graupius.

Far an robh soisgeul nan gràs
Ga sheirm ann an càirdeas dhuinn,
Pobull a' tional gach tràth
Air leithibh na Sàbaid cruinn,
Cha chluinnear ach langanaich fhiadh
A' bùirich air sliabh 's air beinn,
'S comhartaich chon air an leirg
'S an àit' an robh sailm 'gan seinn.

Theid cuibhlean Freasdail mun cuairt,
Bidh 'n taobh a tha 'n uachdar shìos,
Is èiridh an t-iochdar suas
Le ceartas bith-bhuan an Triath.
Togar na làraichean aosd',
Na h-ionadan sgaoilt o chian,
Bailtean tha fàsail is faoin
'S tha nise làn fraoich is ian.

Càirdean nan Gàidheal le fonn
Tha nis air am bonn 's gach àit,
Cothrom gu fhaotainn do'n t-sluagh
An deas agus tuath gun dàil,
Le rùn gun aisigear dhaibh
Am fearann a chaill iad fèin
Nuair dh'fhògradh mach iad gun taing
Le h-ain-iochd is ainneart geur.

Theid Clanna nan Gàidheal gu lèir
An guaillibh a chèile cruinn,
Mar anns na làithibh o chèin
Rinn Calgach, an treun, 's na suinn
A chog ri Aighriochol garg
'S ri cumhachd armachd na Ròimh
Le còmhrag fuileachdach searbh
Aig slios a' Gharbh-mhonaidh mhòir.

Gaels across in America
And the children who succeeded them,
Help them at this time,
As friends who will not deceive or abandon;
This will raise their courage from the ground,
And they will strive together,
In order to get back
Every right that they had of old.

May the distinguished Gladstone be hale and hearty
He who is always a friend of the peasantry,
The noble gentleman who triumphed
Because of his prudence without vanity;
May gracious Providence grant him
A long life with good health,
To get justice for others
By statute of the new Parliament.

A hundred welcomes to the talented hero
At the confluence of the waters at Ness,
Who assembled a new historical account;
We wish him success
In his effort to help the people
Against the barbaric grandees
Who plundered them with violence,
Without innate empathy or sympathy.

God owns the land and what it holds
And he put the offspring of Adam there;,
He prepared this universe for them
As a territory of worth and abundance;
He did not dictate that it be dominated by deer,
Or left to cattle and birds,
But he put everything under the sun
Under the rule of the children of Eve, by right.

Gàidheil Aimeireaga thall
'S a' chlann a thàinig 'nan dèidh,
Cuidichibh leotha san àm,
Mar chàirdibh nach meall 's nach trèig;
Togaidh so 'm misneach o'n làr,
Is nì iad co-spàirn le chèil',
A chum gum faigh iad air ais
Gach còir a bha aca bho chèin.

Slàn gu robh Gladstone an àigh
A's caraid a ghnàth do'n Tuath,
An t-uasal ainmeil thug bàrr
Le ghliocas gu h-àrd gun uaill;
Deònaicheadh Freasdal nan gràs
Mòr aois dha le slàinte bhuain,
Gu ceartas fhaotainn do chàch
Le reachd na Pàrlamaid nuaidh.

Ceud fàilte air gaisgeach nam buadh
An inbhear nan stuadh aig Neis,
A thionnsgail Sgeuladair nuadh;
Ar dùrachd-ne buaidh bhi leis
Na oidhirp a chobhair an t-sluaigh
An aghaidh nan uaibhreach borb,
A chreach iad le foireigin chruaidh
Gun chàirdeas, gun truas nam bolg.

'S le Dia an talamh 's a làn
Is chuir e sliochd Adhaimh ann,
Dh'ullaich e 'n Cruinne so dhaibh
Mar oighreachd dhiongail nach gann;
Cha d' àithn e chur fo na fèidh,
No fhàgail aig sprèidh is eòin,
Ach chuir e gach nì fo 'n ghrèin
Fo riaghladh sliochd Eubh' le còir.

Who gave the miserable prerogative
To high and mighty noblemen
To deprive the people of land
And banish them across the ocean without compassion?
Would it not be better to see the glens
Full of women, with children by the hand,
Than dumb wild animals
Wandering in the moor with their brood?

Persecution by the Landlords

Have you heard the story?
Hey! Ho! The landlords!
The bitter plunderers vanished,
Hey! Ho! The landlords!
The deer and their foresters left,
The sheep will follow,
The people will get the land ready,
They will be happy and hearty there.

These are the men who did the damage,
Hey! Ho! The landlords!
They annihilated poor, feeble people,
Hey! Ho! The landlords!
They harassed women and children,
The houses went ablaze above them,
As severe snow and frost
Made them irascible and tremulous.

These were men without compassion,
Hey! Ho! The landlords!
They were nasty to the people,
Hey! Ho! The landlords!
The rent was increased,
Poverty and misery came,

Cò a thug comas na truaigh'
Do dhaoinibh tha uasal àrd
Fearann a thabhairt o'n t-sluagh
'S am fògradh thar chuan gun bhàigh?
Nach b'fheàrr bhi faicinn nan gleann
Làn bhan, agus clann 'nan làimh,
Na brùidean fiadhaich gun chèill
A' siubhal an t-slèibh le 'n àl?

Ruaig nan Tighearnan

An cuala sibh a nis an sgeul,
Haoi! Hò! Na tighearnan!
Theich na creachadairean geur,
Haoi! Hò! Na tighearnan!
Dh'fhalbh na forsairean 's na fèidh,
Thèid na caoirich às an dèidh,
Gheibh an sluagh am fearann rèidh,
Bidh iad èibhinn, cridheil ann.

Sud na fir a rinn an call,
Haoi! Hò! Na tighearnan!
Chreach iad daoine bochda, fann,
Haoi! Hò! Na tighearnan!
Chlaoidh iad mnathan agus clann,
Loisg na taighean os an ceann,
Ged bhiodh sneachda 's reothadh teann
A' cur greann is crith orra.

Sud na daoine bha gun truas,
Haoi! Hò! Na tighearnan!
Bha neo-bhàigheil ris an tuath,
Haoi! Hò! Na tighearnan!
Chaidh am màl a thogail suas,
Thàinig bochdainn agus truaigh,

It left their complexion emaciated and grey,
Their skin had no colour.

With violence they acquired,
Hey! Ho! The landlords!
Claim to land that was not theirs,
Hey! Ho! The landlords!
They were greedy for the gold,
They grabbed property galore;
They banished every person,
Whom they saw, young and old.

In dark and dreary Sutherland,
Hey! Ho! The landlords!
Harsh work was done,
Hey! Ho! The landlords!
There was no concern for the people,
But to deport them across the ocean
To the wide, endless forests,
In North America.

The Crofters' Journey

We will take the high road,
We will take the high road,
We will take the high road,
Whether others approve or not.

Whatever foolish old fogeys may think,
Those who put their trust in wealth,
With their flocks on every plain,
Hornless white sheep.

Dh'fhàg sin tana, glas, an gruaidh,
Cha robh snuadh sam bith orra.

Leis an ainneart fhuair iad còir,
Haoi! Hò! Na tighearnan!
Air an oighreachd nach bu leò,
Haoi! Hò! Na tighearnan!
Tha iad sanntach air an òr,
Ghlac iad fearann pailt gu leòr;
Dh'fhuadaich iad gach duine beò,
Sean is òg mar chitheadh iad.

Ann an Cataibh dubh gun tuar,
Haoi! Hò! Na tighearnan!
Rinneadh obair a bha cruaidh,
Haoi! Hò! Na tighearnan!
Cha robh iochd ann ris an t-sluagh,
Ach am fògradh thar a' chuain
Gus na coilltibh farsainn, buan,
An ceann tuath Aimeireaga.

Triall Nan Croitearan

Gabhaidh sinne 'n rathad mòr,
Gabhaidh sinne 'n rathad mòr,
Gabhaidh sinne 'n rathad mòr,
Olc air mhath le càch e.

Olc air mhath le bodaich bhaoth,
Bhios ag earbsa às am maoin,
Le 'n cuid threudan air gach raon,
Caoirich mhaola bhàna.

Every valley and level meadow
Were put under goats and cattle,
Or a sanctuary for deer
On the high hills.

They trampled remorselessly underfoot
Poor, bereft, miserable people,
And ejected them
With their harsh and heartless edict.

Things were never like this
With our ancestors of old,
When we used to travel
Through the hills and glens.

It is indeed sad to relate
How the land changed;
There are no gracious, smart youths
In the valleys where they used to be.

But improvement will come quickly,
The wheel will be turned,
People will get justice,
And the elite will get notice of removal,

When Gladstone takes control
As leader of the government,
Everything will start afresh
And the situation will be different.

Chaidh gach gleann is àilean rèidh
Chur fo mheanbh-chrodh agus sprèidh,
No mar àros aig na fèidh
Air na slèibhtibh àrda.

Shaltair iad fo 'n cois gun truas
Daoine bochda, falamh, truagh,
Agus dh'fhògair iad an sluagh
Le 'n lagh cruaidh, neo-bhàigheil.

Cha robh cùisean mar so riamh
Aig ar n-athraichibh bho chian,
Nuair a b'àbhaist dhaibh bhi triall
Feadh nan sliabh 's nam fàsach.

'S bochd ri aithris e gu fìor,
Thàinig caochladh air an tìr,
Chan eil òigridh loinneil ghrinn
Anns na glinn mar b'àbhaist.

Ach thig leasachadh gu luath,
Theid a' chuibhle chur mu 'n cuairt,
Nithear ceartas ris an t-sluagh,
'S gheibh na h-uaibhrich bàirlinn.

Nuair thig Gladstone air an stiùir
Anns an riaghladh mar cheann-iùil,
Tòisichidh gach nì às ùr,
Is cha bhi chùis mar bhà i.

(13 November 1904)

Upper Barney's River

Come up with me to the wood
On the Brae of Barney's River;
Where the wood-strawberry grows,
And nuts richly full.
The tall and stately moose
Will wander there gracefully,
And the droning squirrel
Will be all over its groves.

There will be pure fresh water
In the healthy springs,
And clean fresh air
Among the flowers and branches.
We will stroll around the hills,
Around the dells and glens,
And we will be elated and jolly,
With all the delights that we see.

In the turbulent winter
The wind will come with a piercing whistle;
There will be a raucous sound among the trees
Under the rush of the storm.
There will be heavy snow in every valley
And deep snowdrifts at every door;
But we will have nourishment and warmth,
And we will be convivial and content.

The birds will come with their melodies
When spring begins,
Winter will be behind us,
And the dreariness of the storm.
Every meadow and pasture

(13 Samhain 1904)

Braigh' Abhainn Bharnaidh

Thig an àird' leam gu Bràigh'
Abhainn Dhàrnaidh do 'n choille;
Far am fàs an subh làir,
'S cnothan làna gun ghainne.
An lòn* àrd bidh na uaill
Gabhail cuairt ann gu loinneil,
'S bidh an fheòrag le srann
Null 's a nall feadh a dhoirean.

Gheibhear fìor-uisg' nach truaill
Anns na fuaranaibh fallain,
Agus àile glan, ùr
Feadh nam flùr is a' bharraich.
Bheir sinn sgrìob feadh nan stac,
Feadh nan glac is nan gleannan,
'S bidh sinn sòlasach, ait,
Leis gach taitneas nar sealladh.

Anns a' gheamhradh neo-chaoin
Thig a ghaoth le fead ghoineant',
'S bidh cruaidh ghaoir feadh nan craobh,
'S iad fo shraonadh na doininn.
Bidh sneachd trom air gach gleann,
'S cathadh teann mu gach doras ;
Ach bidh lòn againn 's blàths,
'S bidh sinn mànranach, sona.

Thig na h-eòin le 'n ceòl réidh,
Nuair a dh' éireas an t-earrach,
Theid an geamhradh air chùl
Agus dùdlachd na gaillinn.
Bidh gach àilein is cluain

Will be green with grass and beautiful,
And every creature will be joyful
As the warmth returns to them.

Summer will come round
And give colour to the land;
The mayflowers will bloom,
And the white daisies.
At glorious Loch Brora,
In every hill and glen,
We will be happy every day
If there is good health around our hearth.

(30 October 1903)

I Am Stricken with Grief

(A young woman's lament for her lover in Pictou)

I gave love, love, love,
I gave love to the fair one,
I gave love to you my dear,
Alas, I cannot be healed.

I am stricken with grief,
And alone at this time;
The cause of my sorrow is painful,
My MacDonald has died.

I would travel with you worldwide,
Leaving my loved ones behind;
If you were beside me
I would be carefree with joy.

Sealltainn uain›-fheurach, maiseach,
'S bidh gach creutair fo àgh
Is am blàths tigh'nn air ais uc'.

Thig an samhradh mu 'n cuairt
Chuireas snuadh air an fhearann ;
Cinnidh blàthan a Mhàigh†
Agus neòineanan geala.
Aig Loch Bhrùra an àigh,
Air gach àird agus bealach,
Bidh sinn aoibhneach gach là,
Ma bhios slàinte m' ar teallach.
*Elk, moose. †Mayflowers.

(30 Dàmhair 1903)

Och is Mise tha fo Leòn

(*Tuireadh nighinn airson a leannain ann an tìr Phictou*)

Thug mi gaol, gaol, gaol,
Thug mi gaol do 'n fhear bhàn,
Thug mi luaidh dhuit a ghaoil,
Och cha 'n fhaod mi bhi slàn.

Och is mise tha fo leòn,
'S mi na m' ònar an tràth s';
'S cruaidh leam adhbhar mo bhròin,
Fhuair mo Dhòmhnallach bàs.

Shiubhlainn leat air feadh an t-saogh'l
'S luchd mo ghaoil air mo chùl;
Nam biodh tusa ri mo thaobh
Bhithinn aotrom fo shunnd.

I would travel with you on sea and land
Around the distant Indies;
If you were beside me
I would not feel grief or loss.

But now that you have passed away
I will be tearful for ever;
Sadly, heavy on the grass
Will my step be every day.

Though I stand at your grave,
The place is sad and desolate;
Our tryst can only be depressing,
Since you are in the cold embrace of death.

Girls with locks of brown hair,
Who live around these knolls,
Please mourn with me,
For my loved one is not alive.

Please have compassion for me,
Since I am sapped with sorrow,
Like the tawny owl
Wailing in the woods.

Girls of the Blue Mountain,
I am not a cause of envy,
Since you cannot see the man I love
Beside me at the fair.

When I am asleep
I dream incessantly
Of the gentle young man
Who was more worthy than others.

Shiubhlainn leat air muir is tìr,
Feadh nan Innseachan thall;
Nam biodh tusa na mo chòir
Cha bhiodh leòn orm no call.

Ach a nis bho 'n chaidh tu eug
Bidh mi deurach do ghnàth;
Och! Is trom air an fheur
Bhios mo cheum h-uile là.

Ged a sheasas mi aig d' uaigh,
'S brònach truagh leam an t-àit';
Cha bhi choinneamh ud ach cruaidh,
'S tus' am fuar-ghlaic a' bhàis.

A nìonaga nan leadan donn,
Feadh nan tom so tha tàmh,
Deanaibh maille rium co-bhròn,
Oir cha bheò fear mo ghràidh.

O nach gabh sibh rium-sa truas,
'S mi gu truagh air mo chlaoidh,
Cosmhail ris a' chaillich-oidhch'
Feadh nan coilltean a' caoidh.

A nigheana na Beinne Guirm
Cha chùis-fharmaid mi fèin,
Bho nach faic sibh fear mo ghaoil
Ri mo thaobh air an fhèill.

Nuair a bhios mi ann am shuain
Bidh mi bruadar gun tàmh
Air an òganach shuairc
Bha na b' uaisle na càch.

I put on mourning garments,
Though wearing them was strange;
I am deeply melancholy,
But others are unaware of that.

I am wringing my hands,
Being wounded and in pain,
Since I cannot be married
To the young man that I loved.

Lovely Mary

(*Dr. Blair composed this song in Iona, Scotland, in July 1851, when he returned from Canada to marry Mary MacLean*)

Ho! My lovely Mary,
You are my winsome Mary,
Ho! My lovely Mary,
You are my sweet Mary,
Ho! My lovely Mary,
You are my handsome Mary.
Beautiful, kind Mary,
You are my chosen one.

When I go to live
In the big forest,
I will be happy, merry,
High-spirited enough.
If Mary is with me
Weeping and sorrow will vanish;
The weather will not take long
To get better for us.

Chuir mi umam culaidh bhròin,
Ged bu neònach an gnàth;
'S tha mi cianail gu leòr
Ged nach eòl sin do chàch.

Tha mi fàsgadh nan dòrn,
Air mo leòn 's air mo chràdh,
Bho nach d' fhuair mi bhi pòsda
Ri òigear mo ghràidh.

Màiri Lurach

(*Sgrìobh am Blàrach an t-òran seo ann an Ì Chaluim Chille anns an Iuchar 1851 nuair a thill e à Canada a phòsadh Màiri NicIllEathain*)

Hò! mo Mhàiri lurach,
'S tu mo Mhàiri ghrinn,
Ho! mo Mhàiri lurach,
'S tu mo Mhàiri bhinn,
Ho! mo Mhàiri lurach,
'S tu mo Mhàiri ghrinn,
Màiri bhòidheach laghach,
'S tu mo roghainn fhìn.

Nuair a theid mi dh' fhuireach
Anns a' choille mhòir,
Bidh mi aoibhneach, subhach,
Aighearach gu leòr.
Ma bhios Màiri mar rium
Teichidh gal is bròn;
Cha bhi 'n aimsir fada
Gabhail thairis oirnn.

Come with me to the backwoods,
Leave your own people;
The land of your birth and upbringing,
Leave it behind you.
Though it would be hard for you
To separate from all of them,
Do not be dejected
About crossing the ocean with me.

Come with me without delay,
Leave your dear mother,
Your sister and your brother,
And all your beloved friends;
And come over with me
To America of the trees,
A large and splendid country,
Even if it has no heather.

It's a pity, Mary,
That you weren't with me in the outback,
Among the dense forests
In the vast country.
I would not be sad or depressed
Or getting weary;
If you were beside me
I would always be in good health.

But if you do not come with me
I will be mournful and melancholy;
I will have no humour or pleasure,
I will be in physical agony;
I will never sing a song,
Ditty, music or tune;
Your love will make me bitter
If you do not go with me.

O! thig leam do'n fhàsach,
Fàg do mhuinntir fèin;
Tìr do bhreith is d' àraich,
Fàg sin air do dhèidh.
Ged a bhiodh e cruaidh leat
Sgaradh uath gu lèir,
Na cuireadh e ort smuairean
Dol thar chuan leam fhèin,

Thig air falbh gun dàil leam,
Fàg do mhàthair chaomh,
Do phiuthar is do bhràthair,
D' uile chàirdean gaoil;
Is thig leamsa thairis
Dh'Aimeireaga nan craobh,
Tìr ro ghreadhnach fharsainn,
Ged nach faicear fraoch.

'S truagh nach robh thu, Mhàiri,
Leam 'san fhàsach thall,
Feadh nan coilltean dlùth 's an
Dùthaich tha gun cheann.
Cha bhiodh bròn no airsneal
Orm, no fadal ann;
Nam biodh tusa làmh rium
Bhithinn slàn gach àm.

Ach mur teid thu leam-sa
Bidh mi tùrsach trom;
Cha bhi gean no sunnd orm,
Bidh mi ciùrrt' am chom;
'Chaoidh cha seinn mi òran,
Luinneag, ceòl, no fonn;
Ni do ghaol ro shearbh mi
Mur a falbh thu leam.

(13 November 1903)

Wedding Song

(On the first day of August 1882 Dr. Blair conducted a marriage service and wrote this song as if it were composed by the bridegroom. The groom was the Rev. Alexander Maclean Sinclair. He and Blair were close friends.)

The fellowship, fellowship,
The fellowship has gone;
The partnership has split,
Only a new one will suffice.

A fond farewell to my mother,
Who gave me love from the start;
She reared me when young,
As a baby on her knee.
I am now leaving her
For my beloved Mary,
The warm-eyed young lady
Who enticed me with affection.

The genteel and beautiful maiden,
I gave her love anew;
She is my choice forever,
I will put the others behind me.
She will be with me everywhere,
For she is all I can see;
Nothing but death will separate us,
That is my hope at this time.

As is our desire, Mr. Blair
Will join us together,
According to the custom of the place
And the decree of the presbytery.

Oran Posaidh

(Air a' chiad latha den Lùnastal 1882 bha am Blàrach a' dèanamh seirbheis pòsaidh agus sgrìobh e an t-òran seo mar gum b'e fear-na-bainnse a rinn e. B' e fear-na-bainnse an t-Urr.Alasdair MacIlleathain Sinclair. Bha e fhèin agus am Blàrach 'n an dlùth charaidean).

Chaidh an comunn, an comunn,
Chaidh an comunn air chùl ;
Chaidh an comunn o chéile,
Cha dèan feum ach fear ùr.

Soraidh slàn le mo mhàthair,
A thug gràdh dhomh o thus ;
'S òg a rinn i mis' àrach
Na mo phàisd air a glùin.
Tha mi 'nise ga fàgail
Air son Màiri mo rùin ;
Og-bhean uasal nam blàth-shùl,
Rinn mo thaladh le mùirn ;

Maighdean uasal ro àlainn,
Thug mi gràdh dhi as ùr ;
'S i mo roghainn gu bràth i,
Cuiream càch air mo chùl.
Bidh i leam anns gach àite,
Oir 's i làn mo dha shùl.
Cha sgar nì ach am bàs sinn,
Sud an tràth so mo dhùil.

Mar a's ait leinn, am Blàrach
Thig gu 'r tàthadh ri chéil',
Do réir riaghailt an àite,
Agus àithne na cléir'.

When I get her by the hand
I will rejoice;
There will be no one in the place
Who will be as gratified as I will be.

She will be my beloved wife
During my days on earth,
On my journey through the wilderness
To God's Paradise.
It is my sincerest wish
That she will be safe forever,
In the care of the almighty God
Who gave us love that will never cease.

(5 July 1901)

The Believers' Pilgrimage

We will take the high road,
We will take the high road,
We will take the high road,
Whether Satan likes it or not.

Whether the rest of the world likes it or not,
Whether the rest of the world likes it or not,
Whether the rest of the world likes it or not,
The lank old men full of arrogance.

We will travel through the Red Sea,
We will recover from every torment,
Even if we have our ups and downs,
During our journey in the wilderness.

Even if the Egyptians were pursuing us,
To bring us again under submission,

Nuair a gheibh mi air làimh i
Ni mi gàirdeachas rèidh ;
Cha bhi duine 'san àite
'Bhios cho sàsaicht rium fèin.

'S i bean chomuinn mo ghràidh i
Fad mo làithean fo 'n ghréin,
Air mo thuras troimh 'n fhàsach
Dh› ionnsaigh Pàrras mo Dhé.
'S e mo ghuidhe le làn-toil,
I bhith sàbhailt' gach ré,
Ann an comunn an Ard-righ
A thug gràdh dhuinn nach tréig.

(5 Iuchar 1901)

Triall nan Creidmheach

Gabhaidh sinn an rathad mòr,
Gabhaidh sinn an rathad mòr,
Gabhaidh sinn an rathad mòr,
Olc air mhath le Sàtan.

Olc air mhath le cloinn an t-saogh'l,
Olc air mhath le cloinn an t-saogh'l,
Olc air mhath le cloinn an t-saogh'l,
Bodaich chaol an àrdain.

Siubhlaidh sinn tro 'n fhairge Ruaidh,
Gheibh sinn thairis air gach truaigh',
Ged a bhiomaid thuige 's bhuaith',
Fad ar cuairt 's an fhàsach.

Ged bhiodh Eipheitich 'nar dèidh,
Gus ar toirt a rìs fo ghèill,

There will be no hesitation in our step,
We will never suffer distress.

We will therefore continue our pilgrimage
Until we reach the mountain
Where the sun never sets,
Where we will not suffer pain or death.

We will climb to the top of Mount Zion,
Where we will enjoy lasting happiness;
We will sing a song of triumph
Despite the multitude of enemies.

We will travel in the name of the Lord;
We will fight and strive
Until we reach the land
Where there is everlasting peace.

Though diabolical fiends are about
To destroy us with treachery,
We will be secure at the end,
Despite Satan's evil machinations.

Niagara Falls

*This is Duncan Blair's best-known poem. He wrote it in Upper Canada,
or Ontario, in 1848. It was first published in the magazine* An Gàidheal
in 1871and subsequently in three books: Clàrsach na Coille *(1886);*
Bàrdachd Gàidhlig *(1918); and* Caran an t-Saoghail *(2003). There are
some variations in the vocabulary of the poem in the different sources. There
were two lines and several words in the book editions that did not appear in
Mac-Talla or* An Gàidheal. *We have chosen to include them here, in italics,
for the sake of clarity. The rest of the poem is based on the Mac-Talla version
of October 31, 1896.*

Cha tig maille air ar ceum,
Cha tig beud gu bràth oirnn.

Gabhaidh sin mar sin ar triall,
Gus an ruigear leinn an sliabh,
Ionad far nach laigh a' ghrian,
Cha tig pian no bàs oirnn.

Dìridh sinn beinn Shion suas,
Far am meal sinn aoibhneas buan;
Seinnidh sinn le caithream buaidh
Dh'aindeoin sluagh an nàmhaid.

Triallaidh sinn an ainm an Rìgh;
Ni sinn cogadh agus strì
Gus an ruigear leinn an tìr
'S am bheil sìth neo-bhàsmhor.

Ged tha ifrinnich air tì
Sinne chur le foill gu dìth,
Bidh sinn tèaraint' aig a' chrìch
Dh'aindeoin innleachd Shàtain.

Eas Niagara

*Is i seo a' bhàrdachd as iomraitiche a rinn Donnchadh Blàrach. Sgrìobh e i
nuair a bha e ann an Canada Uachdrach, no Ontario, ann an 1848. Chaidh
a foillseachadh an toiseach anns an iris* An Gàidheal *ann an 1871, agus bha
i ann an trì leabhraichean:* Clàrsach na Coille *(1886);* Bàrdachd Gàidhlig
(1918); agus Caran an t-Saoghail *(2003). Tha caochladh thionndaidhean
air briathrachas na bàrdachd anns na h-irisean agus na leabhraichean. Bha
dà shreath de thè de na ceathramhan agus beagan fhaclan nach robh idir
ann am* Mac-Talla *no* An Gàidheal. *Tha sinn air an cur an seo ann an clò
Eadailteach airson soilleireachd. Tha an còrr de'n dàn stèidhichte air mar a
nochd i ann am* Mac-Talla *air 31 Dàmhair 1896.*

Almighty Lord who created the elements,
and placed the universe
with your strong and powerful arm
on its foundation;

Glorious is the work you did
on famous Niagara,
the large waterfall that you formed
aeons ago.

That is the wonderful, majestic waterfall,
the great, raging cascade,
the misty, cloudy, grey-dark rapids
with fearful roaring.

The loud, noisy, thundering cataract,
leaping in bursts
over the rim of the ancient rocks
in white torrents.

Shimmering, sparkling, snow-white,
of bright appearance,
tumbling from the top to the bottom
with furious rage;

A green current breaking around its surface,
running in surges
over the escarpment of the high cliffs
with endless noise;

With blustery buffeting falling
into a deep gulley,
to dark blue murky pools
boiling like a cauldron.

A I lù mhòir a chruthaich na dùilean,
'S a shocraich an cruinne
Le d' ghàirdean cumhachdach neartmhor
Air a bhunait;

'S glòirmhor an obair a rinn thu,
Niagara ainmeil,
An t-eas mòr a rinn thu 'chumadh
'S an t-seann aimsir.

Sud an t-eas iongantach lòghmhor,
Eas mòr na gàirich,
Eas ceòthranach, liathghlas na smùidrich
'S na bùirich ghàbhaidh;

Eas fuaimearra labhar na beucail
A' leum 'na steallaibh
Thar bhile nan creagan aosmhor
Na chaoiribh geala.

Gu srideagach, sradagach, sneachd-gheal
'S a dhreach soilleir
A' teàrnadh o bhràighe gu ìochdar
Le dian bhoile;

Sruth uaine mu 'mhullach
'S a' ruith na dheannaibh
Thar bharraibh nan stacan àrda
Le gàir mhaireann;

Le slachdraich ghailbheach a' tuiteam
An slugan domhain,
Gu linneachaibh dubhghorm doilleir
A' goil mar choire.

The abyss is turned from the bottom
with great force,
and the grey water rushes to the surface
with the speed of an arrow.

The pool is stirred and churned
into turmoil,
as it opens its boisterous bosom
to the skies.

It was a strange sight to see
grey-blue fog
rising into the sky
on a sunny day;

When you would look from a distance
at the phenomenon,
you would say it was a steamship
letting off smoke.

But when you would come near it,
to have a close look at it,
the white gushing spindrift would soak you
with drops of dew;

And you would see the rainbow
with its beautiful colours,
though there would be calm dry weather
in the skies.

The spray falling around you
on the meadow,
and the field fresh and green,
as you would wish it;

An t-aigeal 'ga thionndadh o'n ìochdar
Le fìor ainneart,
'S an glas-uisge brùchdadh an uachdar
Le luaths saighde;

An linne ga sloistreadh 's ga maistreadh
Troimhe chèile,
'S i fosgladh a broillich doilbh
Ris na speuraibh.

B'iongantach an sealladh bhi faicinn
Deatach liath-ghlas
Ag èiridh anns an adhar
Ri latha grianach;

An uair shealladh tu fad' air astar
Air an iongnadh,
'S e theireadh tu gur bàta-toite
A bh'ann le smùidrich.

Ach 'nuair thigeadh tu 'm fagus da
Ghabhail beachd air,
Throm-fhliuchadh an cathadh caoir-gheal
Le braonaibh dealt thu;

Is chitheadh tu am bogha-froise
Le dhathaibh sgiamhach,
Ged bhiodh sìde thioram sheasgair
Anns an iarmailt.

Am mìn-uisge tuiteam mu'n cuairt dhuit
Air an àilean,
'S an fhaiche gu h-ùrail uaine
Mar a b'àill leat;

The trees sprouting lush branches
and fresh green flora
growing by the power of the sun
with ease under that dew.

The gardens that are around you
do not need water;
they do not know drought
in scorching weather.

They do not understand what it means
to be without moisture,
though each place around them should shrink
to the hardness of a stone.

The sky without shortage or thrift
pours its powers
into the boundless reserve of the river,
sumptuously and lavishly.

That made the face of that land,
by night and by day,
fresh, green-grassed, attractive,
growing healthily.

When you would descend into the pool
to the edge of the water,
the terrible rumbling would deafen
your ears completely.

When you would then look around you
at the rapids,
it would make your head dizzy
as you become confused.

Na craobhan a' cinntinn dosrach,
'S lusan ùr-ghorm
A' fàs le feartaibh na grèine
Gu rèidh fo 'n driùchd ud.

Na liosan a tha mu d'thimcheall
Chan iarr uisge,
Chan aithne dhaibh idir tiormachd
Ri aimsir loisgich.

Cha tuigear leo ciod as ciall do
Bhi gun fhliche,
Ged theannaicheadh gach àit' mun cuairt daibh
Mar chruas cloiche.

Tha 'n t-adhar gun ghoinne gun chaomhnadh
A' taomadh feartan
A stòras do-thraoghadh na h-aibhne
Gu saoibhir beartach;

Dh'fhàg aghaidh an fhuinn ud
A dh'oidhche 's a latha
Gu h-ùrail uain-fheurach àlainn
A' fàs gu fallain.

Nuair theàrnadh tu sìos do'n t-slugan
Gu oir an uisge,
Bhòdhradh an tormanaich uamhaidh
Do chluasan buileach.

Nuair shealladh tu 'n sin mun cuairt duit
Air a' chas-shruth,
Chuireadh tu do cheann 'na thuaineal
Is tu 'nad bhreislich.

And when you would come close to
the grey-green blanket
hanging against the face of the rock,
you would have fear and dread.

When the wind would blow strongly,
with the rain showers
blowing wildly in your face
wherever you would run for cover;

Like a stormy day in January
with wind and rain
that would wet you in the twinkling of an eye
and soak you thoroughly.

Like a blast from the bellows
of an iron furnace
is that shrill hard wind
that comes with mighty force

Between the rock and the cataract
that falls downwards;
the covering on your head
will scarcely stay there.

You would think that a storm had arisen
in the heavens,
though the weather stays as calm as it was,
*bright and sunny.**

But I cannot relate one third
of every wonder
that is to be seen on that cascade,
the famous waterfall;

Is nuair a thigeadh tu 'm fagus do'n
Phlaide liath-ghlais,
Tha 'n crochadh ri aghaidh na creige,
Bhiodh geilt is fiamh ort.

Nuair shèideadh a' ghaoth gu làidir
'S an t-uisge frasach
'Ga chathadh gu fiadhaich a d' aodann
Gach taobh 'gan teich thu;

Mar latha gailbheach 's an Fhaoilteach
Le gaoth is uisge,
A fhliuchadh am prioba na sùl thu
'S a dhrùidheadh tur ort.

Mar osaig o inneal-sèididh
Fùirneis iarainn,
'S amhlaidh ghaoth sgalanta chruaidh ud
Thig le dian neart,

Eadar a' charraig 's an steall a tha
Nuas a' tuiteam;
An còmhdach a tha air do cheann
Is gann gu fuirich.

Shaoileadh tu gun d' èirich doineann
Anns an iarmailt,
Ged tha an t-sìde ciùin mar bha i,
*Deàrrsach grianach.**

Ach trian chan urrainn mi aithris
De gach iongnadh
A tha ri fhaicinn air an eas ud,
An t-eas cliùiteach;

A majestic *and awe-inspiring spectacle**
it was, without doubt;
if there are wonders in the world
it is one of them.

Thousands of tons every minute
fall down together
over the rock's edge to the whirlpool
in one great spate.

There are almost eight score feet
in that leap,
from the top to the base of the rock
standing vertical.

And the rock high at its crest
is half-round in shape,
like the shoe of a coach-horse
or half of a circle.

The water pouring in splashes
a great distance
from the base of the rock in the pool,
twenty yards from it.

You would hear its murmur seven miles
away from it,
like thunder in the skies
roaring powerfully.

And when you stood close to it
its clamour was like
a thousand wagons on a causeway
going past at high speed.

Bu mhòralach *greadhnach an sealladh**
E gun teagamh;
Ma tha iongantas air an t-saoghal
Is aon dhiubh esan.

Mìltean tunna gach mionaid
A' tuiteam còmhla
Thar bhile na creige do'n linne
'Na aon mhòr-shruth.

Is dlùth air ochd fichead troighean
Anns an leum ud,
O bhràighe gu ìochdar na creige
'N a seasamh dìreach.

'S a' chreag ud gu h-àrd aig a mullach
Air chumadh leth-chruinn,
Cosmhail ri crudha 'n eich charbaid
No leth cearcaill.

An t-uisge a' spùtadh 'na steallaibh
A mach gu fada
O bhonn na creige san linne,
Fichead slat uaip'.

Chluinneadh tu a thorman seachd mìle
Uaith air astar,
Mar thàirneanach anns na speuraibh
Ri beucaich neartmhor.

'S nuair bhiodh tu 'nad sheasamh làimh ris,
B' amhlaidh thartar
Is mìle carbad air cabhsair
Nan deann dol seachad.

The air around you would shake
with the blasts
that the teeming water keeps throwing
on it from the summit.

The heavy earth trembles gently
under the soles of your feet,
as one notices on a stormy day
a house being shaken.

Even if I had a thousand tongues in my mouth
I could not describe
all the wonders of that waterfall;
therefore I will finish.

*Italics indicate words and lines not in the Mac-Talla version.

Gun critheadh an t-adhar mun cuairt duit
Leis na buillibh
Tha 'n t-uisge trom a' sìor bhualadh
Air o'n mhullach;

Is maoth-chrith air an talamh throm
Fo bhonn do chasan,
Mar mhothaichear latha stoirmeil
Taigh 'ga chrathadh.

Ach ged bhiodh mìle teang' am bheul
Chan innsinn uile
Na h-iongantais a th' air an eas ud;
Mar sin sguiream.

*Tha an clò Eadailteach a' ciallachadh faclan agus sreathan nach robh anns an tionndadh
ann am Mac-Talla.

Sgrìobhaidhean le Donnchadh MacIlleDhuibh Blàrach

Anns an liosta a leanas tha sgrìobhaidhean leis a' Bhlàrach a chaidh am foillseachadh ann an leabhraichean, duilleachain agus caochladh irisean mar *Mac-Talla, An Gàidheal, Canada Scotsman* agus *Pictou News*. Chan eil an liosta iomlan oir bha am Blàrach a' foillseachadh stuth ann an iomadh iris 'na latha. A measg phàipearan eile anns an do nochd na sgrìobhaidhean aige tha an *Oban Times*, an Inverness *Highlander*, Halifax *Presbyterian Witness*, agus *Transactions of the Celtic Society of Montreal*.

Publications by Duncan Black Blair

The following is a list of published items by Blair including books, pamphlets and various periodicals, namely *Mac-Talla, An Gàidheal*, the *Canada Scotsman* and the *Pictou News*. This is necessarily an incomplete list as Blair published in many periodicals in his day. Other newspapers in which his contributions may be found include the *Oban Times*, the *Inverness Highlander*, the *Halifax Presbyterian Witness*, and the *Transactions of the Celtic Society of Montreal*.

Leabhraichean agus Leabhranan / Books & Pamphlets

Marbh-rann do'n Urramach Iain Ceanaideach; Ministear an t-soisgeil a bha ann an Sgireachd Chill-Earnain ann an Siorramachd Rois. Le Donnchadh Blàrach, Foghlumaiche ri Diadhaireachd ann an Ollhamait Dhun-Eidin. Edinburgh, 1843.

A Dissertation on the Degrees of Kindred which Bar Marriage, According to Leviticus xviii and xx. Halifax, 1873.

Duanagan Soisgeulach, Gospel Sonnets Being Translated into Gaelic with the English Originals. New Glasgow, 1881.

Aiseirigh na Gaidhealtachd no Aiseag nan Gaidheal Do'n Fhearann Bho'n D'fhogradh iad. New Glasgow, no date.

Perfection and Sinlessness. New Glasgow, 1887.

The Psalms of the Apocalypse. New Glasgow, 1893.

Coinneach Odhar: Am Fiosaiche. Sydney, 1900.

Irisean / Periodicals (uncertain). From scrapbooks in Nova Scotia Archives and Records Management (NSARM):

Cead Deireannach do thir nam Beann 's a' bhliadhna 1846. *Oban Times?* (See scrapbooks in Maclean, Sinclair Family Fonds, MG9/544/541, NSARM), date unknown.

Turus do dh-America Tuath anns a' Bhliadhna 1846, II. *Canada Scotsman?* (See scrapbooks in Maclean, Sinclair Family Fonds, MG9/544/542, NSARM), Ceud Mios an Fhoghair, 21, 1869.

Canada Scotsman

Turusan air feadh Nuadh-Albainn agus Eilean Prionnsa Eideard anns a' Bhliadhna 1846. 25 December 1869: 7

Turus air feadh Eilean Cheap Breatuinn, anns a' Bhliadhna 1847. 15 January 1870: 7.

Turus do Chanada Uachdarach anns a' Bhliadhna 1847. 29 January 1870: 7.

Mu na Seann Ghaidhil, I. 11 June 1870: 7.

An Gàidheal

Mu na Seann Ghàidheil I I, Dara Mìos an t-Samhraidh, 1871, 2-3.

Mu na Seann Ghàidheil I 1.2, Dara Mìos an Fhoghair, 1871, 19-20.

Niagara [Dàn air Eas Niagara] 1.2, Dara Mìos an Fhoghair, 1871, 30-31.

Mu na Seann Ghàidheil III 1.3, Dara Mìos a' Gheamhraidh, 1871, 47-48.

Mu na Seann Ghàidheil IV 1.4, Dara Mìos, an t-Samhraidh, 1872, 76-77.

Mu na Seann Ghàidheil V 1.5, Treas Mìos an t-Samhraidh, 1872, 107-08.

Mu na Seann Ghàidheil VI 1.8, Treas Mìos an Fhogharaidh, 1872, 198-200.

Mu na Seann Ghàidheil VII 1.9, Ceud Mìos a' Gheamhraidh, 1872, 223-25.

Mu na Seann Ghàidheil VIII 2.13, Dara Mìos an Earraich, 1873, 7.

Mu na Seann Ghàidheil IX 2.14, Treas Mìos an Earraich, 1873, 34-35.

Mu na Seann Ghàidheil X 2.16, Dara Mìos an t-Samhraidh, 1873, 100-01.

Mu na Seann Ghàidheil XI 2.17, Treas Mìos an t-Samhraidh, 1873, 131-33.

Mu na Seann Ghàidheil XII 2.18, Ceud Mhìos an Fhogharaidh, 1873, 179-80.

Mu na Seann Ghàidheil XIII 2.19, Dara Mìos an Fhogharaidh, 1873, 199-201.

Mu na Seann Ghàidheil XIV 2.20, Treas Mìos an Fhogharaidh, 1873, 228-31.

Mu na Seann Ghàidheil XV 2.21, Ceud Mhìos a' Gheamhraidh, 1873, 257-59.

Mu na Seann Ghàidheil XVI 2.24, Ceud Mhìos an Earraich, 1874, 363-64.

Iain Dughallach 3.30, Ceud Mhìos an Fhoghair, 1874, 174-76.

Sgeulachd Æneais le Virgil 4.43, Treas Mìos an t-Samhraidh, 1875, 203-05.

Sgeulachd Æneais le Virgil 4.44, Ceud Mhìos an Fhoghair, 1875, 240-43.

Sgeulachd Æneais le Virgil 4.45, Dara Mìos an Fhoghair, 1875, 268-70.

Sgeulachd Æneais le Virgil 4.46, Treas Mìos an Fhoghair, 1875, 301-03.

Sgeulachd Æneais le Virgil 4.47, Ceud Mhìos a' Gheamhraidh, 1875, 330-35.

Beinn an Eolais 5.55, Dara Mìos an t-Samhraidh, 1876, 169-71.

Sailm XIX, XXIII, CXXXIII, CXXXIV, CXVII, LXVII, CX 6.61, Treas Mìos a' Gheamhraidh, 1877, 5-7.

Pictou News

Items by Blair in the column, "Cùil na Gàidhlig," edited by A. Maclean Sinclair

Mu na Seann Ghaidhil 2.13 (14 Dec 1883), 1.

Mu na Seann Ghaidhil 2.14 (21 Dec 1883), 1.

Mu na Seann Ghaidhil 2.16 (4 Jan 1884), 1.

Mu na Seann Ghaidhil 2.17 (11 Jan 1884), 1.

Mu na Seann Ghaidhil 2.21 (8 Feb 1884), 1.

Mu na Seann Ghaidhil 2.22 (15 Feb 1884), 1.

Mu na Seann Ghaidhil 2.23 (22 Feb 1884), 1.

Mu na Seann Ghaidhil 2.37 (30 May 1884), 1.

Mu na Seann Ghaidhil 2.38 (6 June 1884), 1.

Mu na Seann Ghaidhil 2.41 (27 June 1884), 1.

Togaid na Gaidhil an ceann (Aiseirigh na Gaidhealtachd) 4.3 (2 Oct 1885), 1.

Olc air mhath le bodaich bhaoth (Friall nan Croitearan) 4.7 (30 Oct 1885), 1.

Announcement of History of the Highlanders See scrapbooks in Maclean, Sinclair Family Fonds MG9/542/234, NSARM.

Eachdraidh nan Gaidheal, D. B. Blair I 4.7 (30 Oct 1885), 1.

Eachdraidh nan Gaidheal II 4.8 (6 Nov 1885), 2.

Eachdraidh nan Gaidheal III & IV 4.9 (13 Nov 1885), 1.

Eachdraidh nan Gaidheal V 4.12 (4 Dec 1885), 1.

Eachdraidh nan Gaidheal VI 4.14 (18 Dec 1885), 1.

Eachdraidh nan Gaidheal VI 4.15 (25 Dec 1885), 4.

Eachdraidh nan Gaidheal VII 4.16 (1 Jan 1886), 4.

Eachdraidh nan Gaidheal VII & VIII 4.17 (8 Jan 1886), 4.

Eachdraidh nan Gaidheal VIII & IX 4.18 (15 Jan 1886), 4.

Eachdraidh nan Gaidheal IX & X 4.19 (22 Jan 1886), 4.

Eachdraidh nan Gaidheal XI 4.20 (29 Jan 1886), 4.

Eachdraidh nan Gaidheal XI & XII 4.21 (5 Feb 1886), 4.

Eachdraidh nan Gaidheal XII & XIII 4.22 (12 Feb 1886), 1.

Eachdraidh nan Gaidheal XII 4.23 (19 Feb 1886), 1.

Eachdraidh nan Gaidheal XIV 4.28 (26 Mar 1886), 4.

Eachdraidh nan Gaidheal XIV, XV, & XVI 4.29 (2 Apr 1886), 4.

Eachdraidh nan Gaidheal XVI & XVII 4.30 (9 Apr 1886), 4.

Eachdraidh nan Gaidheal XVII & XVIII 4.31 (16 Apr 1886), 4.

Eachdraidh nan Gaidheal III & IV 4.34 (7 May 1886), 4.

Eachdraidh nan Gaidheal IV 4.36 (21 May 1886), 4.

Eachdraidh nan Gaidheal V 4.37 (28 May 1886), 4.

Eachdraidh nan Gaidheal VI 4.38 (4 June 1886), 4.

Eachdraidh nan Gaidheal VII 4.52 (10 Sept 1886), 4.

Eachdraidh nan Gaidheal VIII & IX 5.1 (17 Sept 1886), 4.

Eachdraidh nan Gaidheal X & XI 5.2 (24 Sept 1886), 4.

Eachdraidh nan Gaidheal XIV & XV 5.3 (1 Oct 1886), 4.

Eachdraidh nan Gaidheal XVI & XVII 5.4 (8 Oct 1886), 4.

Eachdraidh nan Gaidheal XVIII & XIX 5.5 (15 Oct 1886), 4.

Eachdraidh nan Gaidheal XIX & XX 5.7 (29 Oct 1886), 4.

Eachdraidh nan Gaidheal XXI 5.8 (5 Nov 1886), 4.

Eachdraidh nan Gaidheal XXII 5.9 (12 Nov 1886), 4.

Eachdraidh nan Gaidheal XII & XIII 5.13 (10 Dec 1886), 4.

Mac-Talla

Items by/about Blair

Litir Bho Dr. Blair, An Lagan Uaine 1.3,1 June 11, 1892.

Fein-Chumailteachd Na Gailig 1.5,2 June 25, 1892.

Oliver Cromwell 1.7,2 July 9, 1892.

Sgeul Mu Iarbas agus Dido No Elisa 1.8,2 July 16, 1892.

Uamhagan A' Bhuntata, No na Daolagan Striamach 1.15,2 Sept 3, 1892.

Beath-Eachdraidh Triuir Luchd-Imrich 1.16,2 Sept 10, 1892.

Imrich Eile 1.17,2 Sept 17, 1892.

Fogradh nan Gaidheal I 1.18.2 Sept 24, 1892.

Fogradh nan Gaidheal II 1.19,3 Oct 1, 1892.

Fogradh nan Gaidheal III 1.20,3 Oct 8, 1892.

Fogradh nan Gaidheal IV 1.21,2 Oct 15, 1892.

Fogradh nan Gaidheal V 1.22,3 Oct 22, 1892.

Fogradh nan Gaidheal VI 1.23,3 Oct 29, 1892.

Fogradh nan Gaidheal VII 1.24,3 Nov 5, 1892.

Fogradh nan Gaidheal VIII 1.25,3 Nov 12, 1892.

Fogradh nan Gaidheal IX 1.26,3 Nov 19, 1892.

Fogradh nan Gaidheal X 1.27,3 Nov 26, 1892.

Fogradh nan Gaidheal XI 1.28,3 Dec 3, 1892.

Fogradh nan Gaidheal XII 1.29,3 Dec 10, 1892.

Fogradh nan Gaidheal XIII 1.30,3 Dec 17, 1892.

Fogradh nan Gaidheal XIV 1.31,4 Dec 24, 1892.

Fogradh nan Gaidheal XV 1.32,4 Dec 31, 1892.

Fogradh nan Gaidheal XVI 1.33,4 Jan 7, 1893.

Fogradh nan Gaidheal XVII 1.34,4 Jan 14, 1893.

Fogradh nan Gaidheal XVIII 1.35,4 Jan 21, 1893.

Fogradh nan Gaidheal 1.38,3 Feb 11, 1893.

Oichichear Dubh Bhaile-Chrodhain 1.36,3 Jan 28, 1893.

Call Chadhaig 1.37,3 Feb 4, 1893.

Coinneach Odhar, Am Fiosaiche 1.40,3 Feb 25, 1893.

Coinneach Odhar, Am Fiosaiche 1.41,3 Mar 4, 1893.

Coinneach Odhar, Am Fiosaiche 1.42,3 Mar 11, 1893.

Coinneach Odhar, Am Fiosaiche 1.43,4 Mar 18, 1893.

Coinneach Odhar, Am Fiosaiche 1.44,4 Mar 25, 1893.

Coinneach Odhar, Am Fiosaiche 1.45,4 Apr 1, 1893.

Coinneach Odhar, Am Fiosaiche 1.46,3 Apr 8, 1893.

Turus-Fairge do America 1.47,4 Apr 15, 1893.

Turus-Fairge do America 1.48,3 Apr 22, 1893.

Turus-Fairge do America 1.49,3 Apr 29, 1893.

Turus-Fairge do America 1.50,3 May 6, 1893.

Turus do Chanada Uachdarach, Ris an Abrar a Nis Ontario 1.52,4 May 20, 1893.

Turus do Chanada Uachdarach, Ris an Abrar a Nis Ontario 1.53,3 May 27, 1893.

An t-Urr D.B. Blair, DD 1.54,2 June 24, 1893.

Beinn an Eolais 2.48,2-3 June 23, 1894.

Dain Oisein 4.21,6 Nov 30, 1895.

Na Seann Ghaidheil 4.49,6 June 13, 1896.

Niagara 5.17, 128 Oct 31, 1896.

Mu na Sean Ghaidheil 6.27,210-211 Dec 31, 1897.

Mu na Sean Ghaidheil 6.28,222-223 Jan 7, 1897.

Mu na Sean Ghaidheil 6.29,227&230 Jan 15, 1897.

Mu na Sean Ghaidheil 6.30,235 Jan 21, 1897.

Inntreachdain an t-Soisgeil 8.16,123&126-127 Oct 27, 1899.

Triall nan Creidmheach 10.1,8 July 5, 1901.

Aiseirigh na Gaidhealtachd 12.9,71 Oct 30, 1903.

Ruaig nan Tighearnan 12.9,71-72 Oct 30, 1903.

Triall nan Croitearan 12.9,72 Oct 30, 1903.

Tuireadh 12.9,72 Oct 30, 1903.

Mairi Lurach 12.9,72 Oct 30, 1903.

Braigh' Abhainn Bharnaidh 12.10,79 Nov 13, 1903.

Oran Posaidh 12.10,79 Nov 13, 1903.

Photos of Blair Presbyterian Church courtesy Michael Linkletter.

Burial place and grave marker of Rev. Blair. Photos courtesy Michael Linkletter.

This photo of Rev. Duncan B. Blair hangs in Blair Presbyterian Church, Garden of Eden, Nova Scotia. Photo courtesy Karen MacGregor.

John Alick Macpherson is a native Gaelic speaker brought up in Harris and North Uist in Scotland, and now living near the town of Sydney, Nova Scotia. After graduating from Edinburgh University and Jordanhill College of Education, where he trained as a teacher of Gaelic and history, he spent some years teaching Gaelic in Scotland. After that he was a producer in the Gaelic Department of the BBC before emigrating to Canada, where he was a corporate communicator for twenty five years. When he returned to Scotland as deputy director of the Gaelic Broadcasting Committee, he became involved in a number of Gaelic initiatives on behalf of the language. He was a member of the Board of Directors of the Gaelic Books Council and chairman of the Scottish Government task force that helped to pave the way for the *Gaelic Language Act*. He also wrote columns for the Gaelic newspaper *An Gàidheal Ùr* and the magazine *An Gath*, prepared Gaelic language plans and translated complex documents for various Scottish organizations.

Michael D. Linkletter originally hails from Linkletter, Prince Edward Island and currently resides in Antigonish, Nova Scotia. He has a PhD in Celtic Languages and Literatures from Harvard University where he also taught Gaelic for several years. He has studied Gaelic since he was a youth at the Gaelic College in Cape Breton, as well as at St. Francis Xavier University and Sabhal Mòr Ostaig. He taught for the Atlantic Gaelic Academy for a number of years and currently teaches the language at St. F.X. University where he is Associate Professor and Chair of Celtic Studies. He has worked extensively on the writings of Duncan Blair and A. Maclean Sinclair.

D h'ionnsaich Seonaidh Ailig Mac a' Phearsain a' Ghàidhlig aig a' ghlùin anns Na Hearadh agus an Uibhist a Tuath an Alba, agus tha e nise a' fuireach faisg air baile Sidni an Albainn Nuadh. An dèidh ceumnachadh an Oilthigh Dhùn Eideann agus an Colaisde Foghlaim Chnoc Iòrdain, far an d'fhuair e oideachas mar neach-teagaisg Gàidhlig is eachdraidh, thug e greis a' teagasg Gàidhlig an Alba. An dèidh sin bha e 'na riochdaire ann an Roinn Gàidhlig a' BhBC mus deach e air imrich a Chanada, far an robh e 'na chonaltraiche corporra son còig bliadhna fichead. Thill e an uairsin a dh'Alba mar leas-stiùriche Comataidh Craolaidh Gàidhlig agus bha e an sàs ann an caochladh iomairtean às leth na cànain. Bha e 'na bhall de bhòrd-stiùiridh Comhairle nan Leabhraichean agus 'na chathraiche air a' bhuidheann-gnìomha aig Riaghaltas na h-Alba a chuidich gu Achd na Gàidhlig a thoirt gu buil. Bha e cuideachd a' sgrìobhadh chuilbh dhan a' phàipear-naidheachd *An Gàidheal Ùr* agus an iris *An Gath*, ag ullachadh phlanaichean Gàidhlig, agus ag eadar-theangachadh sgrìobhaidhean cama-lubach do chaochladh bhuidhnean Albannach.

' S ann à Eilean a' Phrionnsa a tha Mìcheal Linkletter bho thùs, ach tha e a-nis a' fuireach ann an Alba Nuadh. Tha PhD ann an Ceiltis aige bho Oilthigh Harvard far an do theagaisg e Gàidhlig airson greis. Thòisich e air Gàidhlig ionnsachadh 'na òige aig a' Cholaisde Ghàidhlig ann an Ceap Breatann agus a-bharrachd aig Oilthigh Naoimh Fransaidh Xavier agus Sabhal Mòr Ostaig. Theagaisg e airson Acadamaidh Gàidhlig an Atlantaig iomadh bliadhna agus a-nis tha e a' teagasg a' chànain aig Oilthigh N.F.X. far a bheil e 'na cho-ollamh agus cheannard ann an Roinn na Ceiltis. Tha e air saothair ranntrach a dhèanamh air na sgrìobhaidhean le Alasdair MacIlleathain Sinclair agus Donnchadh Blàrach.